Kaye Hoffman

Tanz durchs Labyrinth

Heilsame Verwirrung:
Sich verlieren,
um sich zu finden.

Kaye Hoffman

Tanz durchs Labyrinth

Heilsame Verwirrung:
Sich verlieren,
um sich zu finden.

***TRANS* FORM** Verlag

Widmung

Widmung und Danksagung an alle, die immer wieder sich ins Labyrinth gewagt haben und mich an ihren Erlebnissen teilhaben ließen - ohne sie wäre das Buch nicht entstanden.

Die Zukunft ist strahlend, aber der Weg ist gewunden.
(Tschu En Lai)

Die Deutsch Bibliothek - CIP Einheitsaufnahme

Tanz durchs Labyrinth : heilsame Verwirrung: sich verlieren, um sich zu finden / Kaye Hoffmann. - Orig.-Ausg., 1. Aufl. - Oldenburg : Transform, 1994
ISBN 3-926692-30-8
NE: Hoffman, Kaye

1. Auflage 1994, Originalausgabe

Postfach 4709, 26037 Oldenburg

Druck: Druckservice Messauer, Oldenburg, Tel. 301705
Umschlaggestaltung: Werner Lange unter Verwendung einer Fotokollage von Lioba Winterhalder

ISBN 3-926692-30-8

Inhaltsverzeichnis

Vorwort

Wie dieses Buch zu lesen ist:
Ausnahmslos flüchtig. Ohne den Leistungsdruck, die Übungen gleich umsetzen zu wollen - keine Angst: Sie funktionieren. Wir haben sie immer und immer wieder durchgeprobt, das Resultat war überwältigend. Aber: Am meisten hat man davon, wenn man sich gar nichts davon erwartet oder erhofft ... klingt gemein, ist aber zum Besten gemeint.

Zu den Abbildungen ist zu sagen: Sie sind meist nicht betitelt, um jede Deutung und Einordnung zu vermeiden. Am besten, man läßt sie auf sich wirken: Sie gehören zu dem Inventar jeden Bildbands, der sich mit esoterischem Wissen, schamanischer Tradition, alchemistischen Prozessen etc. etc. befaßt - was sie wirklich bedeuten, kann nur der wissen, der erfühlt, was sie für ihn bedeuten. Bei wissenschaftlichen Anfragen stehe ich zur Verfügung. (Halte aber nichts davon). Auch sonst freue ich mich über Nachfragen.

Dieses Buch liefert Übungsmaterial zur praktischen Anwendung im therapeutischen Bereich und stellt einen Überblick über die einzelnen Übungen, Phantasiereisen, Trance-Induktionen und Schritt-Anweisungen dar, die ich aus eigener Erfahrung als Tanztherapeutin in Kursen, Gruppen und in der Einzelarbeit entwickelt habe. Ein Anliegen meiner Arbeit ist, Trance als ganz alltägliches Bewußtseinsphänomen nachvollziehbar zu machen und die Strategien von Suggestion, Manipulation und magischer Verstrickung als Techniken durchsichtig werden zu lassen.

Abb. 1: Photo von Griet Gäthke

Einführung

Heilsame Verwirrung: Ein kollektives Experiment, mit dem Unbewußten umzugehen.

Östliche Kulturen kennen das Mandala, indianische Kulturen das Medizinrad. Und was haben wir aus der Ersten Welt aufzuweisen? Das Labyrinth. Typisch - warum einfach, wenn es auch kompliziert geht?

Schaut das Labyrinth nicht selbst wie ein Gehirn aus, weit davon entfernt, mit seinen gewundenen Wegen eine linear eindeutig vermessene Ordnung dazustellen, wie wir sie nur zu gerne mit unserer Vorstellung von einer geradlinigen, eindimensionalen Logik in Verbindung bringen? Sollte dies das Symbol, die Methapher für den westlichen Weg der Bewußtwerdung sein? Es scheint so. Im Labyrinth finden wir die Gestalt, die der Phantasie Grenzen setzt und zugleich den Geist anregt, über sich selbst hinaus zu wachsen. In der Begegnung mit dem Ungeheuer, jenem sagenhaften Wesen, das in der Mitte wohnt, vollzieht sich die Wandlung des Reisenden: Indem er in die Augen seines Gegenübers blickt, erkennt er sich selbst, und nie wird von da an die Welt so sein wie früher. Wenn er das Labyrinth verläßt, wird er alles anders sehen.

Der strenge Logos selbst scheint früher, so sagt der Kirchenvater *Gregor von Nazianz*, ein Spieler gewesen zu sein, ein Kind:

Denn der erhabene Logos-
er spielt.
Mit buntesten Bildern
schmückt er,
wie's ihm gefällt,
auf jegliche Weise
den Kosmos.

Abb. 2: Photo von Lioba Winterhalder

Wer das Labyrinth betritt
wird ständig umdenken müssen.

Und der vorsokratische Philosoph *Heraklit* sagt über das Spiel, das die Welt gestaltet:

Aion,
ein spielendes Kind.
Brettsteine schiebend:
Königsherrschaft eines Kindes!

Könnte das Labyrinth nicht zu einer solchen spielerischen Erfahrung werden, die im Spiel lehrt, wie Umgehen mit den bestimmenden und prägenden, einwirkenden und Wirklichkeit schaffenden Kräften? Könnte es nicht sein, daß das Labyrinth seinen spielerischen Lerncharakter verloren hat, weil die Riten und Rituale, die zu einem solchen wissenden Umgehen anleiten, verlorengegangen, entwertet worden sind oder ihre Frische und Verbindlichkeit im Alltagstrott eingebüßt haben?

Von *Humbaba*, dem mesopotamischen Ungeheuer, das auf dem Meeresboden lebte, erzählte man sich, daß es ein Antlitz habe, zerfurcht wie ein Labyrinth, und schon allein der Anblick sei unheilvoll verwirrend gewesen. War auch *Gorgos* Gesicht, dessen Anblick für alle Menschen die sofortige Versteinerung bedeutete, im Grunde nur deshalb so unerträglich anzuschauen, weil sich in ihm das Andenken an ein früheres Wissen um die Abhängigkeit von und der Verbundenheit mit dem Gleichgewicht der Kräfte der Natur bewahrte?

Wer das Labyrinth betritt wird ständig umdenken müssen. Das ist die Gefahr und die Chance des Reisenden, dem keine Wahl bleibt, sich auf den Weg zu machen, denn das Leben selbst ist das Labyrinth:

... ein typisches Bild
des irdischen Daseins,
weit für den, der's betritt,
gar eng für den, der hinaus will ...

wie eine Inschrift auf dem in Mosaik eingelegten Labyrinth-

Boden einer Kirche besagt. Und während in dem Mosaikboden von *San Adriano* (jetzt die Curia genannt) in Rom die Anwesenheit der Schlange als Leitfaden und gestaltgebendes Prinzip zu Motiv hat, zeigt eine mittelalterliche Buchmalerei das Labyrinth mit seinen vielfältigen und verschlungenen Wegen als eine Weise der Vorbereitung und Einweihung, um in der Mitte der Gestalt des Erlösers zu begegnen. In anderen Mosaiken wiederum, etwa in Entwürfen für das Mosaik in *Chartre*, finden wir den Gehörnten, Bocksfüßigen in der Mitte, ganz der Vorstellung von dem antiken Monstrum entsprechend. Manchmal wird das Labyrinth zum Tempel, zur heiligen Stadt Jerusalem - so etwa in kabbalistischen Abbildungen.

Manchmal wird das Labyrinth zum Tempel.

Meist aber stellen wir uns unter Labyrinth so etwas wie ein Gefängnis vor, in das keiner freiwillig geht, es sei denn er habe einen Auftrag, wie damals *Theseus*, der die todgeweihten Opfer, die dem Monster zum Fraße vorgeworfen wurden, retten wollte, und dies auch tat, so daß zusammen mit dem minoischen Reich auch der Opferkult zerstört wurde - so will es zumindest die Legende. Die Begegnung mit dem Drachen nimmt in den Märchen und Mythen meist die Form eines Kampfes an, gemäß der dualistischen Aufspaltung der Welt in Gut und Böse. Der Erzengel Michael und der Heilige Georg sind ritterliche Gestalten, die im Heiligen Krieg antreten gegen die Mächte der Nacht, des Chaos, und der ungebändigten Natur. Die Verbindung der verführenden Schlange mit Eva läßt darauf schließen, daß in der Schlange das alte Erdwissen der sybillinischen *Phyhtia von Delphi*, der weissagenden Schlange, die von *Apoll* erschlagen wurde, weiter lebt und ein weibliches, naturverbundenes Wissen ist.

Die Schlange zeichnet die Schlangenwege, indem sie in das Erdinnere vordringt, die Tiefen der Höhlen und Schluchten auslotet. Das Muster dieser differenzierten und höchst

Lieber rechtzeitig das Staunen
lernen, als später,
zu spät, dran glauben müssen!

komplizierten, in sich ausgewogenen Ordnung läßt sich erst von oben, aus der Sicht des Adlers, als Ordnung erkennen. Schon deshalb ist es wichtig, den Blick zu erheben: Um das Wunder der Ordnung in der verwirrenden Vielfalt des Gewöhnlichen und Alltäglichen sehen zu lernen, mit neuen Augen zu schauen und sich das ursprüngliche Staunen zurückzugewinnen.

Dieses Buch ist als ein Reisebuch zu lesen: Die einzelnen Übungen sind Wegweiser und Wegbeschreibungen zugleich.

Das Labyrinth lehrt uns durch seine Bewegungserfahrung, neue Wege zu gehen: Dabei entsprechen sich Innen und Außen, im Körper ist alles miteinander verbunden und eine Einheit, Ganzheit. Es geht darum, diese Verbindungen neu zu bahnen, zu erfahren und bewußt zu machen. Windungen, Kehren, Serpentinen, Schlangenformen bereiten auf die Begegnung mit dem ungestalteten Urgrund vor, der langsam Gestalt gewinnt, uns unser Spiegelbild vorhält, und uns ein neues Maß der Selbsterkenntnis gibt. Auch lassen die Labyrinth-Erfahrungen im Körper selbst ein neues Maß erfühlen: Das Maß der Umkehr, der Kehrtwendung, des Hin und Her, das das Entweder - Oder ersetzt. So erst wird wirkliche Vereinigung, aber auch Abgrenzung möglich: Lernen, sich einzulassen, ohne sich zu verlieren, mehr noch, sich jetzt erst ganz zu finden: Lieber rechtzeitig das Staunen lernen, als später, zu spät, dran glauben müssen!

Widmung und Danksagung an alle, die immer wieder sich ins Labyrinth gewagt haben und mich an ihren Erlebnissen teilhaben ließen - ohne sie wäre das Buch nicht entstanden. Wie gesagt: Die Zukunft ist strahlend, aber der Weg ist gewunden.

Heilsame Verwirrung:

Traumtänze, Phantasiereisen, Trance-Induktionen für eine kollektive Vision.

Das Buch wurde in zwei Spalten geschrieben - die innere Spalte berichtet über das Labyrinth als Symbol, über historische Fakten, mythische Vorstellungen, kunstgeschichtliche Zeugnisse und persönliche Assoziationen.
Die äußere Spalte beschreibt Übungen und Experimente, lädt zum ausprobieren ein.

Das hier Geschriebene ist weit davon entfernt, irgendeinen wissenschaftlichen Anspruch zu erheben und nimmt das Labyrinth, ein Zeichen und Symbol, sehr weit gefaßt als Projektionsfläche für Bewußtseinslandschaften, innere Prozesse und eben jene Reisen, die den Kontakt mit der sogenannten Anderen Wirklichkeit fördern.

Welche diese nun ist und ob es sie überhaupt gibt, werden wir vielleicht dann wissen, wenn wir aus dem Labyrinth zurückgekehrt sein werden. Es geht darum, immer wieder die Reise anzutreten, sich immer wieder zu verlieren, um sich dann wieder zu finden, um eine vorläufige Gewißheit bereichert.

Wie stehen Innen und Außen im Sinne der beiden Spalten zueinander? Nun, wir haben absichtlich das Buch nicht so gegliedert, daß die jeweilige Reihenfolge der Kapitel und Übungen einander entsprechen. Dies geschah einerseits, um die innewohnende Konsequenz und Stringenz der einzelnen Partien nicht zu stören, andererseits, um zu einer neuen Art des Lesens anzuregen. Jawohl: Es ist, als ob zwei Fernseher mit zwei verschiedenen Programmen nebeneinander laufen würden.

Erinnern Sie sich an die zwei Kamele, die nebeneinander her durch die Wüste marschieren? Das ist ein beliebtes Beispiel für die Phasenverschiebung minimaler Bewegungs-

Es geht darum, immer wieder die Reise
anzutreten, sich immer
wieder zu verlieren,
um sich dann wieder zu finden.

Man wird so konfus, daß man eines mit Sicherheit weiß, nämlich konfus zu sein. Und das ist doch schon mal ein Anfang ...

einheiten, die irgendwann einmal wieder auf ihren gemeinsamen Nenner kommen: Es ist das Prinzip der *minimal music*. Es ist aber auch das Prinzip des *unus mundus* nach C.G. Jung, wo etwa die chronologische Zeit und die Zeit der Äonen sich gegeneinander im Rad drehen, um sich manchmal, in Ausnahmefällen, zu treffen. Dann ist der Moment der Hellsichtigkeit und Vision gekommen, dann lichtet sich der Schleier der chronisch chronologisch zerhackten Kausal-Linearität und die Äonen kommen aus dem Dunst ihrer Ahnungen hinein in die konkrete Gestalt. Und um Konkretisierung, wenngleich der Ausnahme, soll es uns hier gehen, insoforn wir es mit Trance zu tun haben: Sie fängt also schon beim Lesen an. Paradox? Vielleicht. Das wäre das klassische Beispiel für eine Trance-Induktion durch Konfusion: Man wird so konfus, daß man eines mit Sicherheit weiß, nämlich konfus zu sein. Und das ist doch schon mal ein Anfang ....

Und noch einen Grund gibt es für die Anleitung zum zweispurigen Lesen: Obwohl Bücher in der Annahme geschrieben werden, daß man sie von A bis Z und Anfang bis Ende durchliest, also die vom Autor vorgesehene Reihenfolge beachtet, herrscht auf dem freien Betätigungsfeld des spontanen Durchblätterns, Anlesens und Nachschlagens ein ganz anderes Gesetz: Gelesen wird, was ins Auge fällt.

Dann wird vielleicht ein bißchen vor oder zurückgeblättert und wieder gelesen, und dann, bei manchen Lesern erst nach längerer Zeit, ergibt sich nach und nach ein einheitliches Bild von den Zusammenhängen. Und wieder ist es ein Bild, das einem vor Augen steht. Das bildhafte Erfassen bei der Aufgabe, Texte und Inhalte schnell aufzunehmen und einzuordnen, zu verwerten, zu verarbeiten, hat die moderne Gestaltung von Büchern geprägt: Es werden Informations-Bits angeboten, die irgendwann einmal verknüpft und vernetzt zu einer Sinn-Textur dann auch wirklich einen Sinn ergeben. Dieser Sinn aber ist nicht vorgekaut und aufgedrängt, sondern entsteht im Leser selbst, sozusagen als Essenz seiner Lesebemühungen.

In unserem Falle wird dem Leser, der idealerweise sogar noch die Übungen ausprobiert und sich mit anderen Übenden über Erfahrungsergebnisse austauscht, der tiefere Zusammenhang der beiden Spalten - also kunstgeschichtlicher Abriß und therapeutisch experimentierende Übungspraxis- aufgehen.

Für mich ergab sich der Zusammenhang daraus, daß ich einerseits immer schon ein Interesse für Kunstgeschichte als Schlüssel zu dem Verständnis einer Kultur hatte, andererseits durch die Beschäftigung mit den *ASC (Altered States of Consciousness)*, also den nicht- alltäglichen Bewußtseinszuständen und der sozio-kulturellen Funktion schamanischer Bewußtseinsreisen: Der Schamane reist, um klüger statt dümmer, wirklichkeitsnäher, anstatt wirklichkeitsferner zu werden, um Kontakt zu gewinnen, statt ihn zu verlieren, um sich zu informieren und diese Informationen dem Kollektiv zukommen zu lassen, so daß die kollektive Struktur durch nicht-alltägliche Anregung angereichert, immer komplexer in ihrer Vernetzung wird, statt langsam aber sicher dem entropischen Gleichmaß des Gewöhnlichen und der Gewohnheiten, der Einfalt zuzustreben. Durch diese komplexe Struktur einer Kultur aber wiederum ergibt sich die Möglichkeit, mehr Vielfalt zuzulassen.

Diese Aufgabe, Vielfalt zu schaffen und auszuhalten, hat eine politische Bedeutung. Die Traumtänze, Phantasiereisen und Trance- Induktionen haben bei aller persönlichen Lust und Motivation unter anderem auch die Aufgabe, eine gemeinsame Zukunft zu visualisieren: Es geht um eine kollektive Vision.

Abb. 3: Photo von Lioba Winterhalder

Vision in Knossos

Als ich 1975 nach Kreta reiste, ging es in der Hauptsache darum, mir einen Kinderwunsch zu erfüllen: Endlich wollte ich das "echte" Labyrinth erleben. Genug der Täuschungen, mit denen man mich weit über die Kindheit hinaus immer wieder aufgehalten hatte, mich abgespeist hatte mit italienischen Irrgärten, kunstvoll geschnittenen Taxushecken und Lebensbäumchen, mit Spiegelgärten auf dem Jahrmarkt, mit Stichen und Gemälden - ich wußte, daß es irgendwo sein würde, das echte Labyrinth, und ich hatte mich entschieden, daß es in Kreta sein müßte, wenngleich in Form von Ruinen und deren fragwürdiger Restauration. Ja, es war mir sogar lieber, daß es das Labyrinth seiner echten Form nicht mehr gab: Das bewahrte mich davor, meine Phantasien mit der Realität vergleichen zu müssen.

Es war mir recht, in brüllender Hitze auf einem überschaubaren Feld voller Trümmer und umgestürzter Steine mich herumzutreiben und nicht in den Reiseführer zu schauen, der die Kammern des Palastes mit Nummern angab. Ein kurzer Blick hatte genügt und mich in meiner Vermutung bestätigt, daß in einem solchen Reiseführer kein Hinweis auf Dämonen und Ungeheuer zu erwarten sei. Jahre beharrlicher Erwartungshaltung hatten dazu beigetragen, mich auf diesen Moment vorzubereiten, und die Hitze des Mittags,- Stunde des Gottes Pan und dem Einbruch von Panik in die griechische Antike- mag auch das ihre getan haben, wenigstens hatte ich plötzlich das Gefühl, ich sei im Labyrinth, und zwar im echten. Woran ich das spürte? Ich war verwirrt. Es war nur ein Augenblick, aber ich erinnere mich noch genau daran, daß ich bei bester Sicht und ohne Gleichgewichtsstörung ein Körpergefühl in mir produzierte, daß ich übrigens immer wieder zu reproduzieren versuchte, weil es so angenehm ungewöhnlich und aufregend

Heilsame Verwirrung bringt mich in Kontakt mit den blinden Flecken und den potentiellen Möglichkeiten meiner Existenz

Trance-Induktion: Heilsame Verwirrung

Geh zurück in Deiner Erinnerung zu einem Moment, wo Du Dich restlos verwirrt fühltest, nicht mehr aus noch ein wußtest, Mattscheibe hattest, Brett vorm Kopf, keinen blassen Dunst, den roten Faden verloren, nicht mehr klar sehen konntest, Dich nicht auskanntest, so sehr Du Dich auch um Orientierung bemüht hattest - geh zurück zu diesem Moment, wo Du erlebtest, wie ausgeliefert und hilflos Du sein kannst, ohnmächtig. Versuche, dieses Erlebnis noch einmal in Dir entstehen zu lassen, nicht als Erinnerung, als Bild, als Vorstellung und Wissen, daß es so gewesen ist, sondern auch als Gefühl, ein sehr körperliches Gefühl.

Und während Du das machst, beobachte Dich selbst, wie Du das machst. Was brauchst Du dazu? - welche Bilder, Vorstellungen, Gedanken? Stell' Dir vor: Du schriebst ein Drehbuch und willst die Rolle des Verirrten selbst spielen. Wie fühlt sich das an - diese plötzliche Erkenntnis, daß Du Dich verloren hast und nicht mehr weiter weißt? Daß alle Deine gewohnten Richtlinien und Orientierungshilfen versagen? Du ganz auf Dich angewiesen bist, auf Dich, so wie Du jetzt da bist, unvoreingenommen und schutzlos, ganz lebendiger Leib, dem dies widerfährt? Wie fühlt sich das am eigenen Leibe an, diese Verirrung, Verwirrung? Wie reagierst Du, was machst Du als nächstes? Was macht die Erfahrung mit Dir? Geh ganz hinein in dieses körperliche Gefühl ...

Erinnere Dich an eine andere Situation der Verwirrung. Vergleiche beide miteinander. Gibt es einen Unterschied? Und welchen? Versuche ihn zu beschreiben. Vergleiche jedoch nur die körperlichen Zustände, nicht die Bedingungen, die zur Verwirrung geführt haben. Du bist mittendrin. Jetzt. Auch wenn Du später gesagt hast:

"Ich war ganz weg", kann es sein, daß es im Grunde sich anfühlt, als wärst Du ganz da gewesen, so "da" vielleicht wie sonst nie.

Kann sein, daß Du es so nennst: Es ist Dir ganz zweierlei geworden. Das ist so eine Redensart. Aber wie fühlt sie sich an? Und was ist der Unterschied dazu, wenn Dir alles als unterschiedsloses Einerlei erscheint, und auch das etwas von einer Irrfahrt an sich hat, - nur ganz anders eben.

Und wie fühlt es sich körperlich für Dich an, wenn Du sagst: "Da wurde es mir ganz anders"? Du kannst diese Redensart Dir vorsagen und darauf achten, ob das etwas in Dir aufsteigen läßt, ein Gefühl, zunächst vielleicht nur eine Assoziation ...

Du kannst das Wort ausprobieren, anprobieren wie ein Kostüm: Schwindel. Du spürst den Schwindel, wie sich alles dreht vielleicht. Oder alles stockt, Dich lähmt. Ist Dein Körper eng oder weit dabei, dicht oder aufgelöst? Ist Dein Blick focussiert oder diffus? Was hörst Du? Erinnerst Du Dich an die Qualität des Hörens? Warst Du verbunden mit der Außenwelt oder davon abgeschnitten? Wie ging Dein Atem? Und wie geht er jetzt, da Du Dich daran erinnerst?

Beobachte es wie ein Außenstehender. Beobachte, wie die Vorstellung auf Dich wirkt, wenn ich Dir nun probeweise verkünde, nie mehr in Deinem Leben würdest Du Dich je wieder so richtig und hundertprozentig auskennen, sicher sein können, alles wissen und besserwissen - wenn ich probeweise nun sage, daß von nun an immer ein Rest von Unsicherheit, aber auch von einem untergründigen Wundern, Staunen da bleibe, nichts mehr selbstverständlich ist ...? Und warum sollte es nicht so sein? Welche Gründe sprechen dafür - oder: Was spricht dagegen? Was für Einwände gibt es? Welche Ängste kommen?

Aber kann es auch sein, daß es ein Verlangen, eine Sehnsucht danach gibt, nicht mehr in die Sicherheit zurückzukehren? Was wäre, wenn ...?

Und wie würde dann das Leben sich anfühlen, was für ein Leben wäre das? Verändert sich jetzt, da Du Dir das vorstellst, Dein körperlicher Zustand?

war, ein Körpergefühl, das mir sagte: Jetzt bist Du drin!

Etwas umhüllte mich wie ein weißer, warmer Dunst, und etwas brüllte. Ich war auch in meiner Wahrnehmung keineswegs gestört: Es war still und die Luft klar. Weiter von mir entfernt hörte ich Stimmen von Menschen, die sich aus Reiseführern vorlasen. Ich wußte: Die sind draußen. Schade, da war ich auch wieder draußen. Meine Aufmerksamkeit mußte mich herausgezogen haben, und ich fand weder den Eingang noch die Mitte des gerade vergangenen Augenblicks wieder. Genau: Jetzt wußte ich - ich war in der Mitte eines Strudels gewesen. In der Mitte eines Wirbelsturms, in jener Mitte, in der alles ruhig ist. Jetzt, im Rückblick, konnte ich besser die Strukturen erkennen an ihren Konturen und die Grenzen: Radius vielleicht drei Meter um meinen Körper, zwischen den Grenzen und meinem Standpunkt ausgefüllt von einem Wabbern. Ich schwebte, obwohl ich fest auf meinen Beinen stand, geradezu wie angenagelt.

Etwas floß um mich herum und umstrickte mich. Die Gesetze der Schwerkraft waren aufgehoben, aber für wen? Hatte ich einen zweiten Körper, der ausgeflogen war und zurückeilte, als ich die Menschen in der Ferne als Außenstehende fokussierte und mich als Innenstehende lokalisierte - und mich damit wieder einsog in die Subjekt-Objekt-Spaltung und Ich-Selbst-Kongruenz, in meine gewöhnliche Identität? Und dann, als es vorbei war, nein, vorbei ging, in dem Augenblick des Vorübergehens mein Bewußtsein ansprach, und sich darin einprägte als Gestalt, in dem Augenblick dazwischen fiel etwas aufeinander und gleichzeitig auseinander und ich merkte, daß es zwei verschiedene Dinge gewesen sein mußten, die nun in sich zusammenfielen.Raum wurde verloren. Alles schien wieder weit weg und von mir entfernt, was vorher sich verräumlicht, verkörpert, vergegenwärtigt hatte.

Als ich mich mit geomantischen Untersuchungen von Erdmagnetismus und Radioaktivität an sogenannten Kraftplätzen und Kultstätten beschäftigte, meinte ich, besonders sensibel zu sein für solche ungewöhnliche Schwingungen . Schon öfters war ich bei Gelegenheit von touristischen Unternehmungen in Trance geraten.

Trotzdem schien mir diese Erklärung nicht ausreichend. Selbst wenn ich unter Strom gestanden hatte: Was war nur diese Gestalt gewesen, die ich gesehen hatte, nein, gewesen war? Woran erinnerten mich nur die gewundenen Wege des Labyrinths? Es kam mir irgendwie sehr bekannt vor. Und dann wußte ich es: Es war das menschliche Gehirn!

Damals hatte ich zum ersten Mal eine Erfahrung gemacht, die sich später unter psychodelischen Drogen und in Experimenten mit Brain Tech wiederholte: Ich hatte die Körperlichkeit meines Geistes erlebt - ich hatte mich denken gehört und den Geist sich entzünden gesehen. Ich hatte mich von beiden Seiten wahrgenommen: Von Außen als Innenleben, und von Innen als etwas, das Außenwelt spiegelt.

Das Labyrinth als Metapher für das, was im Gehirn geschieht und was uns Geist erleben läßt, Labyrinth als Symbol für alle diese Prozesse, die stattfinden ohne unser Bewußtsein- aber erst Bewußtsein ermöglichen. Das Labyrinth hat mich nicht mehr losgelassen.

Beobachte, schreibe vielleicht Deine Beobachtungen auf, und dann lege sie wieder weg, um keine Sicherheit zu besitzen.

Trance Induktion: Begegnung mit dem Nebeldämon

Du sitzt oder liegst in einer Dir angenehmen, bequemen Lage. Und dann läßt Du den Nebeldämon kommen. Vielleicht nennst Du ihn anders, vielleicht kennst Du ihn anders, vielleicht kennst Du ihn noch nicht. Aber eines ist sicher: Irgendwo im Dschungel Deines Unbewußten haust ein Wesen, das scheu ist und gerne sich versteckt. Nur manchmal zeigt es sich, aber nicht direkt, sondern indirekt, eben, indem es Dich verwirrt. Es macht diese Verwirrung, die plötzlich über Dich kommt. Vielleicht fühlt es sich an wie ein Nebel, mit dem es Dich umhüllt, oder es fühlt sich an wie Watte, mit der es Dich einpackt, oder es ist wie eine große Käseglocke aus Dunst, die es über Dich stülpt. Das ist die Art dieses Wesens, sich zu zeigen.

Und während Du so meine Worte hörst oder liest und Dir Deine Gedanken machst, läuft parallel dazu ein anderer Gedankenstrom: Unwillkürlicher, unkontrollierter.

Und dieser Strom schwemmt einen Gedanken an: Was wäre, wenn sich das Wesen jetzt zeigen wollte, jetzt, zum erstenmal in Deinem Leben sich zu erkennen gäbe - schließlich seid ihr sozusagen Nachbarn. Warum nicht Freunde, Verbündete werden? Und wie wäre es, wenn dieses Wesen von sich aus käme, den ersten Schritt machen würde, ganz als ob es ein reales Wesen wäre, dessen Anwesenheit man körperlich spüren kann ... Wie fühlt sich dieses Wesen körperlich an, wie wäre eine körperliche Berührung?

Ich habe mir erzählen lassen, daß der Nebeldämon eigentlich gar kein Dämon ist, sondern unendlich zärtlich. Vielleicht ist es deshalb so verwirrend, ihm zu begegnen - man hat etwas ganz anderes erwartet. Man mißtraut, fühlt sich übertölpelt, verblüfft, verführt, umgarnt - und wehrt sich. Widerstände werden aufgebaut. Und dann verwandelt sich das Engelswesen, das oft mit dem Begriff der Gnade in Verbindung gebracht wird, zu einem Moloch, einem Ungeheuer, das verschlingend sich auf einen stürzt, einen überwältigen will und damit alle Widerstände auf einmal wegschwemmt und nichts mehr

Strahlende Zukunft - Gewundene Wege

Als ich mit einem Computer zusammenzuarbeiten begann, lernte ich mehr die Funktionen meines Gehirns (hardware) und meines Bewußtseins/Geistes (software) kennen. Ich lernte die komplizierten kybernetischen Zusammenhänge nachvollziehen als lebendige Prozesse, als Tänze: Neurotänze. Vor allem als ich im Zuge ethnologischer Studien über bestimmte Trancetanz-Kulte in Brasilien die Wechselwirkung von körperlicher Veränderung (etwa durch Drogen, Trancetanz oder auch spontaner Krise/Krankheit etc), außergewöhnlichen Bewußtseinszuständen (z.B. Besessenheit) und soziokulturellem Kontext (etwa Heilung) ebenso wie religiöser Bedeutung (Erkennen und Anerkennen eines Orishas, also Kraftträgers oder Gottes)-studierte, wurde mir oft schmerzlich bewußt, daß die Antworten zwar einleuchtend waren, sich als Bild präsentierten, als Gefühl, aber nicht als Diplomarbeit oder fertiges Buch - was mir damals zumindest lieber gewesen wäre.

Ich fühlte mich im Labyrinth: Mal war ich der Lösung zum Greifen nahe, mal weit weit entfernt, und dennoch in dem Radius der Lösung, die mich bannte und an nichts anderes denken ließ. Es war frustrierend. Ich schwor mir, zumindest ein Buch über diese labyrinthischen Erfahrungen zu schreiben, wenn es mit dem Diplom schon nichts werden wollte.

Ich begann mich zu fragen, ob nicht viele kunstgeschichtliche Darstellungen, vor allem aus der Zeit vor der schriftlichen Notierung von Wissen, also aus der Zeit der Felsritzungen, der Idole als Grab-Gaben und der Kultstätten der Steinzeit, das Zusammenspiel von innerer und äußerer Realität zum Thema hatten. Die Kulturanthropologin Felcitias Goodman bestätigte meine Vermutungen. Darüberhinaus ermutigte sie mich zu weiterer Forschung, die sich mit den nicht-alltäglichen Bewußtseinzuständen beschäftigte und eben diese benutzte, um mehr zu wissen, denn, wie ich durch Goodman lernen sollte, sind es gerade jene Bewußtseinszustände, die Kontakt herstellen nicht nur zwischen Innen und Außen, sondern zwischen der sichtbaren Welt der "hard facts" und der weichen, fließenden, noch unsichtbaren Welt der Möglichkeiten.

Die Entstehung des Labyrinths ist nicht genau festzulegen. Aber den äußerst präzisen Nachforschungen Hermann Kerns verdanke ich die Annahme, daß es wahrscheinlich nicht älter ist als die Neusteinzeit (Ausführung s.u.), d.h. aus der Ackerbau-Kultur stammt, wenngleich ähnliche Zeichen, z.B. die Spirale und konzentrische Kreise viel älter sind und sowohl in der Gartenbau-Kultur wie auch bei den Jägern und Sammlern zu finden ist. H. Kern stellt in einleuchtender Weise dar, wie etwa aus den "Wegweisern" in die andere Wirklichkeit, aus den Zeichen, die tranceinduzierende Körperhaltungen oder Körperbewegungen in einem Bild zusammenfaßten und festhielten, später die fixierte Vorstellung eines bestimmten Ortes und Bauwerks, nämlich des Labyrinths entstehen konnte.

Abb. 4: Minotauros-Tanz
(Zeichnung nach COOK, *Zeus*, Bd.I,Taf.XXX.)

übrig bleibt, nicht einmal eine Erinnerung. Es lohnt sich also, Bekanntschaft zu machen mit diesem unbekannten Wesen. Es scheint, es meint es gut. Denn manchmal hatte die Verwirrung auch etwas Rettendes, Erlösendes, Erheiterndes, vielleicht sogar Begeisterndes, ja, Ekstatisches an sich, so daß Du diese Erfahrung nicht missen möchtest - auch wenn Du vielleicht nicht laut zugeben kannst, wie sehr Dich im Innersten Deines Herzens diese Erfahrung gestärkt hat, eine Erfahrung, die nach außen wie Schwäche, Ohnmacht, Verlust, Niederlage ausgesehen haben mag ...

Und während Du so diese Gedanken darüber in einem Strom an Dir vorbeiströmen läßt - lauter Wenns, reine Hypothesen - läßt Du wieder in einem Parallelstrom, der irgendwo entsteht und zu fließen beginnt, das Wesen sich Dir annähern. Du kannst Dir das auch ganz konkret vorstellen: Aus dem Dunst, Himmel und Meer am Horizont, taucht ein Schiff auf, und Du weißt: In diesem Schiff fährt das Wesen an Dir vorbei, so weit von Dir entfernt oder so nahe, wie es Dir angenehm ist, so daß Du ohne Angst hinschauen kannst.

Beobachte gleichzeitig Deinen körperlichen Zustand, während Du in diese Vorstellung hineingehst, notiere vielleicht Deine Beobachtungen, und dann lege sie ad acta, um weitergehen zu können.

War das Labyrinth ein Tanz? Was im Laufe der Jahrhunderte bestimmt stattfand, war eine Verschiebung von Prozessen hin zu Strukturen und Formen, von Tänzen über Tanzplätzen und fixierten Tanzwegen hin zur eingefrorenen Architektur. Steht es an, aus den starren Formen wieder Tänze erwachen zu lassen?

Bestimmte Tendenzen z.B. in der prozeß-orientierten Psychotherapie, die Trance-Zustände bewußt einsetzt, um die Welt wieder ins Fließen und damit ins Lot zu bringen, sprechen für eine Entwicklung in diese Richtung. Auch ist die Psychotherapie mehr an Lösung wie an Problemen interessiert, und, wie das das Wort Lösung schon beinhaltet, bringt diese neue Orientierung eine Hinwendung zu dem, was durch Loslassen, Lassen, Lösen von selbst geschieht.

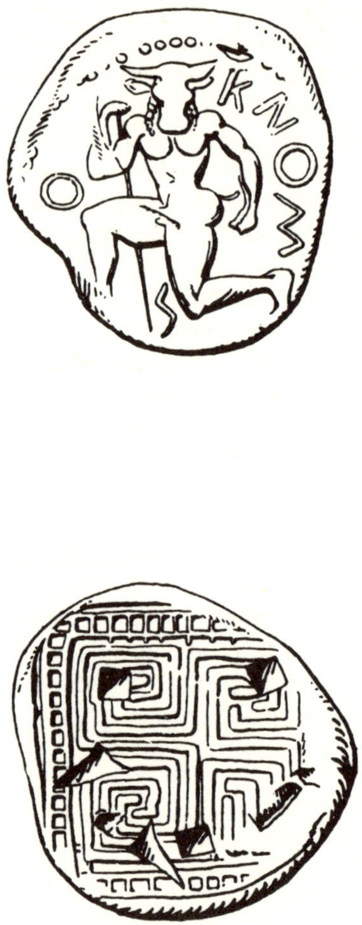

Abb. 5 und 6: Münze aus Knossos. Tänzer mit Stiermaske (Zeichnung nach COOK, *Zeus*, Bd.I, S.492, Abb. 354).

Labyrinth, Gehirn, Biocomputer

- der Biocomputer als Modell für innere und äußere Realität im Funktionszusammenhang des Gehirns.

Wenn man sich der Erforschung des Gehirns widmet, so erfordert dies einen Blickwinkel, der die Einzigartigkeit des Gehirns als Studienobjekt mit einschließt. Jeder von uns kann diese Einzigartigkeit intuitiv erkennen. Ich befinde mich innerhalb meines Gehirns, es enthält mich. Trotzdem ist mein Gehirn Teil der äußeren Realität. Über die Daten, die das Gehirn als äußeres Funktionssystem erforschen sind sich Paläoanthropologie, Embryologie, die Neuroanatomie, Neurophysiologie, Neuropathologie, Neurologie und Verhaltensforschung meist einig. Die Wissenschaften der inneren Realitäten hingegen sind festgefahren auf die Aussage, der Geist/Verstand befände sich innerhalb des Gehirns. Dazu gehören klassischerweise die Psychologie, Psychotherapie, Psychoanalyse, Meditation, die psychiatrische Forschung etc. Vor einigen Jahren fand ich ein zufriedenstellendes Modell, das als Brücke zwischen den "inneren " und den "äußeren" Wissenschaften dienen kann, ja, beide zu einem Ganzen vereint: Der menschliche Biocomputer, seine Programmierung und seine Metaprogrammierung.

In diesem stellt das Gehirn als äußeres Objekt die Hardware dar, ist der innere Beobachter oder Zeuge repräsentiert durch das gerade operierende Programm - und das Selbst durch seine selbstreflektierende Funktion als Meta-Programm (ein Programm, das sich selbst zum Programm hat) gegeben.

Der Geist/Verstand ist also die Software.Der Beobachter im Gehirn ist das Ergebnis der datenverarbeitenden Computer-Arbeit des Gehirns. Genauso wie Schmerz und Lust Ergebnisse des Bio- Feedbacks zwischen Gehirn und Körper sind, wird auch der Beobachter selbst als Data verarbeitet.

Mein Potential ist mir ungeheuer: Ein Rendezvouz mit dem Unbekannten.

Was ist so ungeheuer am Ungeheuer?

Das wirst Du Dich eines Tages fragen, wenn Du wieder einmal die Annäherung übst, und Du wirst ein bißchen genauer hinschauen, noch feiner beobachten wollen, während Du vielleicht mit Erstaunen feststellst, daß diese Begegnung mit dem ungeheuerlichen Unbekannten leicht veränderte körperliche Zustände in Dir bewirkt hat, die sich angenehm anfühlen: Vielleicht Deinen Blick geschärft haben, Dir ein Gefühl der Frische gaben, einer ganzheitlichen Ergriffenheit und Beteiligung, und sei es nur, daß Du irgendwie meinst, besser durchblutet, näher am Puls des Lebens selbst, mehr in der Gegenwart zu sein.

Und es kann sein, daß Du immer wieder und immer mehr von diesem prickelnden Schauer, von diesem Kitzel erfahren möchtest. Und dann wirst Du merken: Es geht nicht. Eine Steigerung durch ein Mehr von dieser Begegnung geht nicht. Die Art der Begegnung, die Qualität des Verhältnisses bringt die Steigerung, nicht die Quantität. Und Du fragst Dich, wie diese Veränderung der Qualität vor sich geht, wodurch bedingt und wann sie auch wenn unvorhergesehen eintritt, und wie sich das anfühlt. Und es kann sein, daß es Dir ein Bedürfnis wird, und während Du so nachdenkst, woher das Gefühl wohl kommen mag und wie es wohl entstehen mag, entsteht es tatsächlich, und gleichzeitig beobachtest Du, wie sich das anfühlt, wenn ein Gedanke wirkt und wirklich wird. Du beobachtest, notierst und legst ad acta. Du liegst bequem, auf dem Rücken oder auf dem Bauch, wie es besser für Dich ist und spürst, wie und wo Dein Körper auf dem Boden aufliegt. Du fängst ein Verhältnis mit dem Boden an, Stück für Stück, indem Du zunächst ganz ins Gegenteil gehst, Dich zierst, verweigerst, verkrampfst, und mit allen Mitteln vom Boden fern halten willst, als wäre er schmutzig und unheilbringend, als würde schon allein die Berührung Dich verunstaltend kennzeichnen. Geh ganz in diese fixierte Bewegung des Sichweghaltens, Ekelns, der Abscheu hinein, und beobachte, wieviel Energie Du aufwenden mußt, um darin zu verharren. Und dann laß los, laß Dich einfach sein, so sein, wie Du bist, und beobachte Dich dabei, Deinen Atem, Deinen Kräftehaushalt, Deine Muskeln, Deine Gefühle. Mache diese Übung sehr sorgfältig, als wäre es eine neue Gymnastik, und so arbeitest Du alle Partien Deines Körpers durch. Läßt mal Dein Bein sich vor dem Boden ekeln, mal Deinen Hals, bis Dein ganzer Körper durchgeknetet und gewalkt ist und nun einfach und entspannt auf dem Boden aufliegt, Dich so spüren läßt, wie Du eigentlich bist, mit einem Minimum an Aufwand und Verschleiß an Energie.

Du kannst Dir vorstellen, Du würdest auf einem Fluß treiben, in einem Boot liegen und die Strömung unter Dir spüren, sich von ihr tragen lassen. Manchmal sind da kleine Wellen, kleine Bewegungen in der Strömung, die Dir in Erinnerung bringen, daß Du gar nichts machen mußt, die Bewegung nicht von Dir gemacht werden muß, sondern Dich transportiert, wenn Du Dich transportieren läßt. So läßt Du Dich schaukeln und schlingern, auch wenn es nur in Deiner Vorstellung ist.

Und dann übernimmst Du diese Bewegung, die Du Dir von außen kommend vorstellst, und beginnst Dich ganz leicht und entspannt auf dem Boden zu suhlen, als würde Dich etwas bewegen, als würde diese Bewegung Dich besuchen wie ein Gast. Dein Gast ist ein Schlangengeist, und er ist gekommen, um Dich am Schlangenwissen teilhaben zu lassen.

Die Schlangen sind Erdwesen, erzählt Dir der Geist, und sie kennen jeden Winkel, jede Windungen, jedes Schlupfloch, und auch in der Erde kennen sie die engen, dunklen Wege, durch die sie schlüpfen, ganz eingeschlossen von der Erde, die sie umgibt, vorne Erde, die sich ihnen eröffnet, hinten Erde, die sich hinter ihnen wieder verschließt, zu den Seiten, sie streichelnd, Erde, und oben wie eine Decke, die sie behütet, Erde, und unten wie eine zärtliche Hand, die sie hält, Erde. So

Der Beobachter ist also ein Programmierer, ein Agent innerhalb des Gehirns. Das Selbst ist der im Gehirn enthaltene Operateur, der durch einen selbstreflektierenden Kreislauf mit der Großhirnrinde in Verbindung steht.

(John C. Lilly).

Die Frage ist, ob das im Gehirn enthaltene Selbst mehr als nur das Ergebnis der Software des Gehirns ist und was Geist ist?

Die geomantische Forschungen u.a. von Paul Devereux im Bereich von Kultstätten der Megalith Kulturen haben ergeben, daß frühere Religionen durchaus wußten, daß es an bestimmten Plätzen Strahlungen und Energien gibt, die den Menschen extrem stimulieren. Es sind dies sogenannte Kraft-Plätze, und Kraft, Power, ist das, was von außen dem menschlichen Biocomputer zugeleitet wird. Manche sprechen von Göttern, Geistern, kosmischer Intelligenz, andere von Radioaktivität, Magnetismus, Elektrizität. Ich habe mich entschieden, mich nicht zu entscheiden, sondern von beidem gleichzeitig zu sprechen, bzw. beides in Beziehung zu setzen. Was mich interessiert, ist, wie religiöse Symbole in Kultstätten verwendet werden, und wie sie auf den Biocomputer wirken. Und das Labyrinth ist das Symbol, das sich für mich als besonders wirksam erwiesen hat.

Das Labyrinth mit seiner abgegrenzten Kreisform und mit seinen streng geordneten Windungen erinnert unmittelbar an das Gehirn, das im Schädel auf engstem Raum einen sicheren Platz gefunden hat und durch die Windungen seine Oberfläche so sehr vergrößert hat, daß es einer Riesenbibliothek von unvorstellbarem Ausmaß gleicht.

Das Labyrinth basiert auf einer Ordnung, die sich an einem gleichschenkligen Kreuz orientiert. Es ist also wie die Windrose der Seefahrer ein primäres Instrument der Ausrichtung zB in die vier Windrichtungen, aber auch auf seinen Mittelpunkt hin.

Diese Mitte wird nun in raffinierten Umwegen umgangen. Warum bloß? Und woher kommt die mystische Einsicht, daß gerade der Umweg manchmal der direkteste Weg ist?

Ein Weg lädt ein zur Bewegung. Das Labyrinth lädt ein zum Umkreisen. Das Labyrinth vermittelt zwischen Innen und Außen. Es setzt eine Grenze (durch die äußere Kreisform) und es erlaubt ein fortschreitendes Eingehen, eine Verinnerlichung. Sie geschieht in abgerundeten Wegformen, die den Wanderer in Spannungsbögen und rhythmisch schwingenden Kurven leiten. Wenn man ein elektrisches Gerät aufmacht, wird man eine ähnlich unübersichtliche Anordnung von Drähten und Leitungen vorfinden. Und so kam ich auf den Gedanken, daß das Labyrinth eine Anordnung als Prinzip repräsentiert. Es ist so etwas wie eine Gebrauchsanleitung - aber für was?

Ich lasse mich von meinen Assoziationen führen. Mir fällt auf, daß viele Felsritzungen mit Labyrinthformen auf Granitstein eingetragen wurden. Devereux beobachtete, daß Granit als ein Stein, der gewisse elektrische Spannungsqualitäten und radioaktive Strahlung in sich birgt, offensichtlich eine besondere Funktion in den Steinkreisen und Kulthöhlen der Steinzeit hatte: Könnte es sein, daß Granit verwendet wurde, um den Biocomputer Mensch extrem zu stimulieren und ihm ein nicht-alltägliches und außergewöhnliches Maß an Extra-Intelligenz zu verpassen? Und letzteres im übrigen die eigentliche Funktion von Religion ist?

Und könnte es sein, daß das Zeichen des Labyrinths als eine Art Zwischenschaltung und Transformator-Anlage den Menschen auf den nicht-alltäglichen Intelligenz-Schub bzw. elektrischen Input darauf vorbereitete?

Tatsächlich finden sich Labyrinthe sowohl als Amulette als auch als Ornament an den Eingängen zu Megalith-Bauten. Waren sie Schutz und Vorbereitung?

fühlen sich die Schlangen wohl, und es kümmert sie wenig, daß die Wege nur für sie offen sind und unbeständig in ihrer Bahnung.

Sie leben von diesen flüchtigen Empfindungen und sind dort zu Hause. Sie können ganz im Augenblick aufgehen, und selbst ihre Haut können sie abstreifen, und doch sie selbst bleiben. Deshalb hat man sie mit Heilung und sogar Unsterblichkeit in Verbindung gebracht. Aber es ist eine Unsterblichkeit, die ganz anders ist als die, die sich die Menschen vorstellen, wenn sie meinen, daß Leben sei wie ein Kuchen, der sich dadurch bewahrt, indem man ihn nicht verzehrt.

Die Schlangen kennen die Unsterblichkeit, die sich durch das Leben ergibt, wenn man sich ganz dem Leben hingibt. Und wie man das macht, können die Schlangen einen lehren, z. B. jetzt: Jetzt lehren die Schlangen Dich, ganz in der Bewegung zu sein, Dich ganz hineinzugeben, nichts festzuhalten, keinen Gedanken, keine Beobachtung, keine Empfindung. So wie der Fluß nicht anhält, so setzt sich auch die Bewegung fort: Eine kleine Bewegung des Schlängelns, des Windens auf dem Boden, die immer flüssiger wird, immer weniger sich festhält am Entweder rechts - oder links, sondern immer mehr sich im Dazwischen aufhält ...

Und wenn Du ganz vertraut und zu Hause in dieser Bewegung bist, so als ob Du selbst zur Schlange geworden wärst, dann stellst Du Dir vor, weit oben über Dir im Himmel würde ein Adler kreisen, der ein ganz anderes Leben führt als die Schlange, ganz andere Bahnen zieht, und ganz andere Aussichten und damit natürlich auch Ansichten hat. Und während Du so daliegst und die Bewegung weiterlaufen läßt wie von selbst, spürst Du, wie allein schon die Vorstellung von einem Adler hoch oben im Himmel Dich körperlich verändern läßt. Du merkst, wie im Märchen, daß ein ganz kleines Stück von Dir zu einem Adler wird und dort oben seine Kreise zieht. Plötzlich ahnst Du, wie es sein muß dort oben, wo man alles überblickt und die große Übersicht hat. Plötzlich verstehst Du, warum die Menschen den Adler mit dem Geist in Verbindung gebracht haben, und den Geist wiederum mit der Ewigkeit.

Von soweit oben sieht man nicht die kleinen Unterschiede, die kleinen Veränderungen. Alles erscheint beständig, von großer Dauer, und eine Erweiterung diese Gefühls von Dauer vermittelt die Vorstellung von Ewigkeit. Die Berge z. B., in denen der Adler zu Hause ist, haben sich nicht verändert: Sie scheinen ewig, Und während Du die Schlangenbewegung in Deinem Körper verklingen läßt, wird Dein Körper immer mehr angezogen von der Vorstellung, ein Adler zu sein, und Du erlaubst Deinem Körper, der entspannt daliegt, gut in Kontakt mit der tragenden Erde, einen Teil von sich ausfliegen zu lassen: Du stellst Dir vor, etwas, ein Teil von Dir, wird jetzt Adler und erhebt sich in die Lüfte, und nach einiger Zeit merkst Du: Es ist Dein Blick, der zum Adlerblick geworden ist, und der immer höher sich schraubt, während Dein Körper dort tief unten liegt und auf Dich wartet, bis Du zurückkommst.

Diesmal war der Besuch nur kurz: Der Adlergeist hat Dich mitgenommen mit sich, und schon kannst Du aus der Adlerperspektive Dein Leben übersehen: Alle die Wege, die Du als Schlange zurückgelegt hast, alle die Bahnungen, die Du erlebt hast, die vielen Erfahrungen ... Du siehst sie jetzt aufgezeichnet, Du siehst ihre Muster, und obwohl Du weißt, daß Du sie Dir nicht alle merken kannst, und daß dieses Muster nur eine flüchtige Erscheinung ist, weißt Du, daß es da ist.

Und dann verstehst Du, was gerade geschehen ist: Adler und Schlange haben sich abgesprochen, für einen Augenblick die Rollen zu tauschen, denn sie sind beide neugierig, in die Haut des anderen zu schlüpfen. Und sie fordern Dich auf, an diesem Experiment teilzuhaben, so daß Du zwischen der großen Übersicht und der Anschauung der sogenannten ewigen Werte und den flüchtigen Eindrücken, die gerade in ihrer Vergänglichkeit sich Dir eingeprägt haben, hin und her gehen kannst, Dich nicht entscheiden mußt: Entweder - oder, sondern: Und - und. Es ist immer beides: Ewig und vergänglich. Und vielleicht hast Du erlebt, daß manches, was Du für ewig hieltest, plötzlich sehr vergänglich wurde, und manches, was gerade so flüchtig erschien, sich Dir für immer eingeprägt hat, als wäre es der Einbruch der Ewigkeit in

Das klingt alles verworren, vielleicht. Aber als Modell gefällt es mir. Es regt mich zum Nachdenken und Weiterforschen an. Ich nehme mir das Labyrinth als Objekt der Kontemplation - vielleicht war auch das Labyrinth in der Kathedrale von Chartre aus solchem Grunde dort auf dem Fußboden angebracht?

Abb. 7: Kathedrale von Chartres.
Blick zum Chor, Federzeichnung nach einem Stich des 18. Jh.
Kerenyi schreibt, man sei auf das verfallene Labyrinth von Chartre aufmerksam geworden, als Kinder sich nicht von ihrem Lieblingsspiel abhalten ließen, immer wieder die Labyrinth-Bahnen entlang zu hüpfen und zu hopsen, was freilich kein sehr ehrfürchtiges Benehmen in einer Kirche darstellt.)

Gelebte Dialektik im Labyrinth

Das Labyrinth lädt weiterhin ein - diesmal zu einer Bewegung, die zwischen zwei Polen oder Extremen vermittelt. Es ist mehr als eine einzige Bewegung. Es ist ein Bewegungsprinzip und es sind mehrere Pole, die so verbunden werden. Das Denk-Prinzip, das zwei Gegensätze nicht als Widerspruch wertet, sondern sie auf einer höher entwickelten, komplexeren Ebene der Formfindung zu einer Synthese verbindet, nennt man Dialektik. Es sollte möglich sein, diesen Prozeß des dialektischen Synthesefindens und Hochschwingens auch auf non-verbale Art zu vollziehen. Ist das Labyrinth Abzeichen und Hinweis für eine dialektische Erfahrung?

1. Geradeaus und gerade-gewunden, kreisend, rund

Die Quadratur des Kreises, in der mittelalterlichen Philosophie ein Problem bzw. ein Ding der Unmöglichkeit, das man Gott allein zuschrieb, scheint im Labyrinth gelungen zu sein. Runde, geschwungene und gewundene Wege orientieren sich an den Geraden des Kreuzes.

Die Kehre lädt ein zum Umkehren.Freilich könnte man auch stur geradeaus, mit dem Kopf durch die Wand, mit dem Schwert wie Alexander der Große durch den Gordischen Knoten, oder sich hinwegsetzend über die Einladung, nicht den direkten Weg nehmen.Was ist der Sinn der Windungen? Sicher nicht die Abkürzung, denn die Luftlinie ist immer der schnellste Weg. Und auf dem Landweg wählt man deshalb oft nicht den Weg des geringsten Widerstands, der ähnlich dem Mäandern des Flusses sich dort eingräbt, wo keine Hindernisse sich in den Weg legen. Hier aber wird dem Mäandern die Zufälligkeit genommen und die Windung in

Dein alltägliches, ganz gewöhnlich vergängliches Leben selbst ...

Und Du beobachtest den Wechsel zwischen Adlersicht und Schlangenwegen als Vorstellungen, Du beobachtest, wie sie sich körperlich auswirken, welche Bilder, Erinnerungen, Gedanken sie wachrufen, und dann, wenn Du diese Phantasie beenden möchtest, erinnerst Du Dich daran, daß Du ein Mensch bist, ein Mensch, der wie im Märchen von den hilfreichen Tier-Verbündeten besucht oder mitgenommen wurde. Und Du verabschiedest Dich.

Die ganze Welt ist ein Echo - Ist Reaktion und Spiegel auf meine Entscheidung, wie ich es will.

In den Wald rufen, hören, was das Echo dazu sagt.

Du nimmst eine Position ein, die Dir angenehm ist, und bist ganz Ohr. Du stellst Dir vor: Das, was Du, die letzte Stunde erlebt und getan hast, war wie ein Ruf in den Wald. Und nun nimmst Du Dir die Zeit und wartest auf das Echo.

Du weißt, man sagt, daß es so heraus schallen würde, wie man hereingerufen hätte, aber da wir hier vor einem Zauberwald stehen, sind die Verhältnisse ein wenig anders, und auch Dein Ohr, Deine Fähigkeit zu hören ist anders als sonst. Du bist gespannt, Du willst verstehen, was das Echo Dir erzählt. Du gehst davon aus, daß Du von ihm noch dazulernen kannst.

Und Du läßt Dich überraschen ...

Mein Potential ist ungeheuer, mehr als die Summe seiner Teile, die mir bekannt sind, eine größere Einheit.

Dem Ungeheuer ins Auge blicken, mit Haut und Haar.

Und es kann sein, daß dieses Verhältnis, das Du mit dem Ungeheuer eingegangen bist, nun einen solchen Grad der Annäherung erreicht hat, daß Du ihm nicht nur in die Augen blicken willst, sondern mehr von ihm haben willst, genau wie Du spürst, daß auch das Ungeheuer irgendwie mehr haben will von Dir. Und so schaut Ihr Euch an, und dann laßt Ihr den Blick erweitern, so daß Ihr mit Haut und Haaren Euch anschaut - ganz als wolltet Ihr im nächsten Augenblick Euch gegenseitig verschlingen. Und doch tritt das nicht ein, denn jeder bleibt auf seiner Position und begnügt sich damit, den Blick immer weiter und weicher werden zu lassen, so daß der ganze Körper miteinbezogen ist, bis es ein einziger Blick und ein einziges Angeblicktwerden ist.

Du kannst den Blick auch wandern lassen: Mal blickst Du das Ungeheuer aus der Stirne, zwischen den Augenbrauen heraus an. Und es blickt Dich auch von dorther zurück an, so daß Du alle seine Gedanken hinter seiner Stirn für einen ganz kurzen Moment erraten kannst, aber es ist nur wie ein Blitz. Mal blickst Du aus dem Bauch heraus das Ungeheuer an, und es blickt von dort her zurück. Du kannst förmlich hören, wie der Bauch knurrt und brummt und voller Bewegung ist, wie da das Leben brodelt und dampft und braut und blubbert, und Du ahnst etwas davon, wie es sich als Ungeheuer leben läßt, indem Du die Verdauungsvorgänge auf Dich wirken läßt. Und Du freust Dich daran, wie gesund und kräftig und weise der Bauch des Ungeheuers zu sein scheint, so daß Dein Bauch voller Wärme und Kraft sich anfühlt und immer mehr damit sich auflädt, je länger Du im Kontakt mit dem Bauch des Ungeheuers bist.

Und dann schaust Du das Ungeheuer vom Herzen her an, ganz als ob Dein Blickstrahl direkt vom Herzen ausginge zu Deinem Gegenüber. Spätestens dann erkennst Du, wie abhängig Ihr beide voneinander seid, und ein merkwürdig schmelzendes Gefühl überkommt Dich, als wolltest Du zerfließen, mitgehen mit dem Ungeheuerschicksal, mitleiden: Du hast Mitleid mit dem Ungeheuer,

einen strengen Rhyhthmus gelegt. Es ist also kein willkürliches Hin und Her, kein Zickzack-Gehen und auch kein besoffenes Taumeln. Die Windung hat System: Dahinter steckt das Prinzip der Wandlung! Die Worte winden, wenden, wandern und wandeln,verwandeln sind miteinander verwandt und weisen darauf hin, daß am Anfang der Wandlung eine Bewegung da war, die sich wiederholte, bis der Zustand des Wandelnden sich so geändert hatte, daß man von Verwandlung sprechen konnte. Hin und her gehen, wiederholt wenden - bewirkt Wandlung!

2. Chaos und Ordnung

Was beim Labyrinth als grundlegendes Charakteristikum vermerkt wird, ist das Zusammentreffen einer höchst raffinierten und komplexen Ordnung, die auf ersten Anblick verwirrend und chaotisch wirkt. Man muß sich schon einlassen auf das Labyrinth, um seine innewohnende Ordnung zu erfahren, und zwar am eigenen Leib. Dies kann durch das Abgehen oder Durchtanzen der Wege geschehen, oder aber auch durch das Abtasten und Nachfahren mit dem Finger entlang der Bahnen. Auf den ersten Anblick "weiß" man: Das Labyrinth hat System. Aber hinter das Geheimnis, was daran so systematisch ist, kommt man erst durch die eigene Erfahrung. An das Labyrinth glaubt man nicht. Man kennt die Erfahrung oder nicht.

Neurophysiologisch ließe sich dazu auch eine Anmerkung machen: Das vestibuläre System des Gleichgewichts ist im Ohr angesiedelt. Hier werden Informationen über die Lage des Menschen und ihre Veränderung gesammelt und per Nerv an das Gehirn weitergemeldet. Dieses wiederum wertet die Informationen aus und unternimmt, wenn nötig, Maßnahmen, um sich wieder im Gleichgewicht einzurichten. Und wie immer, lebt das Gehirn auf, wenn es neue Informationen bekommt: Es wird stimuliert.

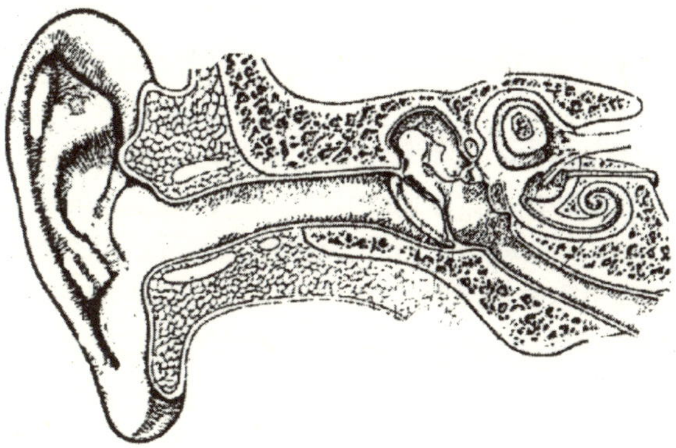

Abb. 8: Das menschliche Gehör reicht von 20 bis 20000 Hz (Wellen pro Sekunde). Schallwellen werden von molekularen Vibrationen der Luft gebildet, die in Intensität und Frequenz variieren. Sie werden vom äußeren Ohr aufgefangen und zum Trommelfell weitergeleitet, das wiederum die Gehörknöchelchen in Bewegung versetzt. Diese wirken wie ein Hebel und bringen die Bewegungen verstärkt durch das ovale Fenster zur Perilymphe des Innenohrs.
Es kann übrigens kein Zufall sein, daß das Innenrohr Labyrinth heißt. Ich kam auf die folgenden Gedanken, als ich zum erstenmal von einer Krankheit hörte, die sich Labyrinthitis nannte- sie war einfach eine Erkrankung des Innenohrs.

Klingelt bei ihnen etwas, lieber Leser? Die Schleuder- und Wirbelbewegungen der verschiedenen Trancetänze haben unter anderem die Funktion, das vestibuläre System zu beschäftigen und damit das Gehirn zu reizen. Durch die

und Du spürst, daß es etwas in Dir selbst ist, was ungeheuerlich ist, und doch sich nach nichts mehr sehnt als berührt, angeschaut und angenommen zu werden.

Roter Faden - richtiger Augenblick

In den folgenden Übungen werden wir viele Erfahrungen machen, aber es wird nicht darum gehen, soviel wie möglich zu erfahren, sondern die Erfahrung so zu gestalten, daß sie ein Geschenk an das Bewußtsein ist.

Dazu gehören Anfang und Ende, und auch die Mitte einer Erfahrung. Damit ist nicht die Halbzeit gemeint, wie beim Fußballspiel, sondern der Augenblick, wo man nicht mehr am Anfang der Erfahrung steht und noch damit beschäftigt ist, "rein" zu kommen, und es ist auch nicht das Ende der Erfahrung, wo man spürt, wie langsam die Aufmerksamkeit abdriftet und die Spannung, die die Augenblicke zusammengehalten hat zu einer sinnhaften Einheit, nachläßt.

Die Mitte ist dann, wenn man mittendrin sich fühlt. Und es ist dies so selbstverständlich, wenn man mittendrin ist, daß man sich nachher oft gar kein Bewußtsein darüber bewahrt hat, wann das war, mittendrin gewesen zu sein. Um trotzdem langsam ein Gefühl dafür auszubilden, vergegenwärtigen wir uns ein Märchen: Das Märchen vom Prinzen, der mühelos durch den Dornenwald ging, der justament vor einem Tag noch andere Helden vor ihm nicht durchgelassen hatte. Er kam eben zur rechten Zeit, denn eben waren die hundert Jahre, die Dornröschen und alle Mitbewohner des Schlosses in einen tiefen Schlaf hat sinken lassen, vorüber. Kaum hatte er den Wald betreten, war er auch schon mittendrin.

Wir können diese Szene für uns vorstellen und in der Vorstellung durchspielen: Wie fühlt es sich an, zur rechten Zeit zu kommen? Und wie fühlt es sich an, zur unrechten Zeit da zu sein? Erinnere Dich an Situationen in Deinem Leben, wo Du beide Gefühle kennengelernt hast, und rufe Dir die körperlichen Zustände, die damit verbunden waren, genau in Erinnerung.

Und wenn Du jetzt mit den Übungen beginnst, tust

Du dies im Bewußtsein, daß es nur Übungen sind und daß Du lernen kannst, Dich einzulassen, wenn es der richtige Zeitpunkt ist, wieder loszulassen, wenn die Erfahrung gemacht, die Einheit der Geschichte vollendet, und der Schluß als Abschluß und Krönung gestaltet werden will. Und Du kannst lernen, rechtzeitig umzukehren, wenn Du merkst, daß etwas nicht stimmt, Du Dich nicht wohl fühlst, Du Dich kaputt, ausgelaugt, enttäuscht, abgebaut fühlst und jeder weiterer Einsatz Verschwendung und Verschleiß wäre.

Dann ziehst Du Dich zurück und wartest eben nochmal hundert Jahre ab. - Das Bewußtsein hat Zeit. Aber Dein Körper, Deine körperlichen Kräfte, mit denen mußt Du haushalten und auf ihr Gleichgewicht achten, wenn Du wirklich heil auch wieder heraus aus dem Labyrinth kommen willst.

Und frage Dich: Was will ich lernen im Labyrinth? Was will ich verändern in meinem Alltag? Wozu brauche ich die Erfahrung der heilsamen Verwirrung?

Diese Frage wird Dich begleiten wie ein roter Faden: Es ist für Dich dies der Sinn, der mit Dir geht.

In meinem Gehirn sind die Erfahrungen anderer Lebewesen gespeichert: Das Reptiliengehirn weiß Bescheid über die autonom-vegetative Funktion des Körpers: Die Schlange beginnt zu tanzen mit mir.

Trance-Märchen: Schlangenlegenden

Einstmals war alles innen, wenigstens war es damals so, als es geschah, nämlich ein Mädchen im Wald spazierenging. Und deshalb ist es gar nicht verwunderlich zu erfahren, daß die Schlange, die im Wald wohnte, ab einem bestimmten Augenblick nun im Mädchen wohnte.

Innervation wird jedesmal ein kleiner elektrischer Stoß freigesetzt. Wenn sich das häuft, wird das Gehirn unter Strom gesetzt und weiter stimuliert.Und das ist lustvoll bis euphorisch - weshalb Kinder so gerne sich drehen, fallen lassen, Purzelbäume machen etc. Nur wir Erwachsenen im "gesetzten" Alter verzichten auf diese kostenlose Ekstase.

3. Gleichgewichtsnah, gleichgewichtsfern

Die Entdeckung der dissipativen Strukturen durch den Physiker *Ilya Prigogine* gilt nicht nur in den Naturwissenschaften als Revolution, sondern hat auch für die Geisteswissenschaften Konsequenzen. Ohne näher auf die Strukturen selbst einzugehen (man kann ihre Bedeutung für die Gehirnforschung sehr schön bei Hutchison nachlesen) sei hier nur soviel gesagt, daß sie, unter anderem, mit Gleichgewicht zu tun haben.

Strukturen, die im absoluten Gleichgewicht sind und bleiben, führen zur Entropie, d.h. zum Chaos des absoluten Gleichmaßes: Alles ist gleich, nichts läuft mehr, und außerdem ist nichts mehr interessant. Inter-esse heißt wörtlich: Dazwischen sein, also auch: Unterschiede wahrnehmen, und jede Bewußtwerdung basiert auf der Wahrnehmung von Unterschieden, ebenso jeder Reiz. Also im Chaos herrscht Null Stimulation. Ordnung aber, als Gegenteil von Chaos, ist nicht das, was so mancher sich darunter vorstellt, im Sinne etwa von Ruhe und Ordnung in einem totalitären Staat, wo sich ja auch nichts mehr bewegt. Ordnung hat sehr wohl ihre Reize durch Unterschiede, und, wie das Sprichwort schon aussagt, ihre Ausnahmen, die die Regel bestätigen.

Wäre alles vorhersehbar, berechenbar, regelbar und ganz gar abgesichert gemäß den gewohnheitsmäßigen Erwartungen, wäre zwar die gewöhnliche Erwartung "Allesin- Ordnung" erfüllt, aber gleichzeitig kein Kitzel, keine Spannung, kein Wunder- und, letztlich, Chaos.

Der Mensch ist ein Gewohnheitstier, sagt man. Aber er muß auch noch etwas anderes sein, sonst hätte er sich schon längst zu Tode gelangweilt. Das Labyrinth z.B. sorgt für jede Menge Überraschung: Es kommt immer anders, als man erwartet. Da ist genug Reiz und Stimulation durch Abwechslung, die die heilsame Verwirrung auslöst. Das Labyrinth führt weg von den Alltagsgewohnheiten, die einen in Tunnelvision immer nur geradeaus schauen lassen, möglicherweise mit einem Blick, der durch Scheuklappen so eng im Fokus geworden ist, daß er nur das Nächste und Naheliegende sehen kann.

Jetzt wird der Blick an der Nase herum geführt. Er versagt als Organ der Orientierung: Der Mensch muß sich wieder besinnen auf andere Sinne. Er muß seine Füße spüren, den Rhyhthmus seines Ganges, seinen Atem, um Sinn zu finden. Er lernt außerdem, die Hoffnung nicht aufzugeben, denn das Labyrinth ist, im Gegensatz zu Irrgärten und Irrgängen ebenso wie Holzwegen, eine eindeutige Bewegung auf die Mitte hin. Man muß nur durchhalten, sich dem Weg und der Bewegung anvertrauen, dann findet man nicht nur die Mitte, sondern auch ein neues Gleichgewicht, ein neues Lebensgefühl, "in Ordnung zu sein", ohne auf die entropische Ordnung des Alltagstrotts zurückgreifen zu müssen.

Das Labyrinth wäre also die Herausforderung eines Ausnahmezustandes, der aber in sich seine Regeln trägt; eines Abenteuers, das heilend wirkt; einer künstlichen Krise, von der man sich eine Erhöhung des Lebensgefühls verspricht.

4. Enge und Angst - ekstatische Weitung

Jeder kennt diesen Kitzel der Angst, der gerade noch lustvoll wirkt. Action-Thriller, Horrorstories und Gruselmärchen

Man weiß nicht genau, wie es dazu kam, aber solche Verhältnisse müssen an der Tagesordnung gewesen sein, denn niemand bemerkte es weiter, nur die Brüder des Mädchens, die wurden ungeduldig, weil das Mädchen sich nicht verheiraten und so den Besitz der Familie vermehren wollte.

Und eines Tages, als das Mädchen wieder in den Wald ging wie jeden Tag, damit die Schlange sich etwas zum Fressen erjagen konnte, folgten ihr die Brüder, sahen, wie es stand, fingen die Schlange ab und töteten sie. Sie zerstückelten sie in viele kleine Stücke, vergruben die Stücke an verschiedenen Orten und dachten, niemand würde es merken, und fast hätte niemand es gemerkt, aber dann geschah es im Laufe der Zeit immer häufiger, daß die Menschen eine innere Hitze spürten, die in ihnen aufsteigen wollte, und manche träumten von einer Schlange.

Die schlief tief im Inneren ihres Körpers und rührte sich manchmal, schlug um sich, wollte heraus von dort, wo sie hineingeraten war. Sie war ruhelos, die Schlange, es war keine Freundschaft mehr wie damals zwischen dem Mädchen und der Schlange. Es brannte in den Menschen wie Feuer, und man wußte doch nicht warum, meinte schließlich, das müsse der Geist der Schlange sein, der so ruhelos nach seiner Gestalt suchte, denn er hatte ja die Gestalt vergessen, seitdem sie in viele kleine Stücke zerteilt und vergraben worden war. Und nun sucht er im Traum seine Gestalt, träumte heftige Träume voller Unruhe, quälender Sehnsucht, verursachte Schüttelkrämpfe und Hitzewallungen, und träumte weiter, über Jahrtausende hinweg, weiter die Träume der Menschen.

Was geschah? Es wurde der Schlange zu eng mit der Zeit. Es entstanden Alpträume. Da konnte es schon vorkommen, daß die Schlange den Menschen verschluckte und nun das Verhältnis sich umgekehrt hatte: Der Mensch war in der Schlange gefangen. Oder es kam ein Riesenfisch, in dem ein ganzes Dorf Platz hatte, und schluckte einfach alles auf. Davor fürchteten sich die Menschen. Jonas zum Beispiel. Gott sei Dank holte ihn Gott da wieder raus. Jonas aber hatte ein schlechtes

Gewissen und empfand seine Reise in den Walfischbauch mehr als Strafe und weniger als Abenteuer.

Es hatte sich herumgesprochen, daß man lieber gleich Gottes Wort ernst nimmt, und vor allem nicht allzu sehr nach innen horcht, wo man vielleicht die Schlange statt Gott hören könnte. Da mußte einer erst so verzweifelt sein wie jener kleine Junge im Märchen, der in den Wald geht, weil er nichts zu verlieren hat, und wer begegnet ihm da? Eine riesige Schlange. Und was sagt sie? Komm in mich hinein. Du wirst vieles dazu lernen können, Du wirst schön werden, so schön, daß keiner Deinem Zauber widerstehen mag. Und konnte der Junge einem solchen Angebot widerstehen? Natürlich nicht. Man weiß nicht, was aus ihm geworden ist - natürlich nicht: Er war ja wie ausgewechselt, wie neugeboren ... Und so scheint es, daß diese Legende noch zu Ende erzählt werden muß. Vielleicht kannst Du Dir schon denken, wie sie ausgegangen ist?

Der Drache erwacht in mir und will verstanden werden: Das Reptiliengehirn wacht über die autonomen Absicherungsmechanismen, die mein Überleben sichern. Der Drache siegt.

Trance-Märchen: Drachenerwachen

Doch was geschah weiter mit der Schlange, die ihre Gestalt nicht finden konnte? Sie war hungrig geworden nach Gestalt, und es war ein Heißhunger, der sie ganze Dörfer, Städte, Völker verschlingen ließ. Und sie hatte einen schlechten Mundgeruch, der stank bis weit ins Land: Man sagte sie hätte einen Pesthauch, der allein schon alles Leben umbringen könnte, und trotzdem machte das alles was die Schlange in sich hineinfraß, sie nicht satt. Es lag ihr im Magen. Stattdessen verzehrte sie aus unersättlicher Gier sich selbst, und Flammen schlugen ihr aus dem Maul.

arbeiten mit diesem Kitzel, die den Zuschauer in eine Enge hineinführen, die bedrückend auswegslos, verwirrend, geheimnisvoll ist und angenehm erschauern läßt. Der Mythos um das Labyrinth ist auch ein Gruselmärchen: Schließlich wohnte in der Mitte der legendäre *Minotaurus*, ein Monster, dem alle sieben Jahre Jünglinge und Jungfrauen zum Fraße vorgeworfen wurden. Als Theseus, der Held, mit Hilfe von Ariadne und ihrem berühmten Faden diesem Greuel ein Ende machte, indem er den Minotaurus erschlug, war die Welt ärmer um ein *conversation-piece*: Nie würden wieder Kriege und Heldenabenteuer so lohnend und spannend sein. Man hätte es eigentlich gleich lassen können. Aber: Die menschliche Natur schuf sich neue Herausforderungen, um sich zu stimulieren, und leider leider fand sie bis jetzt noch nichts besseres als Krieg, um sich gehörig aus dem Gleichgewicht zu bringen.

Liegt im Labyrinth ein Erfahrungsmodell vor, daß Engführung und ekstatische Weitung anbietet, und zwar als friedliches Spiel?

Es wäre naheliegend, im Zusammenhang mit der Friedensforschung diesen Gedanken nachzugehen, anstatt immer den Frieden -als eine Seite der Medaille- anzupeilen, ohne den Bedarf nach Abwechslung und dialektischer Spannung zu beachten.

Das Labyrinth ist oft als initiatische Erfahrung gedeutet worden. Tatsächlich führt das Labyrinth zuerst tief hinein in die Enge, kommt auf den Punkt und in die Konfrontation - mit dem Monster, mit der Leere, mit dem Selbst, mit den eigenen tiefsten Ängsten - und führt wieder hinaus - in die Weite. Die Weite, die nie mehr so weit sein wird wie jetzt, da sie aus der Enge entlassen worden ist.

Es gibt übrigens ein Abenteuer, das alle Menschen teilen und unbewußt als prägende Erfahrung mit sich tragen: Die eigene Geburt. Auch sie führte von einem pränatalen

Körpergefühl der grenzenlosen Weite durch eine dramatische Engführung hindurch in eine neue Weite, draußen, hier, jetzt, da: Eine Weite, die begrenzt und vergänglich ist und Leben heißt. Mancher muß erst ein zweites Mal bewußt geboren werden, um in den Genuß von Lebendigkeit zu kommen.

5. Struktur und Prozeß, Theorie und Praxis, abstrakt und konkret

Jeweils zwei Pole mußten zusammenkommen, um das Labyrinth zu schaffen.

Aus der Vogelperspektive ist alles klar: Das Muster offenbart sich aus der Höhe. Aus der Froschperspektive mitten im Sumpf allerdings sehen die Dinge nicht so eindeutig aus: Wer garantiert, daß dieses Wirrsal wirklich ein Ende und außerdem noch ein Gutes hat?

Die Praxis beruht auf *trial and error*, und ist deshalb mühsam. Jeder Fehler ist ein kleiner Schock, und meist wirkt er nicht stimulierend (obwohl das eine gute Art wäre, das Beste aus Fehlern zu machen), sondern bestätigt das dumpfe Gefühl, sich verirrt zu haben. Es fehlt die Vision, der Überblick, die Vogelperspektive. Gut, man kann sich auf die Berichte Höherstehender verlassen, aber nicht jedem liegt das Glauben. Deshalb gibt es Theorien.

Das Wort ist arg in Verruf gekommen, weil Theorien so oft die Hoffnungen, die sich an sie knüpften, enttäuscht haben. Dabei leitet sich Theorie vom altgriechischen Wort für Zuschauer ab und bedeutet zunächst nur, das man was sieht, und zwar aus der Ferne und wie ein Schauspiel, an dem man nicht unmittelbar teilnimmt, aber das man dennoch durch das Zuschauen vermittelt bekommt .

Das Labyrinth könnte eine solche Theorie sein: Etwas,

Sie legte sich eine Hornhaut an. Sie hatte Schuppen bekommen am ganzen Leib, die machten sie rauh und grau und so unansehnlich, daß schon ihr Anblick manchem den Tod bringen mochte. Wer genauer hingeschaut hätte, hätte die Wunden, den Schorf auf der Haut, die aufgescheuerten Stellen sehen können, und sich fragen können, was die Schlange so krank vor Gier machte, aber niemand wollte es auf eine Begegnung ankommen lassen. Die Ritter kamen, um die Schlange zu töten: Sie nannten sie einen Drachen, und Drachen sind dazu da, getötet zu werden. Und der Drachen zog sich in die Tiefe der Höhlen zurück, legte sich zum Schlafen, wickelte sich und biß sich selbst in den Schwanz; das war der einzige Trost in diesen harten Zeiten.

Doch dann, eines Tages, wachte der Drache auf. Er spuckte aus, was er im Mund hatte. "Was ist das?"schrie er angeekelt. "Altes Fleisch! Ich selbst?" schrie er angewidert. "Wer bin ich, daß ich mich selbst auffressen muß," schrie er, daß die Wände wackelten. Und alle seine Därme läuteten Beifall. "Wer bin ich, daß ich meinen könnte, ich sei mir selbst genug?" schrie er drohend, und atmete tief ein, so daß sich seine zusammengeklebten Flügel aus den Gelenken lösten und sich ihrer Flugkraft erinnerten. "Wer bin ich, daß ich abgespeist werden könnte, und würde ich die ganze Welt verschlingen?" schrie er, sich aufplusternd zu seiner vollen Größe, so daß der Berg krachte und sich Risse bildeten. Da dehnte sich seine Haut aus und wollte auch an die frische Luft.

Abb. 9: Drache im Labyrinth

Der Drache nahm einen tiefen Zug davon. Da begannen die Zellen im Gewebe sich zu drehen und drehend sich zu beschleunigen und führten einen Tanz der Freude auf. Da begannen die Schuppen zu leuchten und zu Diamanten zu werden, und erinnerten sich ihres unermeßlichen Reichtums. Sie wollte sich ausdehnen und weiter ausdehnen, so daß alle teilhaben könnten an dem Funkeln und Leuchten. Und so wurden sie zum sternenübersäten Nachthimmel, den wir sehen können. Und manchmal scheinen die Sterne uns eine Botschaft zuzublinken: Ganz als hätte der Drache endlich eine Antwort auf seine Frage gefunden.

Übung: Den Hermesstab im Dazwischen errichten

Du stehst, Füße parallel, hüftbreit, die Knie nicht durchgestreckt. Du schließt die Augen und läßt in Deiner Vorstellung den Schwerpunkt sinken, immer tiefer sinken, bis er sich teilt und in je ein Bein absinkt, durch die Fußsohle hindurch den Boden berührt. Der Schwerpunkt hat sich ganz gleichmäßig geteilt: Je ein bleiernes Kügelchen, das Dir den Stand eines Stehaufmännchens gibt. Dein Körpergewicht ist ganz gleichmäßig verteilt.

Jetzt, mit geschlossenen Augen, führst Du ein Bein über das andere und setzt es gekreuzt neben dem Standbein auf, so daß die Fußsohlen parallel nebeneinander zu stehen kommen. Gehe nun ein wenig tiefer in die Knie, ohne im Hohlkreuz auszuweichen und stehe so, gleiche Dein Körpergewicht gleichmäßig aus. Es kann sein, daß Du von einer Seite zur anderen hin und her schwankst, und daß diese Ungleichmäßigkeit der Belastung sich im Körper nach oben fortsetzt wie ein Schlingern und Schleudern. Doch je mehr Du unbeirrt weiter atmest, so tief es Dir möglich ist, desto ruhiger werden die Windungen und Krümmungen, bis sie in gleichmäßige Wellenlinien münden.

Dann fühlt sich auch Dein Körper entspannt und ohne Hindernisse an. Du visualisierst von beiden Füßen aufsteigend zwei Energieströme, die abwechselnd mal

das als Struktur dem, der in einem Prozeß steckt, Abstand zu sich selbst und zu seiner Erfahrung ermöglicht, ohne daß er auf die konkrete Ebene der Erfahrung verzichten muß. Es kommt etwas dazu: Die Abstraktion der Erfahrung, die Loslösung (Dissoziation) von dem individuellen Erlebnis der gemischten Gefühle (Assoziation), durch das sich jeder blind durchquälen muß. Die Theorie ist da wie eine Reiseroute, die sich bewährt hat und von anderen aufgezeichnet wurde. Und manche Reiserouten erweisen sich als ungültig, ebenso wie manche Theorien.

Verifizieren muß das jeder selbst, und das ist das Risiko - auf Theorien ist kein hundertprozentiger Verlaß, aber sie sind auch nicht hundertprozentig unzuverlässig. Theorien müssen in Austausch und Rückmeldung, in Wechselbeziehung zur Praxis stehen. Dasselbe gilt für Strukturen, die durch Prozesse ausgefüllt und belebt werden. Manche Prozesse sind open-end-Prozesse: Umso mehr bedarf es der Strukturen, die diese Offenheit miteinbeziehen und gleichzeitig zur Basis von Ordnung machen. Erst das macht flexible Strukturen und strukturierte Prozesse möglich.

Konkret-werden steht nicht an, wenn man schon bis zum Hals im Sumpf steckt. Dann braucht es einen Ausflug in die visionäre Region des abstrakten Denkens: Es braucht Übersicht, Schlußfolgerung in Form von Bilanzen und Berechnungen.

6. Erde und Himmel

Diese Polaritäten könnten in den mythischen Gestalten der weisen Schlangen und der ebenfalls weisen Vögel gesehen werden. Beide repräsentieren sie Weisheit, aber die Weisheit basiert auf verschiedenen Erfahrungen und ist deshalb verschieden. Z.B. in der indischen Mythologie stehen die mächtigen Schlangenkönige, die *Nagas*, den Menschen feindlich gegenüber, während der Göttervogel *Garuda* als gut und freundlich gesonnen gilt. Dadurch wird wieder die einseitige Entscheidung für den einen Pol deutlich.

Vögel leben in der Luft und sind dem Himmel, dem Licht, den Göttern näher als der Mensch. Sie gelten als frei, als losgelöst von den irdischen Fesseln, sie besiegen die Schwerkraft. Schlangen hingegen leben auf der Erde und können in winzigen Erdlöchern spurlos verschwinden.

Schlangen waren in vielen Religionen ursprünglich heilig und wurden dann, im Laufe einer einseitigen Entwicklung hin zum abstrakt-logischen Denken als Prototyp des Unbewußten und Erdgebundenen, und darüber hinaus auch des Weiblichen abgewertet. In Form von Gewürm und Drachen wurden sie durch patriarchale Heroen besiegt. Die *Nagas* wurden von *Krishna* in die tiefsten Tiefen des Ozean verbannt.

Für den Mystiker William Blake symbolisiert die Schlange die Lebensenergie, deren falschen, d.h. unausgeglichenen Gebrauch nicht in die Vision, sondern in die Illusion als abwärts führender einsaugender und verschluckender Strudel führen kann.

Im Labyrinth sind die Schlangen durch die geschlängelten Erdwege repräsentiert. Die Vogelperspektive aber erst führt zur Mustererkennung. Der Suchprozeß ist an konkrete und individuelle Erfahrung gebunden, die Erkenntnis des geistigen Inhalts sowohl wie seiner Form ergibt sich erst von oben. So begegnen sich Himmel und Erde im Labyrinth. Und wer hat gesagt, daß in seiner Mitte das monströs gewordene Erdtier wohnt, um erlöst bzw überwunden zu werden? Vielleicht warten ganz andere Überraschungen, Lüste und Erkenntnisse in der Mitte des Labyrinths!

Abb. 10: (Die fallenden Geister, aus W.Blake: America, a Prophecy, 1793)

Der Baum des Lebens oder der Erkenntnis ist die Spiralbewegung der Lebensenergien im Körper, hier als zwei verschlungene Ströme oder Kräfte gezeigt. Die Schlange der Weisheit (der Erlöser), deren Energie dies ist, bietet dem Menschen die Weisheit und Selbsterkenntnis, die aus der Beherrschung seiner eigenen Energie erwächst. Die Welt entfaltet sich durch das Entrollen der Schlange: Sie erschafft die Mittelachse und teilt dadurch den Einen in zwei, in Subjekt und Objekt, Gut und Böse und all die Gegensätze, durch die der Mensch sein Verständnis der Dinge erlangt. (Purce, 1988)

Deine linke, dann Deine rechte Körperhälfte besuchen, sie durchfließen, in großzügigen Bogen sie durchleben, bis sie sich wieder vereinigen im Hals-Nackenbereich, weiter vereint aufsteigen, Dir klare Sicht zwischen den Augen verschaffen: Ein ruhiges, tiefes Blau. Wie Luftblasen immer wieder vom Grund nach oben an die Wasseroberfläche steigen, so entstehen immer wieder kleinste Abweichungen von der Ausgeglichenheit, die Du in einem Bild im Stirnbereich hälst. Es fühlt sich wie ein Prickeln an, wirkt lebendig, läßt Dich immer neu das Gleichgewicht finden. Immer tiefer läßt sich das Kreuz im Lot nach unten sinken, wenn es sich nach oben verbunden mit dem Nacken und Kopf weiß. Du stellst Dir vor, wie dort sich die beiden von den Beinen aufsteigenden Energieströme zum erstenmal kreuzen, und dies genau in der Mitte zwischen rechts und links. Du spürst, wie dieses Treffen in der Mitte, dieses genaue Abstimmen auf einen Punkt, der zum Mittelpunkt wird, Dir das Gefühl gibt, etwas in Dir kann sich setzen, darauf ausruhen.

Übung: Das gleichschenklige Dreieck als inneres Bild der Balance.

Du bleibst weiter in der gekreuzten Position mit geschlossenen Augen stehen. Nun verlagerst Du das Gewicht ganz auf einen Fuß, läßt das Gewicht um die Konturen des Fußes herum wandern, die Seiten massieren und dehnen, den Fußballen und die Ferse sich neu erfahren. Dann verlagerst Du sehr langsam das Gewicht auf den anderen Fuß, läßt auch dort das Gewicht wandern. Dann wechselst Du ab, indem Du das Gewicht von Fuß zu Fuß und über das Kreuz wandern läßt.

Der Wechsel geschieht immer schneller und flüssiger. Das Gewicht schwappt manchmal ganz zu den Kanten hin, so daß es mehr ein Schlingern ist, als eine sauber in Einzelteile aufgeteilte Schrittfolge. Trotzdem bleibt das gleichschenklige Dreieck, das Du Dir in der Vorstellung als inneres Bild wie den Balance-Stab eines Seiltänzers zur Hilfe nimmst, unbeeinflußt von den körperlichen Schwankungen, in seiner Symmetrie erhalten.

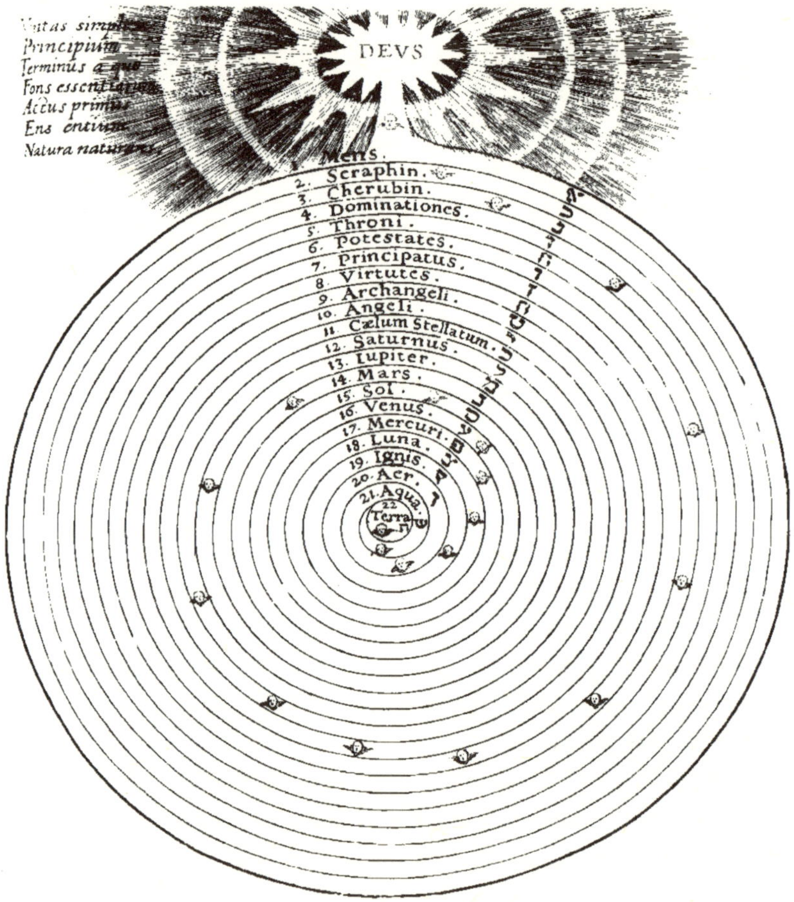

Abb. 11: Robert Fludds, Uriusque cosmi ... historia, Bd. 2, 1617
Das Diagramm von dem Renaissance-Mystikern veranschaulicht die alternativen Vorstellungen vom immamenten und transzendenten Gott. Fludd betrachtet ihn als transzendent, von der Erden getrennt durch die 22 hebräischen Buchstaben oder Windungen des kabbalistischen Lebensbaums. Fludd zeigt deutlich, daß die Spiralbahn des Menschen zu Gott die ursprüngliche Schöpfung umkehrt, die sich vom Geist Gottes durch alle Engelshierarchien, Planetenbahnen und Elemente hinab bis zur Erde im Zentrum windet. (Purce, 1988)

Das Labyrinth als Laboratorium

Die gängige Vorstellung vom Labyrinth ist die eines Gefängnisses, aus dem das Entrinnen schwer wenn nicht sogar unmöglich ist. Und es gibt mehr oder weniger ergötzliche Geschichten darüber, wie die Inhaber von Macht diese dazu benutzten, ihre Untergebenen, Gefangenen oder Feinde in das Labyrinth zu schicken, um sie darin verkommen zu lassen.

So erzählt etwa Luis Borges eine Labyrinth-Geschichte, in der zwei mächtige Könige sich gegenseitig auszustechen versuchen, natürlich ohne das Gesicht zu verlieren. So lädt der eine den anderen zum Besuch ein und bittet ihn, die Kunstfertigkeit seines Labyrinths - eines Irrgartens - am

Abb. 12: Hieronymus Cock, Die wunderbaren Irrwege des Labyrinths. Antwerpen um 1550

Achte dabei darauf, daß Du nicht im Nacken festhälst, den Kopf oder die Schultern hochziehst. Der Nacken fühlt sich nach hinten frei an, als würde er durch das innere Bild gestützt. Die Spitze des Dreiecks weist über den Scheitel hinaus nach oben und verbindet Dich gleich einer Antenne mit dem Kosmos. Die Basis des Dreiecks gibt Dir tatsächlich eine Basis, in welcher Höhe auch immer Du sie brauchst: Sie gleicht einem Tragegestell, auf dem Du getrost Deine Schultern, Deine Beckenknochen, Deine Knie, Deine Fußgelenke aufhängen und tragen lassen kannst.

Übung: Den doppelten Ursprung erspüren

Du stehst mit den Füßen wieder parallel, hüftbreit entfernt. Alles in Dir kommt zur Ruhe, ohne daß Du den Raum zwischen den Beinen, den Du verkreuzt hattest und nun als geöffnet erfährst, gleich einer geöffneten Schleuse verschließt. Das Kreuz hängt im Lot nach unten, das Steißbein wird durch einen imaginären Känguruhschwanz fortgesetzt, und gleich einem Känguruh stützt Du Dich darauf ab, sitzt lässig wie auf einem Barhocker.

Nun aber kommt eine straffende Bewegung in den Körper: Während das Gewicht sich auf einen Fuß verlagert, fährt die entgegengesetzte Hand mit der Handfläche nach innen gekehrt parallel am Körper entlang nach oben, greift über den Kopf hinaus so hoch wie möglich, und noch ein Stück darüber hinaus, als wolltest Du über Dich selbst hinauswachsen. Das unbelastete Bein hängt an jenem Gelenk in der Kreuzgegend, das die Horizontale des Beckens mit der Vertikale der Wirbelsäule kreuzt, während gleichzeitig der nach oben greifende Arm eine Diagonale der Spannkraft quer durch den Körper zieht und vor allem im Kreuzbereich eine entspannende erleichternde Dehnung schafft. Du spürst, wie gerade das Zusammenwirken der zwei auseinanderstrebenden Kräfte Dir einen Freiraum gibt, Deinen Atem tiefer und weiter, wie erlöst werden läßt. Das ist der doppelte Ursprung: Einerseits rückgebunden an die Erde durch die Schwerkraft, andererseits fähig zur Aufrichtung und über den Körper hinaus zum Bezug nach oben, in den Himmel hineinragend, wo in unserer Vorstellung das Unendliche, Unvergängliche, das Jenseitige angesiedelt ist.

Gruppenspiele: Die Errichtung von Raum und Zeit als Bühne und Drama.

Im Kreis der Gruppe verstärkt sich die Kraft, die aus dem Bauch kommt.

Eine Gruppe baut einen Kreis

Eine Gruppe bildet einen Kreis, dessen Mittelpunkt markiert ist. Jeder Teilnehmer bestimmt seinen Standpunkt entsprechend seinem Bedürfnis nach Nähe oder Weite. Manche Teilnehmer mögen sich untereinander kennen, andere nicht. Die, die sich kennen, müssen sich nicht unbedingt vertrauen, und die, die sich nicht kennen, müssen sich nicht mißtrauen. Die erste Aufgabe wird sein, an sich selbst das Bedürfnis nach Nähe oder Weite, nach Körperkontakt oder Abstand, nach Zugehörigkeit oder Wahrung der Grenzen zu beobachten. Dazu machen wir mit geschlossenen Augen einen halben Schritt weiter von unserem jetzigen Standpunkt hinein in den Kreis spüren: Was verändert sich? Öffnen die Augen. Treten wieder mit geschlossenen Augen an den früheren Standpunkt zurück. Ist er der gleiche? Treten mit offenen Augen langsam einen Schritt und noch einen und noch einen aus dem Kreis heraus - ist es auch jetzt noch ein Kreis?

In der Gruppe baut jedes Mitglied mit an der Statik und Dynamik, an der Architektur, die sich ständig verändert und neu zusammenstellt.

eigenen Leibe auszuprobieren, was dieser tut, weil er nicht anders kann: Er würde sein Gesicht verlieren. Er irrt tagelang umher, findet endlich, halb verhungert, heraus aus dem Labyrinth und lobt es über alle Maßen. Heimlich schwört er Rache und lädt wiederum seinen Gastgeber zu Besuch bei sich ein. Der Gastgeber kann nicht ablehnen: Er würde sein Gesicht verlieren. Also sagt er zu und macht sich auf die Reise, in Ehren abgeholt von den höchsten Würdenträgern seines Gastgebers, der keinen Pomp gescheut hat, um seinen Feind würdig heimzuholen. Die Reise führt durch eine Wüste - dort läßt man ihn allein, mit den Worten: Dies ist das Labyrinth. Er krepiert.

Harte Zeiten, harte Sitten.

Eine andere Geschichte, diesmal historisch, erzählt von Papst Clemens dem X, er habe in seiner Villa Altieri einen Irrgarten aus Hecken anpflanzen lassen, in den er zu seiner Erfreuung die Dienstboten schickte, wartete, bis sie sich zwischen den übermannshohen Hecken heillos verirrt hatten, um sie dann eilig rufen zu lassen.

Niederträchtig.

Aber es kann auch ganz andere Zeiten gegeben haben, wo das Labyrinth ein Ort der Kraft und Transformation gewesen war. Wenn wir heute das Labyrinth als Metapher verwenden, schwingen natürlich diese alten, einstmals durchaus aktuellen Ängste mit. Aber es schwingt auch das Wissen, oder zunächst nur die Ahnung mit, daß im Labyrinth etwas geschieht, beziehungsweise geschehen kann, was wir in modernen Worten als therapeutisch bezeichnen würden.

Die Spiralfiguren, die sich immer wieder auf Schutzamuletten und Eingangssäulen der Alt-und Neusteinzeit finden, deuten darauf hin, daß vor der endgültigen Ausformung der Labyrinth-Figur schon Erfahrungen da waren, die auf der Spirale basierten.

Tatsächlich schauen die Steinkreise in Spiralform auf ersten Blick einem Labyrinth zum Verwechseln ähnlich, bis es dem aufmerksamen Betrachter klar wird, daß das Kreuz darin fehlt.

Hinein und Hinaus

Am Anfang soll uns die Spirale mit ihrer einwickelnden, engführenden und konzentrierenden Form, die übergeht in Auswicklung oder Entwicklung, als Vorbereitung auf die Labyrinth-Form genügen.

Wir experimentieren mit der Spiralenform als einem Weg, der hinein und hinaus führt, uns eng und weit werden läßt, konzentriert und dann wieder aus dem Zentrum hinaus in die Randgebiete der Peripherie treibt.

Als Vorübung kann

- das Gehen entlang eines gerade ausgelegten Seils oder einer markierten Linie
- das Rückwärtsgehen im freien Raum
- das Umkehren
- das schwingende Gehen auf runden Schlangen- oder Kreislinien
- uns vertraut machen mit einer non-verbalen Art, Probleme aus dem Wege zu gehen
- sie anzugehen
- darauf einzugehen
- zu umgehen
- damit umgehen
- zu umkreisen, einzukreisen und die Lösung zu erleben als etwas,
- das man nimmt, so wie es kommt
- das man als Ziel vor sich hat
- das man hinter jeder nächsten Ecke und Biegung erwartet
- auf das man geradeaus zugehen will

Die Gruppe stellt das Feld zusammenschwingender Energie, stellt ein Kontinuum der Synergie her - Das Individuum ist getrennt und doch verbunden.

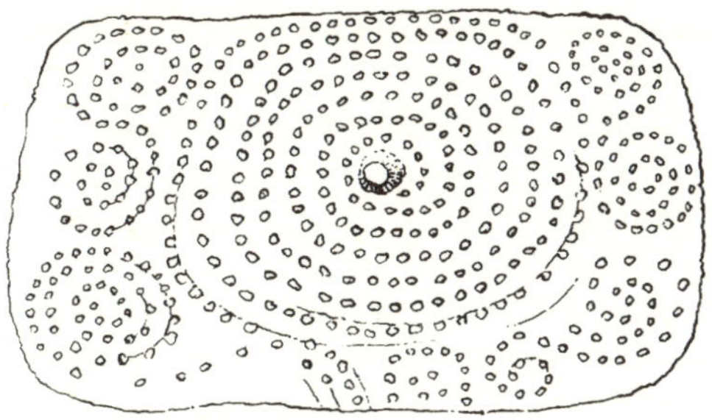

Abb. 13: Talisman aus Sibirien

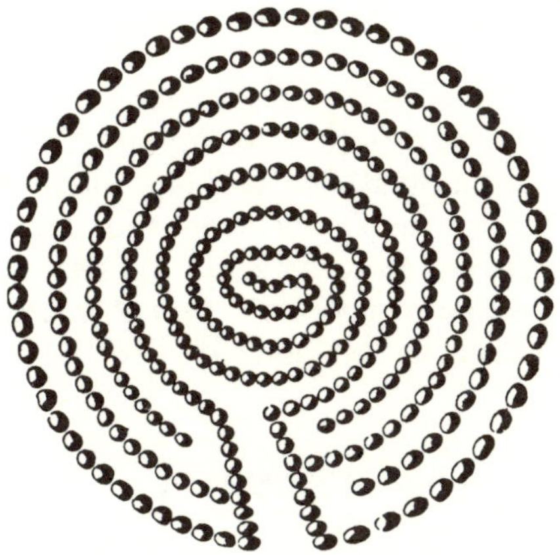

Abb. 14: Diese Spiralformen finden sich in den in offener Landschaft angelegten "Tanzwegen". Die Funktion der Einritzungen und Weglegungen ist nicht erforscht, jedoch wird Fruchtbarkeitszauber auf Grund der vielleicht als Sammelbecken fungierenden ausgehöhlten Steine in der Steinspirale vermutet. Man spricht von "Näpfchen - Steinen", cup - and - rings" und schätzt ihre Entstehungszeit auf 2000-1599 v. Chr.

Gruppenübung: Architektur des Schulterkontakts.

Wir stehen wieder im Kreis, so daß jeder Platz für einen hüftbreiten Stand hat. Jetzt schauen wir, was geschieht, wenn der Kreis noch ein wenig enger wird. Dazu nehmen wir die Arme nach vorne, so daß nur die Schultern sich berühren, wenn wir den ganzen Oberkörper nach vorne legen, als müßten wir gegen einen starken Wind anschreiten. Die Arme baumeln dabei entspannt von den Schultern. Schulter reiht sich nun an Schulter, der Druck gegeneinander wird stärker, ganz wie bei einem römischen Bogen die oberen Ziegel sich durch gegenseitigen Druck abstützen. Dieser Druck kann von dem einen als Unterstützung, von einem anderen als Zumutung erfahren werden. Der Druck bleibt der gleiche, ob die Muskeln nachgeben und sich in die Architektur einfügen oder nicht. Die Gefühle jedoch sind nicht die gleichen. Sie sind angenehm oder unangenehm, und entsprechend dieser Bewertung wird sich der Muskeltonus des Körpers darauf einstellen, ob er getragen und unterstützt, oder ob er sich bedrängt, zum Halten und Aushalten verpflichtet fühlt.

Du spürst nun in die Druckstelle an der Schulter hinein - wie würde es sich anfühlen, wenn Du stundenlang so stehen müßtest und Dein Leben davon abhinge?

Dann löst sich der Druck langsam und das Gewicht verlagert sich wieder vollständig auf die Füße: Alle stehen jetzt auf ihren eigenen Füßen. Wie fühlt sich das an, verglichen mit der vorigen?

Synergie ist erfahrbar

Gruppenübung: Architektur der Ellbogenkraft.

Wir stehen im Kreis, so eng, daß wir, wenn wir die Hände in die Hüften stemmen, die Ellbogen diesmal die Kontakt- und Druckstelle werden. Der Kopf darf hängen, alle Konzentration richtet sich auf den gegenseitigen Druck in den Ellbogen. Dabei versuchen wir, immer weniger

- und ständig abgelenkt wird
- auf das man schon längst die Hoffnung aufgegeben hat
- oder auf das man gespannt ist.
- zu hochgeschraubte Erwartungen hat
- überdreht ist?

Der Vorteil der non-verbalen Ebene ist: Sie führt weg von Argumenten, Fragen, Widersprüchen, Zweifeln, auch weg von inneren Sätzen, die man sich ständig einredet. Sie führt weg von dem inneren Gerede, das ständig weiterläuft und die gewohnheitsmäßige Einstellung zu sich selbst und zur Welt in einem autosuggestiven Feedbackschlaufe.

Insofern hängen äußere Bewegungen (etwa die des Trancetanzes und des Tanzes überhaupt) zusammen mit inneren Bewegungen, etwa der unbewußten Suchprozesse, der Einfälle, der Gestaltfindung und Selbstorganisation, und beide Bewegungen werden durch das Labyrinth sowohl verstärkt wie auch geführt.

Die Welt als Falle: Das Tabu der eigenen Erfahrung

Abb. 15: Die Welt als Labyrinth. *Imprese des Galeazzo Beccaria, Grafen von Pavia, aus Luca Contile* (1505-1574)

Ein Spruchband verkündet: *Hac duce egrediar - Mit diesem Führer werde ich herausfinden* . Gemeint ist der Polarstern, der in der Mitte des Bildes das Labyrinth überstrahlt. Er ist als Anhaltspunkt für Seefahrer ein Symbol christlicher Orientierung geworden: Maria wird oft als *stella maris*, als Meeresstern verehrt. Der Stern hat den Faden Ariadnes ersetzt.

Muskelkraft, immer mehr unseren Atem einzusetzen, indem wir uns vorstellen, wie der Atem vom Bauch her gestützt sich nach oben verteilt und die Ellbogen weit werden läßt, ohne daß die Schultern sich verspannen müssen. Atem trifft auf Atem: An den Ellbogen, die abgespreizt werden, als wollten wir uns unter den Achselhöhlen einen Raum zum Atmen freihalten, treffen wir auf den Ellbogen des Nachbarn: Druck antwortet auf Gegendruck. Mag sein, daß es dem einen oder anderen fremd ist, seine Ellbogenkraft so offen zu zeigen und auch noch einzusetzen, und sicher ist es für viele neu, daß diese Kraft nicht nur dazu dient, sich gegen andere durchzusetzen, sondern auch, um sich gegenseitig zu stützen.

Das wirklich Individuelle ist im Kontakt mit der Gruppe erfahrbar.

Gruppensitz

Die Gruppe steht im Kreis, diesmal mit der Rückseite zur Kreismitte. Ohne hinter sich zu schauen, geht jeder mit kleinen, tastenden Schritten rückwärts weiter in den Kreis hinein, soweit, bis die Hüften sich berühren, wenn die Arme leicht nach vorne genommen werden, so daß sie nicht im Weg sind. Die Knie knicken leicht ein, der Stand ist, wie immer, hüftbreit, und es fühlt sich an, als würde man auf dem Pott sitzen, und nun gemeinsam: Der Druck von Hüfte an Hüfte wird so stark, daß diese Reihe von Hüften sich zur gegenseitigen Stütze und zum gemeinsamen Sitz wird.

Gruppenübung: Miteinander verwachsen - auf eigenen Füßen stehen

Zwei Partner stehen Rücken an Rücken und lehnen sich gegenseitig aneinander an, indem sie in den Knien leicht einknicken, den Rücken andeutungsweise rund machen, so daß sie einen Kontakt gerade an der Stelle entstehen lassen, wo der Rücken eine Neigung hat, abzubrechen und hohl zu werden. Gerade dort suchen wir den Kontakt zum anderen Rücken und lassen die Rücken sich austauschen, weil sie so den Alltag durchhalten. Wir können die Kontaktstelle abwärts wandern lassen, indem wir uns weiter nach vorne beugen, so daß die Rücken sich voneinander entfernen, nur der Steißbeinbereich und der Ansatz der Po-Backen noch miteinander verbunden sind. Wir atmen dorthin und stellen uns die Po-Backen als Birnen in ihrer Atemfülle vor, die nun noch ein wenig mehr nachreifen und noch ein wenig mehr Süße entwickeln können.

Oder wir lassen die Kontaktstelle Wirbel für Wirbel hochwandern, ohne den Kontakt unten aufzugeben, ganz als ob man einen Reißverschluß mit miteinander sich verhakenden Ösen hochziehen würde. Oder als ob man eine Stufenleiter hochklettern würde: Jeder Wirbel ist eine Stufe. Und schließlich trennen sich die Rücken voneinander, indem die Partner sich beide zur Seite abrollen, so daß nun wieder die Schultern zum Anlehnen gebraucht werden. Die Füße können immer mehr Gewicht den Schultern übergeben, die sich gegenseitig stützen. Die zwei Körper verwachsen zu einem. Und wenn es sich ganz bequem anfühlt, dann ist es Zeit, wieder aufzubrechen und auf eigenen Füßen zu stehen: Ganz langsam das Gewicht von den Schultern und der Kontaktstelle wieder abfließen zu lassen in den bis jetzt unbelasteten inneren Fuß, der nun aufsetzt, das Gewicht übernimmt, bis das Gewicht sich gleichmäßig zwischen beiden Füßen verteilt.

Gruppenübung: Der Gruppengeist geht um.

Die Gruppe steht im Kreis. Knie sind locker, Wirbelsäule hängt im Lot, Atem geht tief und entspannt, hüftbreiter Stand. Aus diesem Stand entsteht nun mit dem Ausatem ein Schleifen mit einem Fuß vorwärts, als würde der Ausatem zusammen mit dem Schwerpunkt durch den ganzen Körper hinunterfahren durch die Schleusen der Hüftgelenke, durch die Schleusen der Kniegelenke, durch

Die Vogelperspektive entsteht durch die Orientierung zunächst am Firmament selbst, dann an den Fixsternen, die im Gegensatz zu dem Mond Position und Form wahren, und selbst noch für den aufgeklärten Kant die ewigen Gesetze und Werte repräsentieren.

Die Allegorie hier verweist auf die Situation der christlichen Seele, die sich aus den dunklen Verwicklungen der sündigen Welt nur mit Hilfe der göttlichen Gnade erretten kann. Diese Anschauung wird aus zahlreichen Gedichten und Texten der Zeit, so etwa aus dem "Christlichen Wandersmann" offenbar: Die Welt ist eine Falle. Es bedarf eines Halts, einer Lenkung, einer Orientierung, die auch den wüstesten Gefahren die Stirn bietet und selbst dem Tod etwas entgegenzusetzen hat. So ist der Psalm 118/5 wie ein Stoßseufzer oder Stoßgebet:

"O daß meine Wege gerichtet würden
zu halten Deine Rechte!"

Das Gedicht, das diesen zum Leitspruch nimmt, endet mit den Versen:

" Dies Leben ist ein Irregarten.
Auf daß der Wandel sicher sei
mußt Du, ohn' Falsch, auf Gott
im blinden Glauben warten
in reiner Liebe, und ohne
Heuchelei"

(aus *"Votae animae sanctae"*, Gelöbnisse einer frommen Seele, von Hermann Hugo S.J., 1558-1629)

Ein noch im Jahre 1650 existierendes, heute verschwundenes Labyrinth in der Kirche von S. Savino, Piazenza, aus dem 12. Jahrhundert, beschreibt die Welt als Labyrinth: *"offen für den, der sie betritt, aber beschwerlich hingegen für den, der zurückkehren will zur Heilslehre."*

In den Labyrinthen, die die Pilgerfahrt der Seele durch die Wirrnisse des Lebens als Labyrinth darstellen, ist interessanterweise oft das Labyrinth selbst nicht korrekt gezeichnet: Es ist tatsächlich ein Irrgarten ohne Ausgang. Der fromme Pilger steigt also mit vertrauensvoll erhobenem Haupte über die zu harmlosen Beetwegen verkommenen Labyrinthwege hinweg, durch einen direkten Draht mit Gottes Lenkerhand aus den Wolken verbunden (so z.B. in einem Stich, das ein erbauliches Buch von 1756 schmückt).

Ein anderes Labyrinth-Enblem aus der Mitte des 17. Jahrhunderts zeigt die christliche Seele mitten im Labyrinth der Welt, wie sie den Kreuzstab hält, Sinnbild für die Wirkungsmacht von Gottes Wort. Darunter heißt es auch: *"Ich halte fest an Gottes Wort. Das ist mein Stab und starker Hort."*

Die Welt ist eine Falle. Das Diesseits ist gekennzeichnet durch Vergänglichkeit, und damit hört eben auch die Qual der Wahl und die Mühe der Entscheidung, die Frustration des ach so menschlichen Irrens auf.

Die Welt:
So ändert sich des Lebens Lauf
Und endlich höret alles auf.
(Gottfried Eichler, 1760)

Oft sind Labyrinthe überschrieben mit lateinischen Sinnsprüchen, etwa:

DUCIT IDEM DEDUCITQUE
(Was führt und zugleich verführt)
FATA VIAM INVENIENT
(Schicksale gehen ihren Weg, - auch ein Ausweg).

Letzeres ist ein Zitat aus der Aeneis und Devise eines französischen Erzbischofs aus dem 16. Jahrhundert. Der Begleittext deutet darauf hin, daß die einzige Garantie für den wirklichen Ausgang aus dem Labyrinth und Eingang in das ewige Leben nur durch das Befolgen der heiligen Gebote gewährleistet ist.

Aus der weltlichen Falle bietet sich also das Gebot des die Schleusen der Fußgelenke hindurch, bis er schließlich in der Fußsohle angekommen ist und nun heraustropft: Das ist ein winziger Schleifschritt, der mit der Fußsohle am Boden entlang ruckt - eigentlich ist es mehr ein kurzer Ruck, der den Ausatem im Boden verankert. Dies wird begleitet durch ein Hörbarmachen des Ausatems. Da wir in einer Gruppe sind, kommen viele solche Geräusche zusammen, unregelmäßig oder auch mal zufällig zusammen, ganz wie es kommt. Und jetzt lassen wir diese Bewegung, diesen Ruck durch die Gruppe gehen wie ein Lauffeuer: Einer fängt an, der Nächste, der Nächste. Die Gruppe steht mit geschlossenen Augen, stellt sich ganz auf das Hören ein: Wann kommt der Gruppengeist wieder vorbei? Wie sieht er aus? Was für eine Laune hat er heute?

Gruppenübung: Ich-Däumling

Bei solchen Gruppenübungen, die die gemeinsame Energie mobilisieren, synchronisieren und focussieren, ist es wichtig, darauf zu achten, wie die Energie verläuft, wann sie "da" ist, wann sie ihren Höhepunkt erreicht hat und wann sie wieder abflacht und erschöpft ist. Dann kann einer in der Gruppe es übernehmen, den Vorgang mit einem abrupten "Stop" abzubrechen, worauf alle einfrieren, und dann blitzschnell sich hinlegen, nun im Kreis liegen, sternförmig angeordnet, die Füße nach innen, Köpfe nach außen (oder auch umgekehrt) und mit geschlossenen Augen nachspüren, wie es ihnen gerade so geht.

Aus dieser Stille heraus suchen die Arme nach Verbündeten: Die Hände finden sich, berühren sich, jedoch nur am kleinen Finger. Der Daumen bleibt frei, das ist der Ich-Däumling, der sich aus dem Gruppengeschehen raus hält, weil er ein Individualist ist. Er will genau wissen, in was er sich da einläßt, und deshalb fängt er an, auszuspähen, was da eigentlich los ist: Der Daumen hebt sich leicht vom Boden ab, als einziger natürlich, und erhebt sich, um besser sehen zu können: Einen Teil Deines Bewußtseins kannst Du nun in den Späher geben: Er bleibt wach und kritisch, was auch kommen mag, während der Rest Deines Körpers, eingeschlossen Deines Kopfes, sich ganz der Gruppenenergie hingibt, in ihr aufgeht, sich in ihr badet.

> *Ich bin in meinem Körper zu Hause.*
> *Ich bewohne jede Partie, jede Zelle.*
> *Ich fülle mit lichtem Bewußtsein den ganzen Körper aus.*

Übung: Im Körper zu Hause.

Du liegst auf dem Rücken, sitzt oder stehst. Du kannst auch während der Übung die Position wechseln, wenn Dir dies passend erscheint. Du schließt die Augen und spürst in Deine Hände, Finger. Ich werde jetzt Fingergeschichten erzählen, und Du kannst überprüfen, ob sie für Dich stimmen oder nicht, indem Du die Finger berührst um, wie durch einen Knopfdruck, Bilder, Gefühle, Erlebnisse, die in Deinem Körper gespeichert sind, abzurufen. Du spürst jetzt in Deine Beine, wie sie da liegen, wie Du auf ihnen sitzt oder stehst. Und stell' Dir vor, sie wären Säulen, die den Dachfirst des Beckens tragen. Sie bilden das Fundament des Hauses, in dem Du wohnst, Deinen Körper. Sie stehen auf solider Basis, und die Füße sind in der Basis verwurzelt. Du spürst in einen Punkt, der zwischen den Beinen, zwischen Kreuzbein und Schambein liegt, und es ist, als stünde dieser Punkt in Verbindung mit dem Mittelpunkt der Erde: Dort kannst Du die Kraft der Erde spüren, und es ist eine Kraft zu überleben.

Langsam führst Du die beiden kleinen Finger zueinander und preßt sie aneinander, während Du Dir den Punkt am Ende des Rumpfes und genau in der Mitte vergegenwärtigst. Dies ist die Ausgangsbasis, auf der Du aufbauen kannst: Immer mehr verdichtet sich Dein Gefühl für die Basis, für das Element Erde, für den Geruch, einen bestimmten Geruch, den die Erde aus sich entläßt; für ein ein dunkles Rot, das Dir die

Heiligen (und damit Unüberprüfbaren) als Ausweg an. Die eigene Erfahrung ist durch die Möglichkeit des Irrens gefährdet. Noch hat das Irren kein System, in der Wissenschaft hat sich noch nicht die Methode des *"trial and error"*, also des Irrens mit Methode durchgesetzt. Auch in dem philosophischen Empirismus etwa eines Hume oder Berkeley etc. streiten sich die Meinungen, ob der Intellekt geopfert werden müsse, um ein christlich gläubiger Mensch zu bleiben oder nicht, oder ob man auch darauf verzichten könne, Christ zu sein, wenn man dem Humanismus und später der Aufklärung angehört und das Glück hat, kirchenpolitisch also machtpolitisch nicht durch die Inquisition auf seine konfessionelle Zugehörigkeit überprüft zu werden.

Und doch, in der italienischen Renaissance, die eine Wiedergeburt der Antike ist, klingt Hoffnung an:

UNO FALLACIA FILO SOLVITUR

(Mit einem (einzigen) Faden wird die Täuschung (auf) gelöst.)

Es gibt also Lösung, eine Lösung, und vielleicht auch eine diesseitige, empirische. Ein Jahrhundert später spielt eine deutsche Labyrinth- Aufschrift auf diese Hoffnung, die in die Weisheit gesetzt wird,an.

Wie irrt ihr Sterblichen, die ihr den Irrbau seht
Für einen Irrgang an, der euch nur soll verführen.
Ein gleicher Fußpfad scheint dem Blinden auch verdreht,
Ein Weiser aber kann die Spur hier nicht verlieren.
(Daniel Caspar von Lohenstein, 1635-1683)

Zur ungefähr gleichen Zeit, die von den Wirren des Dreißigjährigen Krieges geprägt ist, dichtet Fleming in der barock - verschnörkelten, geheimnisvollen Manier des Manierismus ein Sprachlabyrinth:

Die Zeit ist, was ihr seid, und ihr seid, was die Zeit,
Nur daß ihr weniger noch, als was die Zeit ist, seid.

Ach daß doch jene Zeit, die ohne Zeit ist, käme
Und uns aus dieser Zeit in ihre Zeiten nähme,
Uns aus uns selbsten uns, daß wir gleich könnten sein,
Wie der itzt jener Zeit, die keine Zeit geht ein!
(Paul Fleming, 1609-1640)

Wichtig hier ist das Zeitverständnis, das sich aus dem Erkennen zweier Zeitqualitäten zusammensetzt: Da ist die diesseitige Zeit, die Vergänglichkeit, und da ist die Zeit, die die Vergänglichkeit in sich aufnimmt - erlöst, könnte man sagen. Heilung tritt ein, Entspannung durch Aufgehen in eine höhere Ordnung und Ganzheit. Es ergibt das Gefühl von Ruhe und Klarheit: Das Jenseits jedoch ist nicht mehr so ganz naiv dem Diesseits als unverbunden und ganz anders gegenüber gestellt, sondern in einer Verflechtung und Einbindung verwoben, wie eben auch in einem Labyrinth.

Wenn es jedoch um die eigene Erfahrung geht, so äußert sich in leidenschaftlicher, man möchte sagen ekstatischer Weise der Zeitgenosse Shakespeares, Marvell dazu. In einem Liebesgedicht beginnt er mit der klassischen Lobpreisung der Vorzüge seiner Geliebten, ihrer körperlichen Schönheit, ihren Formen, die er einzeln und ausführlich besingen möchte, wenn nicht, wie er plötzlich, einem Donnerschlag gleich, von dem Ernst des Todes und der Wahrheit der Vergänglichkeit berührt worden wäre. Sehr plastisch schildert er dieses Hören, diesen sinnlichen Eindruck, der sich ihm als zweite Stimme zu der süßen Lebensmelodie beigesellt: Das Ticken der Uhr, das Ablaufen der Zeit. Dies ist eine Erfahrung am eigenen Leibe, die er mit den gegen die Harmonie und Geborgenheit des Mittelalters aufbegehrenden "Zornigen jungen Männern" der damaligen Umbruchszeit gemeinsam hat: Die Erfahrung von Zeit, Vergänglichkeit, Hinfälligkeit. Jedoch statt die Hand nach der jenseitigen Ewigkeit als sicherem Hort auszustrecken

Kompaktheit Deines Körpers in seiner fleischlichen Beschaffenheit als gut durchblutet und belebt anzeigt, dunkelrot wie gut abgehangenes Fleisch. Und aus diesem Gefühl läßt Du die Vorstellung erwachsen von einem Quader, einem Kubus, einem Quadrat, dessen Solidität und Stabilität mit seinen vier Ecken Dich weitergehen lassen; denn nun wird das Fundament in seinem Gleichgewicht, in seiner Symmetrie und seinen Proportionen gefordert, die Kugel des Bauches zu balancieren. Und zunächst mag es Dir ausichtslos erscheinen, Ruhe und Frieden in diesen Bereich zu bringen, denn da geht es rund. Und tatsächlich ist da das Element Wasser zu Hause und lehrt Dich, daß alles im Fluß ist, auch wenn das Jahr sich zu dem Kreislauf der Jahreszeiten und der Tag sich zum Kreislauf der Tageszeiten schließt. Und Du weißt, daß es Phasen im Leben gibt, und die Zeit ständig vergeht. Es läßt sich nichts halten und ist doch oft schmerzhaft, mit dem Wechsel und der Veränderung konfrontiert zu sein.

Es kann Dich an die Grenzen Deiner Belastbarkeit bringen, Dich dazu bringen, die Gefühle lieber zu verdrängen, als zuzulassen. So siedeln sie sich hier, im Bereich des Unbewußten an und drücken, verballen sich, verstopfen Dich. Du kannst Dir nun das mildleuchtende Orange der aufgehenden oder untergehenden Sonne vorstellen, das Dir davon erzählt, wie auch die Sonne dem Wechsel unterworfen ist, aufgeht und wieder untergeht. Und Du schmeckst das Meer: Salzig. Und weißt, daß Du von dort gekommen bist, und daß dieser Geschmack nach Salz Dich stärkt, Dich rückverbindet zu Deinem Ursprung.

Die Kreisgestalt der Sonnenscheibe ist ein Abbild der Vollkommenheit: In sich geschlossen und rund, voll, satt. Das Wasser lehrt Dich, wie Du immer wieder Dich reinigen und bewässern, fruchtbar werden lassen kannst. Auch wenn Du Dich schon ganz ausgetrocknet und starr verhalten hast, kann es Dich erlösen mit seiner Kraft, die Du Dir nun vergegenwärtigst. Du preßt die beiden Ringfinger aneinander und konzentrierst Dich auf Deinen Bauch und auf Dein Becken. Du stellst Dir vor, wie Du Dich tragen läßt, und grhst weiter mit Deiner Aufmerksamkeit, über den Nabel, über die Taille, weiter nach oben zum Zwerchfellbereich. Und oft sitzt da das, was man Bauchweh nennt: Schon ganz am Anfang des Verdauungstraktes, im Magen. Oft ist es, als wollte sich dort etwas zusammenpressen und verhärten, um das Brennen nicht zu spüren.

Jetzt aber kannst Du Kontakt machen mit dem Element Feuer, diesem sich verzehrenden, ständig neue Nahrung suchenden, fressenden Element, von dem Du weißt, daß es im Austausch wärmt und leuchtet. Es ist die strahlende, sich verausgabende Farbe der Mittagssonne am Zenith: Ein Goldgelb, das Dich erfüllt, öffnet, Dich begeistert - allein durch seinen Anblick. Du siehst die Architektur eines Giebels vor Dir: Ein Dreieck, das mit der Spitze nach oben zum Himmel weist. Das Dach schließt den unteren Bereich Deines Körpers ab: Unter Dach und Fach. Du führst die beiden Mittelfinger aneinander, die Dir erzählen, wie es sich anfühlt, wenn man ein Werk vollbracht hat, ganz leer und irgendwie nüchtern neutral sich fühlt: Geläutert und frei. Und wenn Du nun in dem unteren Bereich Deines Körpers ganz beheimatet bist wie in einem Haus, in dem Du lange gewohnt hast, jeden Winkel kennst, bereit bist, die Türe hinter Dir zu schließen und auszugehen, dann ist es an der Zeit, weiter nach oben zu steigen.

Du wirst die Ankunft im Herzen sofort spüren, denn sie geschieht ganzheitlich, einheitlich und Du weißt schlagartig, wo Du bist. Nun bist Du in dem Element, das alles verbindet und gleichzeitig trennt. Du hörst die Luft, wie sie Dich umgibt, umhüllt, schützt und gleichzeitig Dich auffordert, über Dich selbst hinauszugehen. Über das Hören der Stille, das Horchen auf das Lautlose entwickelt sich ein Gefühl für innere Gewißheit, für Vereinigung und dafür, Teil dieser Einheit zu sein.

Das Herz ist ein großer, offener Raum, indem Du Gäste empfangen kannst. Er ist ein smaragden grüner Raum wie der Wald, durch den das Sonnenlicht sickert. Eine Kathedrale der Natur, ein Raum, der alle einlädt und sich entspannen läßt, sobald sie eingetreten sind, denn sofort entsteht das Gefühl von zuhause für jedermann. Es ist eine Einladung in der Farbe des Rosenquarz:

und dort vor Anker zu gehen, kommt Marvell zu einer überraschenden Problem-Lösung, die über die Jahrhunderte nichts von ihrer inspirierenden Frische verloren hat:

So, if we cannot stop the sun
We'll make her run!
(Andrew Marvell)

Es ist also die Rückbesinnung auf die eigene Erfahrung, und nicht nur dies, auf eine Art von Erfahrung, die leicht als hedonistisch oder ketzerisch, auf alle Fälle anarchisch und rebellisch damals - und noch heute - eingeordnet werden könnte: Es ist die Rückbesinnung auf Ekstase.

Fazit:
Wir können die Zeit nicht aufhalten, also wollen wir, wenn wir schon begrenzt nur leben, die Lebensqualität so gestalten, daß sie dazu gewinnt an Freude, Geist, Liebe. Dieses "Rasen der Sonne", das dem Grundmotto der Ekstase-Techniken insofern entspricht, als es Beschleunigung, Umwandlung von Formen und deren Läuterung hin zu reiner, strahlender Energie, ein Aufleuchten und Sichverschenken beinhaltet, ist eine gelungene Metapher für das, was in der ekstatischen Verzückung geschieht.

Auch in der christlichen Tradition wird uns z.B. von der Mystikerin Theresa v. Avila berichtet, wie es sich anfühlt, von Gott erfaßt zu werden und sich mit ihm zu vereinigen.

Jedoch ist für viele moderne Menschen die barockblumige Sprache ihrer Gedichte und auch ihr erotisch-religiöser Bezug zu einem persönlichen Gott ebenso wie ihre monatisch-asketische Einstellung zum diesseitigen Leben nicht mehr nachvollziehbar. So gibt es zwei andere Möglichkeiten, sich dem Phänomen Ekstase zu nähern, und zwar:

- Durch das Studium von Feldforschungen und partizi-

pierenden Erfahrungen bei nicht-westlichen Kulturen auf den Geschmack von Ekstase zu kommen
- Durch Gehirnforschung, Weiterentwicklung von Therapiemethoden unter Berücksichtigung der nicht-alltäglichen Bewußtseinszuständen und Richtungen von Intelligenz- und Kreativitätstraining die Notwendigkeit von Ekstase als körperliche Stimulierung durch Euphorie und als Auslöser von körpereigenen "Glücklich-Machern", den Endorphinen.

Beide Richtungen schließen sich nicht aus, sondern treffen sich unter anderem etwa in den Fachbereichen der Ethnopharmakologie, die untersucht, wann und in welchem sozialem Kontext welche Drogen genommen werden, ob sie religiöse Erfahrungen vermitteln, und von Ethnologie und Pharmakologie ausgreifend, greifen sie über auf wesentliche Fragen, die die Medizin ebenso wie die Theologie oder auch die Pädagogik interessieren:
- Was macht eine religiöse Erfahrung aus?
- Welchen Wert besitzt sie als Heilungsverfahren oder als Prophylaxe?
- Was sind die physischen, physiologischen, psychosomatischen, biologischen und neurologischen Bedingungen dafür?
- Und sind diese durch einen spezifischen sozialen Kontext gegeben, bzw. von einem Glaubenssystem abhängig?
- Oder ist der menschliche Körper genetisch auf die Fähigkeit hin,sich in Ekstase zu versetzen, angelegt?
- Und wenn ja, was hieße dies für eine Kultur wie die unsere, in der die eigene Erfahrung mit Mißtrauen betrachtet wird?

Dieses Mißtrauen läßt sich übrigens auch noch in Redewendungen und Sprichwörtern aufspüren. So heißt es z.B.
- Wer nicht hören will, muß fühlen (mit der Implikation, daß es etwas Unangenehmes ist, was da gefühlt wird)

Versöhnlich, weich, großzügig und nachgiebig zugleich. Und wenn sich nun Deine beiden Zeigefinger zusammenfügen, so entsteht die Spitze des Giebels als ein Fingerzeig, der über das Haus und über das eigensüchtige Handeln hinausweist. Und so weist auch der verkündende Engel mit dem Zeigefinger nach oben, wenn er den Menschen als Bote Gottes gegenüber tritt. Und, Hand auf's Herz, ist das nicht der Ort, wo sich das Wort Ich am leichtesten, lichtesten aussprechen läßt, weil es hier vom Eigenwillen entbunden ist? Und dann setzt Du alledem die Krone auf, indem Du Dich auf Deinen Scheitelpunkt konzentrierst, wo eine Öffnung Dich mit dem Mittelpunkt der Sonne verbindet und Dir die Kraft des Lichtes zufließen läßt: Es ist eine mächtige, gewaltige, eine zwingende Kraft, und es ist gut, das Haus des Körpers zu haben, mit seinen verschiedenen Lichträumen, Fenstern und Aussichten.

Es ist gut, ein Treppenhaus zu haben, das die Stockwerke miteinander verbindet. Der langsame Aufgang von unten ermöglicht Dir, die schneller schwingenden Farben zu ertragen; auch die rasende Bilderflucht, die blitzartigen Eingebungen, Ideen, Visionen, die Deine Stirne durchziehen. Du denkst, daß Du denkst. Aber in Wirklichkeit denkt Dich der Gedanke, und fordert Dein Mitwirken am Ausdruck: Dort in der Kehle kommt etwas ins Schwingen, und Gestalten entstehen, die immer nur ein Abglanz, Schattenbilder, Erinnerungen des Eigentlichen sind. Dort streicht die Luft über die Stimmbänder, Sprache entsteht und ein Lied, Dein ganz eigenes Lied, das Du singst. Und während Du dieses Gefühl eines inneren Gesangs in Dir anwachsen läßt, fügen sich die Daumen aneinander. Und alles findet zur Integration: Alles liegt in der Hand, alles wohnt im Körper. Einladung, die ausgesandt wird an alle.

Lösung ergibt sich aus dem Loslassen, wieder in den Fluß kommen.

Trance-Induktion: Die Schlange weiß die Lösung

Du liegst, sitzt oder stehst, ganz wie Du Dich am wohlsten fühlst, so daß Du für eine kurze Zeit Dich entspannen und Dich auf Deine Gefühlswelt und Deine Vorstellungen konzentrieren kannst. Zuerst stellst Du Dir ein Gefühl vor, wie es Dich überkommt, wenn Du grenzenlos Deine Lust ausleben möchtest: Ein Gefühl, das keine Grenzen anerkennt und von nichts genug bekommen kann.

Es weckt in Dir eine Sehnsucht, Dich ganz zu verlieren, Dich aufzulösen, in etwas aufzugehen, ohne an die Konsequenzen und das Danach denken zu müssen. Es ist die Ewigkeit, die die Lust sich als Verlängerung der Gegenwart vorstellt und herbeiwünscht: Und es ist die Vorstellung von einer gegenwärtigen Ewigkeit, in der die Zeit aufgehoben ist, mit der die Sehnsucht die Lust erhöht zum Einzigen, wofür es sich zu leben lohnt. Und vielleicht kennst Du dieses Gefühl aus bestimmten Situationen, und Du rufst dieses Gefühl in Dir wach, zauberst es her, läßt es konkret, zum Anfassen werden, indem Du all seine Energie in eine der beiden Hände hineinfließen läßt.

Dort ist nun dieses Gefühl sozusagen als Essenz aufbewahrt, wie ein Duft, wie ein Geschmack, wie etwas, was sofort, wenn Du damit in Berührung kommst, Dich ganz darauf einstimmt und das Gefühl in Dir erstehen läßt, Dich erfüllt. Und wenn Du dieses Gefühl gut in Deiner Hand erfassen kannst, seine Sinnlichkeit Dir vergegenwärtigt hast, dann öffnest Du Dich für ein anderes Gefühl, das Dir vielleicht auch so vertraut ist, daß Du es in die andere Hand hineinfließen lassen kannst: Plötzlich weißt Du, daß bei aller Sehnsucht nach Ewigkeit das Leben endlich, und daß Du sterblich bist.

Und es ist dieses Gefühl der Sterblichkeit, das manchmal jäh einbricht in die alltägliche Selbstverständlichkeit unseres Daseins und das Leben anders erleben läßt: Es macht mürbe und scharfsichtig zugleich. Es fordert uns, auf den Punkt zu kommen, es läßt etwas in uns sich aus der Weite der Beliebigkeit zurückziehen bis auf einen einzigen Punkt, in dem sich alles zu konzentrieren scheint. Es entsteht das Bedürfnis, sich zu sammeln, und Du

- Aus Schaden wird man klug (mit der Implikation, daß Lernen immer durch Enttäuschung, Schmerz und Frustration erlangt wird und der Gewinn von Klugheit dementsprechend ein einziges Frustrationstraining voraussetzt)
- Denn, wie das ungarische Sprichwort schon sagt: Eine Enttäuschung macht einen um eine Hoffnung ärmer und eine Erfahrung reicher. (Mit der Implikation, daß dieser Reichtum nicht nur teuer erkauft, sondern auch nicht besonders wertvoll ist)

An dieser Stelle möchte ich Dr. Rudolf Kapellner zitieren:

Über Jahrtausende hinweg waren Bewußtsein, seine Veränderung und Erweiterung immer nur wenigen Auserwählten vorbehalten. Für das gemeine Volk verbot die junge christliche Kirche im ersten ökumenischen Konzil von Nicea (325 n. Chr.) jede Form von Selbstentfaltung und Bewußtseinserweiterung. Mystische Erfahrungen waren später nur in der Abgeschiedenheit der Klöster gestattet und wurden dort mit Askese, Ritualen und Exerzitien herbeizuführen versucht.

In Byzanz wurde jede mystische Erfahrung außerhalb des orthodoxen Mysterienweges sofort mit dem Tode bestraft. Ähnlich die katholische Kirche: Es gab weder Heiligsprechung oder Verbannung und Hinrichtung. Ein Teil der Inquisition kann ebenso als konsequente Ausrottung von veränderten Bewußtseinszuständen betrachtet werden, wie der Siegeszug christlicher Missionare gegen heidnische Naturvölker und deren kulturelle Praktiken zur Erreichung exstatischer Ausnahmezustände.

Einzig und allein in Kriegszeiten wurden im Laufe der Jahrhunderte immer wieder Tausende von Menschen mobilisiert, durften ihr stumpfes und trübes Alltagsbewußtsein gegen die Exstase des Tötens und kollektiven Rausches vertauschen. Waren es vorher die großen Kirchen, die mit

Exorzismen, Kreuzzügen und Glaubenskriegen für wohldosierte und kontrollierte Versorgung mit seelischen Ausnahmezuständen sorgten, so übernahmen mit Beginn der Neuzeit die weltlichen Regierungen zunehmend diese Aufgabe.

Diese Entwicklung gipfelte schließlich in den beiden großen Kriegen dieses Jahrhunderts und bewies in tragischer und grauenhafter Weise die Unfähigkeit und das endgültige Scheitern einer zwei Jahrtausende währenden weltlichen und geistigen Politik.

Es scheint nun eine dem Menschen natürliche Fähigkeit zu sein, andere als die alltäglichen Bewußtseinszustände erreichen zu können. Wird nun einem menschlichen Bewußtsein dieses Überwechseln in ekstatische, außergewöhnliche Zustände ständig vorenthalten, so wird dieses Bewußtsein früher oder später von selbst, jedoch spontan und unkontrolliert, solche Phänomene eines veränderten Bewußtseins erzeugen (Felicitas Goodman). *Es ist daher nicht verwunderlich, das mit zunehmender Verelendung der Bevölkerung im frühen Kapitalismus gesonderte Anstalten für eine neue Form von "Krankheit" geschaffen werden mußten: Narrentürme und Irrenanstalten* (Michael Foucault).

Die alte Ordnung stimmt nicht mehr, die neue ist noch nicht ganz da, und vorallem nicht für alle zugänglich. Kapellner, und mit ihm viele andere, betonen die Wichtigkeit neuer Mittel, die auch den ganz normalen Alltagsmenschen ekstatisch stimulieren können, so daß sich sowohl Lebensfreude, Liebes-und Kommunikationsfähigkeit wie auch Intelligenz steigern können, ohne daß er - wie es bislang einer kleinen Elite vorenthalten war - zwanzig Jahre in Einsamkeit, exzentrischen Außenseitertum, Eliteschulen oder Klosterleben oder in der kultivierten Muse der Reichen, sich aufhalten müßte.

spürst im Körper einen Willen, sich daraufhin auszurichten und anzuspannen, Spannkraft zu entwickeln, um dem Leben in seiner Vergänglichkeit besser gewachsen zu sein. Und wenn Du dieses Gefühl zum Anfassen konkret in Deiner Hand hälst, kannst Du damit beginnen, Deine Aufmerksamkeit wieder zu neutralisieren und beide Hände mit den Gefühlen, die sie aufbewahren, in den Radius Deiner Beobachtung hineinzunehmen.

Langsam nähern sich nun die Hände einander, und das, was als sich gegenseitig ausschließende Gegensätze beurteilt sein worden mag, findet nun eine körperlich Zusammenführung, indem die Hände mit den Handflächen sich aufeinanderlegen, und aus dem Handgelenk sehr sanft und wiegend eine Bewegung des Abwägens geschieht: Mal ist die eine Handfläche oben, mal die andere. Ständig wechselt oben und unten, so daß eine schlängelnde Bewegung entsteht. Und es ist der Kopf der Schlange, der schlängelnd den Körper nach sich zieht, und Du läßt Dich führen, wohin die Schlange Dich führt, denn die Schlange weiß die Lösung, und indem Du Dich die Lösung tanzen läßt, weißt auch Du sie.

Wenn ich im Fluß bin, gibt es nichts Überflüssiges.

Zwischenübung: Schlange will sich häuten

Du liegst mit dem Rücken auf dem Boden und fühlst, wie und wo Dein Rücken auf dem Boden aufliegt. Du kommst langsam in eine fließende Bewegung, als wolltest Du Dich am Boden entlang suhlen, Dich kratzen, die alte Haut abstreifen. Und während Du mit geschlossenen Augen Dich lustvoll suhlst, spürst Du nach, an welchen Stellen die alte Haut leichter abgeht, und wo vielleicht blinde Flecken sind, die sich taub und verbacken anfühlen und durch diese Bewegung der Häutung und Reinigung nicht erreicht werden können. Zwischendurch liegst Du immer wieder entspannt da und konzentrierst Dich auf Dein Empfinden, Deine Körperwahrnehmung. Nun legst Du die Hände auf den Bauch, so daß die kleinen Finger an das Schambein angrenzen und läßt den Atem dort hinunter in die Hände hineinfließen. Wenn Du einen guten Bezug zu dem Bereich des Schambeins entwickelt hast, versuchst Du ganz bewußt genau dort den Bauch einzuziehen - meist zieht man den Bauch viel weiter oben ein, aber nun geht es darum, ganz unten anzusetzen, direkt am Schambein.

Es braucht zunächst ein wenig Geduld. Doch ist es ganz wichtig, daß die Bewegung von dort beginnt. Wenn Du also den Bauch dort einziehst, stellst Du Dir vor, wie nicht nur der Bauch mit einbezogen, nicht nur die oberflächlichen Muskeln, sondern die Anspannung durch den ganzen Unterleib hindurch, bis hinten raus zum Steißbeinbereich sich fortsetzt.

Es entsteht ein vermehrter Druck des Steißbeins gegen den Boden, und es kann sich anfühlen, als wollte das Innerste und Unterste im Körper sich aufbäumen: Das ist das Gefühl, von dem wir ausgehen wollen, denn es hilft, die alte Haut abzustreifen. Und dieses Gefühl entwickelt in Dir eine Kraft im Rücken, die diesen in einem Bogen spannt, bis Du sogar nur noch mit dem Kreuzbein in Kontakt mit dem Boden bist, mit den Fersen, die an den leicht angewinkelten Knien bammeln, und eventuell noch mit dem Hinterhaupt. Du kannst die Hände flach neben Dir auf dem Boden liegen lassen oder, die Hände zu weichen Fäusten geschlossen (mit dem Daumen draußen) Dir helfen lassen, Dich von der klebrigen festhaltenden Macht des Alten zu befreien.

Nun kommt die Gegenbewegung, die sogleich fließend ansetzt, sobald Du entspannt wieder den Körper abgelegt hast: Du formst einen Bogen in die andere Richtung, jedoch kein Hohlkreuz, das nur einem schlaffen Abknicken an einer Stelle der Wirbelsäule gleichkäme. Vielmehr spannen sich die Rückenmuskeln mit aller Macht und Entschlossenheit, Überflüssiges abzustreifen, an, und sind dabei doch geschmeidig und fließend, wie bei den Schlangen.

Nun liegen also nur noch Schultergürtel, letztes Ende des Steißbeins, und locker die Beine, mit nicht durchgestreckten aber geraden Knien am Boden auf.

In einer solchen Zeit des Umbruchs liegen Ordnung und Chaos, Sinn und Wahnsinn, Aufbruch und Zusammenbruch nahe. Das Labyrinth repräsentiert diese Situation sehr genau. Da jedoch auch die traditionell bekannten "ewigen Werte" nicht mehr oder selten noch als Zuflucht oder Ausflucht aus dem Diesseits dienen, wird uns nichts anderes übrig bleiben, uns mitten hinein ins Labyrinth, in dieses große Experiment der Evolution hineinzubegeben.

Als roter Faden der Ariadne empfiehlt sich eine gute Portion Optimismus, abgeschmeckt mit dem notwendigen Realismus. Hier bewährt sich immer noch ein Gebet des großen Naturphilosophen und Mystikers *Oetinger*, auch wenn man nicht an Gott glaubt. Es reicht, wenn man weiß, daß man ihn braucht, um zwischen Allmachtsphantasien der Machbarkeit und den Ohnmachtsgefühlen der Resignation hin und her zu pendeln wie ein Jongleur oder Akrobat. Gott gebe mir

- *die Gelassenheit, Dinge hinzunehmen, die ich nicht ändern kann,*
- *den Mut, Dinge zu ändern, die ich ändern kann*
- *und die Weisheit, das eine vom anderen zu unterscheiden.*

Das Labyrinth als Meta-Programm

Ein Meta-Programm, das ist ein Programm im Programm, ein Programm, das sich selbst zum Programm hat.

Eine Meta-Morphose (von altgriech. *morphosis*, =Form) offenbart die Form in der Form. Der Begriff wird am häufigsten in der Biologie verwendet, um den genetisch festgelegten Übergang von einer Form in die anderen, von einem Stadium in die andere, z.B. von der Raupe zum Schmetterling zu bezeichnen.

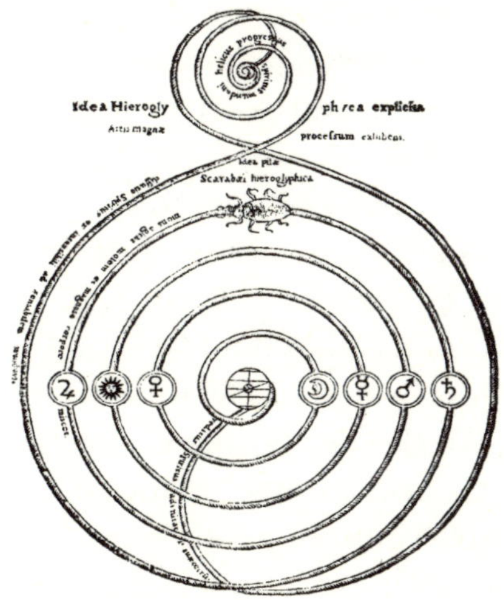

Abb. 16: Ägyptische Eingeweihte wurden Skarabäen genannt; diese Käfer schieben scheinbar ihre Eier vor sich her, die ihre eigene Erneuerung bergen. Die Bahn dieses Alchimisten ist eine Doppelspirale, die sein abwechselndes Zerlegen und Verbinden darstellt, das Expansion und Kontrktion des sphärischen Wirbels und die Phasen der feinstofflichen Energien. "Der spiralförmige Fortschritt des weltlichen Geistes" verläuft von seinem Ursprung aus durch alle Planetensphären, um vollendet im Zentrum anzulangen; von dort dehnt er sich aus, sieht das Zentrum von "außen" und windet sich in die Oberwelt zurück zu seinem göttlichen Ursprung. (Der Schlüssel zur Alchemie nach den Ägyptern aus Athanasius Kirchers Oedipus Aegyptiacus, Deutschland, 1652-1654.) (Purce, 1988)

Wenn Du beide Bewegungen verbindest, kannst Du sogar am Boden entlang robben.

Am Anfang sollte man diese Übung sehr vorsichtig machen, um sich nicht zu überanstrengen, auch, um nicht mit fehlgeleiteten Bewegungen die Wirbelsäule falsch zu belasten. Wer Druck im Hals spürt, oder es mit der Schilddrüse zu tun hat, sollte diese Übung nur andeutungsweise machen, um den Bewegungsarchetyp zu erfassen.

Mehr Lust am Geschlauchtwerden:
So ist das Leben! Schon bei der Geburt fängt es an...

Gruppenübung: Sich winden und wälzen durch einen Schlauch

Oft sagt man, daß einen etwas schlaucht, und meint damit eine zehrende, schwächende Wirkung. Oder etwas sei ein Schlauch: Also eine beengende Situation, durch die man sich hindurchwinden muß. Solche Engpässe können aber oft die Öffnung für etwas Neues sein und Ekel, Widerwillen, Überdruß können Begleiterscheinungen der Häutung, und damit Vorboten einer erfrischenden Erneuerung. Nur, daß man es sich zur Zeit noch nicht vorstellen kann: Und das ist der Schlauch.

Wir können Schlauchung und Häutung in die Bewegung umsetzen, und ein Ritual daraus machen: Die Gruppe setzt sich in zwei Reihen und beginnt zu rasseln, so daß der Korridor mit Energie aufgeladen wird. Dann kann einer nach dem anderen sich durch den Korridor hindurch robben, auf dem Bauch, auf dem Rücken, ganz wie ihm zumute ist. Wenn ein großer Stofftunnel zur Verfügung steht, wird die Wirkung erhöht, weil der Geschlauchte im Schlauch abgeschlossen und ganz für sich ist. Gleichzeitig lernen die anderen, auch durch den Stoff hindurch die Eigenart der Häutung wahrzunehmen als energetisches Muster. Obwohl der Körper nicht direkt sichtbar ist, vermittelt die verhüllte Gestalt oft einen genaueren Eindruck von dem, was wesentlich ist, als die direkt sichtbare, weil der Blick nicht durch die Oberfläche abgelenkt wird.

Im Kontakt erfahre ich den Fluß des Lebendigen.

Partnerübung: Rücken an Rücken die Schlange im Leib erspüren

Diese Übung ist zu zweit zu machen. Es finden sich zwei zusammen, die von der Körpergröße einigermaßen zusammenpassen. Beide sitzen, Rücken an Rücken. Die Wirbelsäule soll die Kontaktlinie sein, an der entlang sich die beiden Körper begegnen und wahrnehmen. Jeder einzelne Wirbel kann als Kontaktpunkt erspürt werden, wobei manchmal in bestimmten Bereichen es besonders heiß werden kann, während andere Bereiche wie ausgeschlossen von der vibrierenden Hitze scheinen.

Manche Bereiche erscheinen lebendiger als andere. Du kannst in Deine Wirbelsäule ebenso wie in die Wirbelsäule Deines Partners hineinhorchen, als wäre sie ein lebendiges Wesen, und Dir erzählen lassen, wie es ihr so geht. Dann drehen sich beide Partner, langsam sich lösend und ganz bewußt die Lösung erspürend um, so daß sie zueinander gewandt zum Sitzen kommen. Beide schließen die Augen und besuchen sich gegenseitig, einer nach dem anderen.

Der Gast stellt sich vor, wie er vom Besitzer des Körperhauses eingeladen wird, indem dieser seine Augen verschluckt. Nun wandern die Augen im Körper herum und kommen zu dem Wesen, das in der Wirbelsäule wohnt und lassen sich Geschichten erzählen. Manchmal sind es Schlangenwesen, die einem begegnen, aber es muß nicht sein. Danach wird gewechselt und danach die Erfahrungen ausgetauscht. Dabei ist es wichtig, nicht zu deuten und nicht zu phantasieren, d. h. in der Phantasie Geschichten zu konstruieren, sondern so nah wie möglich an der Wahrnehmung zu bleiben.

Im Schamanismus ist der Tanz der Metamorphose die enge Verbindung zwischen Mensch und Tier, bzw. dessen Geist, so daß im Trancetanz schließlich der Mensch die Form des Tieres - oft durch das Hilfsmittel der Maske unterstützt - annimmt und ganz mit dem Geist-Verbündeten, dem Tierwesen verschmilzt. *Die Metamorphose gibt Kraft: Die Kraft erwächst aus dem Bündnis zwischen Mensch und Geist.*

An die Initiationsrituale, die zum Thema die Metamorphose von Sterbenden (Altem) und Wiedergeborenem (Neuem) haben, knüpft sich die Hoffnung, nicht nur den Tod als möglich endgültige Sackgasse zu überwinden, sondern in der Form des Wiedergeborenen ein höheres Stadium der Entwicklung zu erreichen. Damit aber das Sterben des Alten oder der alten Form einen solch erhebenden und begeisternden Impuls erhält, der über die Angst und die Schrekken des Fleisches hinwegzutragen vermag, bedarf es eines Systems, eines Glaubenssystems, innerhalb dessen Hoffnung und Vision ein klares Ziel vor Augen des Initianden halten. Das Ziel heißt: Näher dem Geist, mehr Begeisterung, mehr Kraft, mehr Leben, mehr Wahrheit und Liebe. All dies sind nur Worte, die das Mysterium des sich fortpflanzenden und immer weiter, höher entwickelnden Lebens und seiner Intelligenz - einer kosmischen Intelligenz - umreißen und im Bewußtsein des Initianden ähnlich gleich Kennworten auslösen sollen.

Es bedarf eines Leitfadens für dieses Abenteuer Metamorphose.

Der Leitfaden führt in den Prozess hinein und wieder hinaus.

Der Leitfaden ist Wissen und Hoffnung: Hoffendes Wissen und wissende Hoffnung.

Der Leitfaden ist flexibel genug, einerseits den Weg des geringsten Widerstandes durch Wissen zu finden und andererseits selbst den größten Widerstand und gerade ihn zu überwinden durch Hoffnung - Glaube versetzt Berge. Es ist aber nicht ein blinder Glaube und ein beliebiges Wünschen so wie ich etwa vor mich hin sage: "Wenn ich ein Vöglein wär'", sondern ein Wissen um die Kraft des Glaubens und seiner Funktion innerhalb des Systems, in dem er wirkt.

Abb. 17: Skarabäus mit Doppelspirale, (Abt. f. Altertümer, Beirut)

Gehen wir auf die Ebene der Biologie, so sagt uns Maturana: *"Lebende Systeme sind kognitive Systeme, Leben als Prozeß ist ein Prozeß der Kognition. Mit Nervensystemen ausgestattete lebende Systeme erzeugen durch Selbstbeobachtung Selbstbewußtsein."*

Geist und Bewußtsein wirken als Teil der menschlichen Dynamik. Organisationelle Geschlossenheit lebender Systeme bedingt ihre Autonomie gegenüber ihrer Umwelt. Das Nervensystem erweitert den Kognitionsbereich lebender Systeme, indem es dem System Interaktionen erlaubt, durch die seine internen Zustände in relevanter Weise durch sogenannte reine Relationen, also nicht durch physikalische

Ich bin mit mir selbst in Kontakt.

Gruppen- oder Einzelübung: Im inneren des Körpers, eine Landschaft der Organe.

Diese Übung kann allein oder in der Gruppe gemacht werden. Wenn Du in einer Gruppe bist, achte darauf, daß Dir der Ort, an dem Du Dich hinlegst, angenehm ist. Nimm Dir gegebenenfalls viel Zeit, ihn auszusuchen, und mach es Dir so bequem, daß Du für einige Zeit so bleiben kannst und durch nichts gestört wirst. Wenn es Dir hilft, Dich besser auf den Innenraum Deines Körpers zu konzentrieren, kannst Du Deine Augen mit einer Augenbinde verbinden und Deine Ohren mit Wachs verstopfen. So kehrst Du ganz nach innen und entdeckst Deinen Körper als einen Raum. Du kannst Dir vorstellen, es sei ein Hohlraum, ähnlich wie bei einem Schokoladenweihnachtsmann, und Du kannst hineinschauen. Du siehst den Raum, der zunächst ziemlich dunkel sein wird wie ein verdunkeltes Zimmer, in dem man die Einrichtungsgegenstände nur schemenhaft erkennt. Und Du siehst die Konturen, die diesen Raum begrenzen wie Wände ein Zimmer.

Du kannst einen Summ-Ton durch diesen Raum schicken, um ihn zu erkunden. Du kannst mit einem leichten entspannten Schnalzen an die Zimmerwände anklopfen, um ihre Konsistenz zu erkunden, sie zu orten, wie einer der in einem dunklen Zimmer durch das Abtasten mit den Händen sich zurechtfindet. Dein Bewußtsein ist in einem Punkt versammelt, von dem der Strahl der Aufmerksamkeit ausgeht gleich dem Strahl einer Taschenlampe, der über die Dinge gleitet oder in der dämmerigen Leere diffus wird, wenn er auf keinen Widerstand trifft. Du mußt kein besonderes medizinisches Wissen über Deinen Körper haben, um Dich instinktiv zu orientieren, wo oben und unten, rechts und links ist. Instinktiv weißt Du, spürst Du, daß da, wo Deine Füße sind, die Schwerkraft im Stehen Dich an die Erde bindet. Du spürst wo ungefähr das Ende Deines Darms sich befindet, und wo Dein Magen liegt. Irgendwo ungefähr rechts die Leber, und irgendwo ungefähr links darüber das Herz, irgendwo und ungefähr hinten die Nieren. Und obwohl Du vielleicht keine Ahnung von den Organen und ihrer Funktion hast, kannst Du sie aufspüren wie kleine Persönlichkeiten, selbständige Lebewesen in Dir, die sich melden, wenn Du suchend Dich nach ihnen erkundigst. Kann sein, daß Du bei dieser Innenschau ein Gefühl für Deinen Organismus entwickelst, für seine Art der Zusammenarbeit und Abstimmung.

Kann sein, daß Du Dich langsam zurechtfindest in diesem Innenraum wie jemand, dessen Augen sich langsam an das dämmrige Dunkel gewöhnt haben, so daß er Unterschiede wahrnehmen kann. Langsam entsteht Orientierung. Es ist eine ganz andere Orientierung als die gewohnte. Kann sein, daß Du sie visuell als Bild oder akustisch als Zusammenklang wahrnehmen, als Vorstellung in Deinem Bewußtsein verankern kannst. Laß diese Vorstellung in Dir Gestalt annehmen, betrachte diese Gestalt so, als wolltest Du sicher sein, daß sie sich Dir durch die Betrachtung eingeprägt hat, so sehr eingeprägt, daß Du nun auch an etwas anderes denken, die Augen reiben und öffnen kannst. Wenn Du nun aufstehst und die Übung so beendest, ist die instinktive Orientierung nach unten, entlang der bindenden Kraft der Schwerkraft eingetreten.

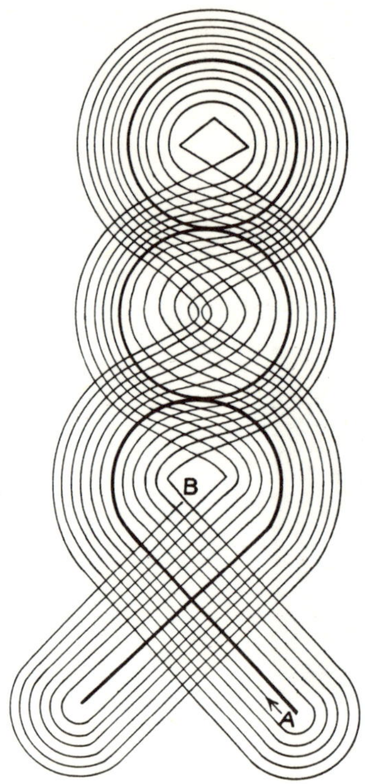

Abb. 18: Zeichnung aus Folk-Lore, XLVII, London 1936
Nach dem Tod fährt der Geist des Malekulaners nach Wies, dem Totenland. Auf einem Stein sitz eine Geistwächterin und versperrt ihm den Weg: Dabei wischt sie eine Labyrinthzeichnung im Sand halb aus und droht, seine Seele zu verschlingen, wenn er sich nicht an seine rituellen Pfade und die Lebensweisheit erinnert und ihre Linie, den Weg der Unsterblichkeit, ergänzt. Diese ununterbrochene Linie zeigt die drei Zentren des Menschen "Kopf, Herz und Bauch", sein Denk-, Gefühls- und Bewegungs-"Gehirn", von Gurdjieff "Rollenkandelnost" oder Spulen genannt. Da ihr Potential, die Länge des Fadens, feststeht, liegt der Schlüssel zum Leben der Seele (drei Menschenleben) in ihrer gleichmäßigen Abwicklung. (J.Purce, München 1988)

Mein Organismus ist in einem ständigen Austausch mit der Umwelt.

Ereignisse, modifiziert werden. Dadurch können Organismen mit eigenen internen Zuständen so interagieren, als ob diese von ihnen unabhängige Gegenstände wären: *"Sie schaffen damit das scheinbare Paradoxon, ihren kognitiven Bereich innerhalb ihres kognitiven Bereichs zu enthalten."*

Verhalten als funktionales Kontinuum

Nach Maturana ist *"Verhalten daher ein funktionales Kontinuum, das dem Leben des Organismus durch alle seine Transformationen in seinem selbstreferentiellen Interaktionsbereich hindurch Einheit verleiht."*

Und er folgert daraus: *"Die anatomische und funktionale Organisation des Nervensystems sichert die Synthese von Verhalten, nicht die Repräsentation der Welt."*

Denn: *"Der Beobachter ist ein lebendes System, und jede Erklärung der Kognition als eines biologischen Phänomens muß eine Erklärung des Beobachters und seiner dabei gespielten Rolle beinhalten."*

Wir sehen und erkennen die Welt nicht so wie sie ist, sondern wie erzeugen sie mit unserem Gehirn und Nervensystem, sind die Schlußfolgerungen Maturanas (Holler, 1989,187f).

Ebenso wie Lilly mit der Einführung seiner Hypothese vom Mensch als Bio-Computer eine verantwortungsvollen und bewußten Umgang mit letzterem von seinem Besitzer und Benutzer, dem Menschen, fordert, so setzt sich auch Timothy Leary für ein evolutionäres Training im Sinne einer verantwortungsbewußten Steuerung des menschlichen Verhaltens ein.

Evolutionäres Training als verantwortungsbewußte Steuerung

Nach Timothy Leary weist die Neurologie dem Nervensystem den ursächlichen Quell von Bewußtsein, Erinnerung, Lernen und Verhalten zu. Wenn wir unseren "Bio-Computer", unsere geistigen, gefühlsmäßigen und verhaltensbedingten Funktionen verbessern wollen, müssen wir das Nervensystem untersuchen und besser kennenlernen.

"Ein Mensch, der die aufnahmefähigen, ergänzenden und weiterleitenden Schaltkreise des Nervensystems wählen und genau einstellen kann, ist nicht nur intelligenter, sondern man darf von ihm sagen, daß er auf einer höheren und komplexeren Entwicklungsebene handelt."

(Holler, 1989, S. 188)

Übung: Der Nase nach gehen

Wieder mit verbundenen Augen und verschlossenen Ohren bist Du diesmal auf den Beinen, also in der Vertikale, aber ganz entspannt, mit weichen Knien, als hättest Du Beine aus Gummi. Du schwankst ein wenig vor und zurück und zu den Seiten, um Dich in Deiner Mitte einzufinden. Wenn Du eine innere Orientierung gefunden hast, kannst Du nun einen Schritt weitergehen und auf die äußere Orientierung, die durch die Schwerkraft bedingt ist, verzichten. Du stellst Dir vor, die Schwerkraft sei aufgehoben: Es wäre, als würdest Du auf dem Mond oder in einem Raumschiff mitten im Weltall herumspazieren. Jede Bewegung, die Dir gewohnt ist, wird draußen anders umgesetzt, weil die Verhältnisse von Kraft und Gewicht sich verändert haben.

Du steuerst ganz von innen heraus und überläßt Dich dem, was dabei herauskommt. In den Märchen heißt es: Der Nase nach gehen. Das heißt: Ganz von innen gesteuert sein. Du stellst Dir vor, Du gehst der Nase nach, immer der Nase nach. Dann läßt Du die Nase in Höhe des Bauchnabels rutschen und gehst ihr nach. Oder ins Knie. Oder in die rechte Niere. Oder in den Nacken. Du findest immer neue Punkte in Deinem Körper, von denen aus die Steuerung geschieht: Du stellst Dir die Nase wie den Bug eines Schiffes vor, und den Körper dahinter als Schiff. Nichts ist gerade in Deinem Körper, alles leicht abgebogen und geschwungen, nicht einmal die Knochen sind ganz gerade gewachsen, sondern drehen sich in einer unmerklichen Spiralenbewegung.

Das sind die geschlungenen Pfande Deines Organismus, Deines Wachstums, Deiner Entwicklung, von denen Du Dich jetzt führen läßt. Du kannst Dir vorstellen, sie gleichzeitig mit dem Zeigefinger nachzufahren und sie als Wege einzuzeichnen in die Landkarte Deines organismischen Körperbewußtseins. Es sind Bewegungen, die sehr schnell sind, oder auch sehr langsam, so langsam, daß Du sie nicht als Bewegungen wahrnehmen kannst. Und doch: Durch die Betrachtung dieser Wege Deiner Entwicklung, Deines Wachstums entsteht in Dir ein Gefühl nicht nur für Raum, sondern für Zeit, für einen organismischen Zeitraum.

Du kannst Dir jetzt vorstellen, wie Dein Organismus in einem ständigen Austausch mit der Außenwelt sich befindet, wie Innenwelt und Außenwelt in einem ständigen Korrespondieren sind, während Du, der Du Dein Bewußtsein bist, Zeuge dieses Geschehens wirst. Es ist der Tanz des Organismus, der sich selbst austanzt.

Mein Organismus organisiert sich von selbst und drückt sich aus.

Übung: Ein Bauchbilder - Bilderbuch

Du kannst den ersten Teil dieser Übung alleine für Dich machen, für den zweiten und wichtigeren Teil jedoch brauchst Du eine Gruppe.

Du sitzt bequem, entweder auf dem Boden oder auf dem Stuhl. Vor Dir liegt ein großes Papier, und mehr Papier sollte zur Hand sein, wenn Du nun zu malen beginnst und erst aufhörst, wenn Dir danach zu Mute ist. Um Dir den Beginn zu erleichtern und jede Assoziation an Schönschreiben oder Malenkönnen zu vermeiden, hilft es Dir vielleicht, Dich in Deine Kindertage zu versetzen, als Du zu kritzeln begannst ohne darauf zu achten, was dabei herauskommen würde. Manchmal hilft es, sich hinzusetzen wie ein Kind: Mit gespreizten Beinen, das Papier dazwischen. Oder kauernd, kniend, in der Hocke. Du schließt die Augen, nachdem Du zwei Bleistifte bzw. weiche Wachsmalstifte für jede Hand bereit gelegt hast, und legst die Hände auf den Bauch, auf die Schenkel, Knie, auf irgendeinen Körperteil, mit dem Du durch die Handflächen Kontakt aufnimmst, seine Wärme spürst, sein Pulsieren. Du kannst Deinen Atem dorthin lenken, indem Du Dir vorstellst, Du atmest in die Handflächen hinein. Die Handflächen werden wärmer, es entsteht eine Bewegung unter der Haut.

Du folgst mit den Handflächen dieser Bewegung, läßt Dich führen. Es ist, als würden die Handflächen

Immer wenn ich von den Neuro-Schaltkreisen Leary's lese, steht mir das Labyrinth als Zeichen vor Augen. Es mag an den parallel laufenden Schlieren-Bahnen liegen, die mich an Feedback-Schleifen erinnern. Oder ich assoziiere Schaltkreise mit Regelkreisen, die zyklisch angelegt sind, aber so miteinander verbunden, daß sie nicht sich zu Kreisläufen kurzschließen, sondern von Bahn zu Bahn springen. Auch das Atom-Modell, das als Zeichen naturwissenschaftlicher Theorien und Modelle schon zum Inventar eines normalen, nicht-wissenschaftlichen modernen Bewußtseins gehört, mag als Vorlage für meine Phantasien gedient haben und Bewegung in meine Gedanken gebracht haben. Besonders aufschlußreich für mich bei der Entschlüsselung des Labyrinths als Zeichen, das Wissen und Hoffnung zugleich vermittelt, die Theorie vom menschlichen Gehirn als Hologramm.

Das Gehirn als Hologramm

Joseph Chilton Pearce spricht sehr anschaulich in seinem Buch "Die magische Welt des Kindes" vom Hologramm im Gehirn. Wenn wir das Gehirn ein Hologramm nennen, so meinen wir damit, das jeder Teil des Gehirns, selbst eine einzelne Zelle, die Vorgänge im gesamten Gehirn widerspiegelt und umfaßt. Einige Hirnforscher haben tatsächlich vorgeschlagen, die Vorstellung davon noch etwas weiter zu treiben, indem das Gehirn ein Hologramm unseres gesamten Planeten ist. Betrachten wir das Gehirn als ein Hologramm der Erde, so ergibt sich die nächste Erweiterung dieser Vorstellung fast von selbst: Unser Planet selbst muß dann auch wieder ein Hologramm sein usw. Etwas Ähnliches haben wohl Mystiker und Dichter in allen Zeitaltern empfunden: *"Die Welt in einem Sandkorn erblicken..."*.

Nach Joseph Chilton Pearce hängt der Erfolg, mit dem sich ein neugeborenes Gehirnhologramm durch Interaktion

mit dem Erdhologramm klärt, davon ab, wieviel es von dem gesamten Erdhologramm abbildet. Gehirne, die nur ganz spezifische Aspekte der Erde wiederspiegeln (Brieftaube, Biene), werden sehr schnell selbstständig. Je größer das Fassungsvermögen des Gehirnhologramms, desto länger der Prozeß der Klärung Die Klarheit seines Wirkens erlangt das Gehirn in dem Maße wie das Neugeborene sich mit der Welt auseinandersetzt und sein Gehirn einen Anteil am Gesamthologramm abbildet.

Niedere Tiergattungen können nur innerhalb enger Grenzen in Wechselwirkung mit der Erde treten. Niedere Gehirne sind keine Hologramme der ganzen Erde, sondern bilden nur jeweils ganz bestimmte Aspekte ab. Je einfacher das Gehirn, desto spezialisierter sein Programm und desto effektiver seine Interaktion mit der Erde. Ein gerade geschlüpftes Küken kann sehr schnell ein Korn erkennen und aufpicken, menschliche Säuglinge dagegen haben einen langen Weg bis zur Selbstständigkeit.

Die Breite seiner angelegten Fähigkeiten bedeutet, daß die Programmierung keine spezifische Information enthält und quasi jede Möglichkeit der Entwicklung offen läßt. Wären wir alleine auf unsere ältesten Gehirnsysteme angewiesen (Reptilienhirn und altes Säugetierhirn), wären wir reine Instinktwesen wie die Tiere. Durch das Neuhirn fängt der Säugling sozusagen bei Null an und hat die ersten drei Jahre noch keine willentliche Kontrolle, wie es in dem Sinne eines Erwachsenen wäre. Sozusagen ein innerer Antrieb treibt das Kind buchstäblich in die Auseinandersetzung mit seiner Umwelt. Entwicklung ist dann die Wechselwirkung zwischen innerem Antrieb und äußeren Inhalten. Der Übergang vom Althirn zum Neuhirn wird durch die Körperbewegungen des Kindes bewirkt.

Das Wunder der Entwicklung beruht sozusagen auf der Art und Weise, wie das Potential des älteren Gehirns

einfach Bewegungslinien nachzeichnen - Du tust nichts dazu. Wenn Du ein Gefühl für diese Führung aus dem Kontakt mit dem Körper, mit der Haut gewonnen hast, legst die Hände auf das Papier, fährst mit den Händen über das Papier, als wäre es ebenfalls lebendig: Ein Körper, den Du erfühlen willst. Du läßt Dich führen von einem Impuls, der aus Dir kommt, aber nicht gemacht, nicht gewollt ist.

Wenn Du die Bewegung erspürt hast, erst dann nimmst Du die Kreiden in je eine Hand und läßt Dich von innen führen. Du hörst auf das Geräusch, das sie machen, um Dich von bildlichen Vorstellungen abzulenken. Du malst mit geschlossenen Augen vor Dich hin, Du malst ein Blatt nach dem anderen voll, bis die Bewegung sich erschöpft hat und nichts nachkommt, außer Du würdest Dich dazu zwingen, etwas zu machen. Achte darauf, daß Du an diesem Punkt der Erschöpfung einhälst. Bleibe noch einen Augenblick in Ruhe, bevor Du die Augen öffnest. Und wenn Du die Augen öffnest, so versuche, die Bilder, die entstanden sind, wie eine Art Naturereignis anzuschauen, wie absichtslose Kleckser, wie ein Muster, das sich ohne Deinen Willen geformt, sich ergeben hat. Dann ordne die Bilder in eine Reihe. Die Anordnung kann der Abfolge der Entwicklung entsprechen, muß aber nicht.

Dann legt die Gruppe alle ihre Bilder zusammen, so daß diese ungefähr einen Kreis, oder auch ein Oval bilden. Es entsteht eine Bildergallerie, an der man vorbei spazieren kann wie im Museum: Man kann stehenbleiben vor einem Bild, das einen besonders anspricht, man kann aber auch mit schlenderndem Gang und schleifendem Blick einen Überblick sich verschaffen und einen Gesamteindruck in sich entstehen lassen. So kommt es in der Gruppe zu einer Geh-Bewegung im Kreis: Manche gehen langsamer, manche schneller. Aber stell' Dir dabei vor, Du wirst gegangen, nicht: Du gehst. Und stell Dir vor, Du siehst alles mit fremden Augen oder: Du schaust nicht mit den Augen, sondern schaust nur durch sie hindurch, wie durch eine Linse. Etwas in Dir schaut, und Du läßt es geschehen, dieses Schauen.

Es kann nun sein, daß sich die Anordnung der

Einzelbilder zu einem größeren Ganzen, einem größeren Bild zusammenfügt. Dieses ist ein Abbild, eine Art Landkarte: Indem Du im Kreis gehst, erkennst Du die Einzelbilder wieder, aber auch der Ort, wo sie liegen, hat etwas von der Bedeutung, die diese Bilder für Dich gewinnen, angenommen. Und während Du weitergehst mit weichem Blick, weiter im Kreis gehst, schaut etwas von Dir in Dich hinein, und etwas in Dir aus Dir heraus. Das ist ein ziemlich eigenartiger Zustand: Dein Bewußtsein sammelt sich genau auf der Grenze zwischen Innen und Außen, und Deine Aufmerksamkeit teilt sich zwischen dem Abbild, der Landkarte, und der dazugehörigen Landschaft.

Mein Unbewußtes befindet sich in einem kreativen Suchprozeß. Mein Bewußtsein orientiert sich, ohne zu fixieren: Der Fokus der Aufmerksamkeit gleitet wie ein Scheinwerfer über das Panorama.

Übung: Als erste Hilfe eine Windrose herstellen

Nun sind wir mitten im Labyrinth, mitten in einem organismischen Geschehen voller Impulse und instinktiver Ausrichtungen, inmitten verschlungener Wege, entlang derer uns die unmittelbare Erfahrung geführt hat. Wenn wir uns orientieren wollen, so greifen wir auf das Mittel der Seefahrer zurück, die sich auf hoher See befanden und nur die Fixsterne als unbewegliche Punkte am Himmel für ihre Ausrichtung zur Verfügung hatten.

Als erstes Mittel der Steuerung und damit Orientierung entstand die Windrose: Dies ist zunächst ein Kreis, der von einem Kreuz in vier Quadranten gevierteilt wird. Die Enden des Kreuzes trugen die Namen der vier Hauptwindrichtungen: Süden, Norden, Westen, Osten. Dieses Kreuz der Ausrichtungen mit seinen geraden Verbindungslinien wurde auf das Wirrwarr der bewegten

strukturiert und geklärt wird. Die körperliche Auseinandersetzung mit der Umwelt setzt die besondere Erfahrung im Neuhirn des Kindes in Gang. Jerome Bruner bemerkte einmal, daß "bei Säuglingen und Kleinkindern der innere Antrieb früher da ist als die Fähigkeit zu handeln". Jedes Kleinkind hat ein inneres Bestreben zu sprechen, zu laufen und aufrecht zu sitzen, lange bevor diese Fähigkeiten entwickelt sind.

Dieser Antrieb beruht auf Prozessen im Althirn. Erstaunlich ist es, daß es in der früheren Kindheit bis etwa zu drei Jahren noch keine willentliche Kontrolle im Sinne der Erwachsenen gibt. Der Antrieb treibt das Kind buchstäblich in die Auseinandersetzung mit seiner Umwelt. Der innere Antrieb der ersten Jahre ist also der Drang, sich mit allem was die Welt anbietet, in Interaktion zu setzen. Jede körperliche Berührung bedeutet die Bildung eines neuen Musters im Gehirn. Die Gewinnung von Gehirnmustern aus sinnlicher Erfahrung und ihre Strukturierung bildet die Geschichte der Entwicklung der ersten fünf Jahre.

Die Entwicklung der Intelligenz unseres Geist-Gehirn-Systems entwickelt sich nach J. C. Pearce aus einer Reihe von Matrix-Wechseln. Matrix leitet sich aus dem lateinischen

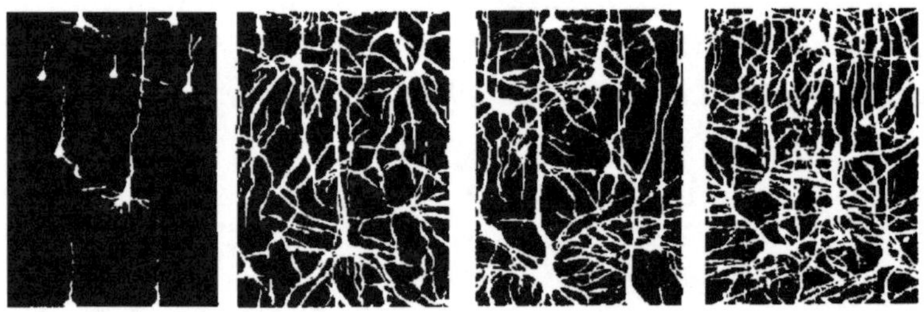

Bei der Geburt | Mit drei Monaten | Mit 15 Monaten | Mit drei Jahren

Abb. 19: Zunahme des neuronalen Netzwerkes im Gehirn. Aus Holler 1989 S. 273

Wort Schoß ab; es verweist auf die Quelle, aus der Leben gemacht ist. Ein harmonischer Matrixwechsel beinhaltet für das frühkindliche Gehirn "das Kennenlernen immer neuer Quellen der Kraft, der Möglichkeiten und der Sicherheit, worin sich Fähigkeiten entwickeln können".

(Holler, 1989, S. 175f)

Matrix heißt Schoß.

Die Rückkehr zum Schoß ist in Intiationsritualen von Tod und Wiedergeburt Thema: Je nach Bewertung der Erde und Unterwelt, die den Toten aufnimmt, sei es als bergende Mutter, als abtötender Todesengel, als rächende Erde, die vergewaltigt wurde und nun auftritt als Dämon oder Monstrum, als Reich des Nichts und der Schatten oder als kraftspendende Quelle des unmittelbaren Wissens - je nach Einstellung des Menschen zur Erde wird die Fahrt in die Unterwelt gedeutet werden. Jenseits aller Deutungen jedoch bleibt allen Fahrten gemeinsam, daß sie diese Matrix aufsuchen. Das Zeichen der Matrix, des Mutterschoßes, Höllenschlunds, verschlingenden Malströms ist spiralig sich eindrehend und alles einsaugend, um, gleich einem Strudel, alles wieder auszuspucken und abzustoßen.

Ist das Labyrinth das Zeichen für die Rückkehr zur Matrix, um erneuert und verwandelt auf einer höheren Ebene des Seins wiederzukehren?

Ist das Labyrinth Zeichen für ein vorbewußtes Wissen um die Übergänge von Matrix zu Matrix, die so das Wachstum von Intelligenz ermöglichen?

Ist das Labyrinth also eine uralte Therapie der transpersonalen Einweihung in die evolutionären Zusammenhänge unseres menschlichen Bewußtseins?

Gehen wir poetisch davon aus: Alles ist Austausch, ist *Meta-Bolismus.* Spielen wir dem Wort: Es beinhaltet die See, der hohen Wogen, des Hin und Her, Rauf und Runter, wie wir sagen würden, auf das Hü und Hott des Unberechenbaren aufgelegt.

So wird der Tummelplatz des eitel weltlichen Geschehens mit einer ersten rudimentären Struktur belegt. Die Windrose ist nicht nur ein Instrument, sondern ein Symbol der Ordnung. Versuche dieses Symbol im Geiste nachzuzeichnen, während Du stehst oder liegst, ganz wie Du willst, in einer Gruppe oder auch allein. Mitten im Schwanken, mitten im Tummel des Organismus hälst Du ein und willst Dich orientieren: Wo bin ich? Du findest den Punkt, von dem Du das Außen beobachten kannst.

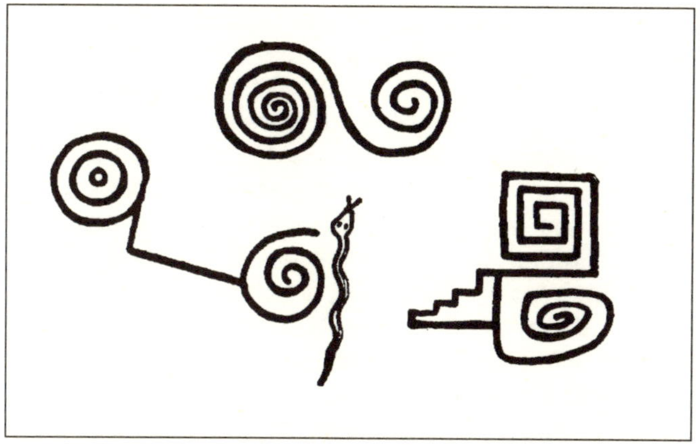

Abb. 20: Das Hopi-Symbol der Wanderung. Vom Ort des Aufstiegs in die Vierte Welt aus traten die Hopi-Klane eine Spiralwanderung in die vier Richttungen durch ganz Amerika an, um das aus der vorigen Welt eingeschleppte Böse zu läutern und auszurotten. Diese Zeichen auf Felsen, Tonwaren und Altarhölzern zeigen die von den einzelnen Klanen beschriebenen Muster, als sie in Spiralen wieder ihrem Zentrum zustrebten, um wiedervereint in ihrer Heimat zu leben. (Zeichnung von Oswald White Bear Fredericks, aus Frank Waters: Das Buch der Hopi, Diederichs, Köln 1982.)

Es ist ein Punkt tief innen in Dir, es ist Deine Mitte. Gleichzeitig ist es die Mitte des Kreises und der Schnittpunkt des gleichseitigen Kreuzes. Du zeichnest die Unterteilung des Kreises durch Kreuzung nach: Du ziehst eine Linie von Süden nach Norden und von Westen nach Osten. Du belegst die Enden des Kreuzes mit Bedeutungen, ähnlich wie Wahrsagekarten in einer bestimmten Ordnung gelegt werden, um die Wahrheit der Gegenwart, das heißt, die momentane Befindlichkeit zu orten: Du beginnst im Süden.

Das soll die Vergangenheit, Deine eigene Geschichte, Biographie Deines persönlichen Wachstums sein. Dann ziehst Du eine direkte Verbindungslinie hoch zum Norden. Dort soll Deine Zukunft liegen, und mit ihr alles, was Du Dir darüber vorstellst, erwünscht, planst, in Konzepten und Projekten Gestalt hast finden lassen. Dies ist die erste Kreuzungslinie. Die zweite ergibt sich, indem Du von Norden nach links zum Westen Dich wendest, einen rechten Winkel, 45 Grad beschreibend, ein Viertel auf der Kreislinie abschreitend.

Dies ist ein ganz anderes Gefühl, als von Süden zu Norden gehend, denn nun wechselt die Gefühlsqualität. Du trittst aus Deiner realen, faktischen Wirklichkeit heraus und trittst ein in die Welt der Bedeutungen, des Sinns. Im Westen findest Du die Versöhnung mit dem Alten und Gewesenen, den Abschied. Im Osten, dem Westen diametral entgegengesetzt, findest Du die Begeisterung für Neues. Die Achse Westen - Osten gibt Deinem Leben eine unsichtbare Struktur: Es ist nicht die Welt selbst, sondern das Gefühl, in der Welt zu Hause zu sein, Sinn zu finden in allem, was geschieht, Bedeutung darin zu sehen. Es ist die Vertikale des Sinns, die die Horizontale der Geschichte kreuzt.

Mein Unbewußtes befindet sich in einem kreativen Suchprozeß. Mein Körper gibt mir die Möglichkeit der Bewegungsfreiheit: Ich bahne mir einen Weg durch die offene Weite.

Meta-Ebene und das altgriechische Verb *ballein*= werfen. Assoziationen verbinden sich damit: Das Symbol als das Zusammengeworfene, und der Diabolus, der auseinander oder durcheinander wirft. Es sind zwei konträre Bewegungen: Zusammen und Auseinander. Beide sind für den Metabolismus wichtig, sowohl das Assimilieren nährender Stoffe ebenso wie das Ausscheiden überflüssiger Reste, die nicht verarbeitet werden können. Das Alte, das überflüssig geworden ist, wird zum belastenden, bedrückende Schlackenstoff, zu Gift. Aber auch das Neue, das nicht aufgenommen und dem Organismus angeglichen werden kann, bleibt unverwertbar, ist wertlos. Der Metabolismus speichert ein Wissen darum, was wie aufgespalten und so dem Organismus zugeführt wird. Bei dem Metabolismus des Bewußtseins, der einen Austausch zwischen Wahrnehmung und Sinnordnung leistet, könnten wir an Stelle des Aufspaltens von Aufschlüsselung oder Entschlüsselung sprechen. Das Wahrgenommene, die neuen, potentiell nährenden geistigen Inhalte werden in eine Form übersetzt, die das verarbeitende Organ der Erkenntnis verstehen und umsetzen kann.

Ist das Labyrinth Abbild für einen solchen Meta-Bolismus-Aspekt des menschlichen Bewußtseins?

Ist das Labyrinth ein Symbol, das das Neue mit dem Alten zusammenführt und durch den Diabolus in der Mitte die Metamorphose, den Überschlag und die Umwandlung in eine radikal neue Form, möglich macht?

Die Eigendynamik des Labyrinths: Vortex und Paradox

Ebenso wie der Metabolismus des Organsimus eine autonome Steuerung, sozusagen seine unwillkürliche Eigendynamik hat, ebenso weist das Labyrinth eine Dynamik auf, die dann unmittelbar erfahrbar wird, wenn man die gewundenen Wege nachgeht, oder mit dem Finger nachfährt und dann selbst zeichnet.

Abb. 21: O.Schärli, Aarau, 1992, S. 129

Es entsteht eine Schwingung, eine Rhythmik. Ebenso wie der erfahrene Schwimmer weiß, daß es keinen Sinn hat, gegen die Strömung eines Strudels anzukämpfen und im Kampf seine Kräfte zu erschöpfen, so weiß der Labyrinth-Gänger darum, daß es wie bei einem Strudel einen Punkt gibt, an dem sich die Dynamik umkehrt, nachdem sie für einen Augenblick und eine Ewigkeit zum Stillstand gekommen ist.

Matrix:

Dies ist der Umkehrpunkt, von dem Bewußtseins-Reisende erzählen, er sei außerhalb der Zeit und doch in ihr enthalten.

Tanzritual der Windrose

Wenn Du allein bist, kannst Du für die vier Windrichtungen vier Symbole finden. Gegenstände, die einerseits stellvertretend für die Bedeutung der vier Marksteine stehen, andererseits tatsächlich die vier Punkte eines Kreises markieren. Du kannst einen Steinkreis darum legen, Du

Abb. 22: Indisches Diagramm, Sammlung Ravi Kumar, Paris

kannst auch eine Schnur legen. Du kannst Dir den Kreis und auch die Marksteine aber auch nur in der Vorstellung einprägen, und Dich in die Mitte versetzen, Dich solange in dieses Gefühl hineinversetzen, bis Du Dich wirklich als Vermittler der vier Windrichtungen fühlst.

Wenn Du in einer Gruppe bist, kannst Du nun die Gruppe mit deren Einverständnis dazu benutzen, für Dich einen rituellen Rahmen zu bauen, indem Du den Kreis durch die Gruppe besetzt, nachstellst und vier Marksteine in Form von vier Personen auswählst, die Dir markante Zeichen geben, um die Windrichtungen zu repräsentieren. Du kannst bestimmt Sätze, die Dir zugerufen werden sollen, bestimmte Gesten finden, oder um bestimmte Bewegungen bitten, die nun synchron von vier Seiten auf Dich eindringen, während Du in der Mitte Dich zu drehen beginnst.

> *Soweit das Bewußtsein sich ausdehnt, soweit durchmesse ich die Bewußtseinsräume: Ich bin es, der die Wirklichkeit wahrnimmt.*

Übung: Das Karussell auf die Reihe bringen.
Es kann nun sein, daß durch die Drehung ein Zustand eingetreten ist, den man gerne "Karussell" nennt und der meist die Folgen eines Taumels oder, um genauer zu sein, der Trunkenheit bezeichnet. Bezeichnenderweise hat man hier drehende Bewegung als Symbol für diesen Zustand des Durcheinander gewählt. Es geht nun darum, die kreisförmige Bewegung aufzurollen wie ein Papier, das gerollt wurde und die Gestalt einer Rolle annahm. Stelle Dir also vor, der Kreis sei schon immer eine gerade Linie gewesen und es gelte nun, diese Eigenschaft der geraden, linearen Ausrichtung Wirklichkeit werden zu lassen. Unwillkürlich wechseln wir dabei die Ebenen: Aus der zyklischen Zeit der ständigen Wiederholung wird eine lineare Zeit, wie wir sie aus der Geschichte oder den Geschichten kennen.

Abb. 23: Das Antlitz Humbabas, des verschlingenden Monsters: Die Peristaltik des Ungeheuers als Reiseroute für Bewußtseinserweiterung? (Hoffman 1992, S. 239)

T.S. Eliot nennt ihn *he still point,* den ruhenden Punkt und die Upanishaden berichten von ihm als dem Punkt, an oder in dem Tänzer und Tanz eins werden, so daß da nur mehr Tanz und kein Tänzer mehr ist. Jede willentliche Steuerung, jedes Machen, jede ichhafte Kontrolle ist nun aufgegeben worden, und alles geht von selbst .

Die Dynamik des Vonselbst :
Das Selbst hat jene Steuerung übernommen, der das Ich wohl staunend zusehen kann, das aber eine ihm innewohnende Dynamik entfaltet. Die Willensbewegung, die Motivation und Mobilisation des Reisenden ist abgelöst worden durch diese Dynamik, die weiterführt. Jeder kennt das: Plötzlich nimmt das Geschehen, der Prozeß eine Eigengesetzlichkeit an. Man kann es als Macht des Schicksals sehen, und darunter ohnmächtig leiden, oder es auch als geeignetes Transportmittel in neue Bewußtseinsbereiche erkennen und benutzen.

Kulturhistorische Zeugnisse aus verschiedenen Kulturen zeigen die Schlange mit ihren Schlangenlinien als Symbol einerseits einer bestimmten schwingenden Dynamik, andrerseits einer Kontinuität, die eine sinnvolle Verbindung herstellt zwischen Anfang und Ende. Weitverbreitet ist die Schlange, die die Toten aufnimmt und weitertransportiert. Auch wenn zum Beispiel in den altägyptischen Grabdarstellungen die Sonnenbarke das Transportmittel ist, so findet sich meist die Schlangenlinie als Ornament beigegeben, wie um auf einen früheren Glauben und dessen rhyhthmisch- dynamischen Ausdruck hinzuweisen.

Das ist das Paradox:
Man übt seinen Willen aus, indem man ihn aufgibt. Man läßt sich hineintreiben, umhertreiben, hinaustreiben. Alles hat Bedeutung, hat Sinn. Ein größerer Willen tut sich kund. Er offenbart sich in der Eigendynamik. Er macht Sinn . Er wirkt als Zeichen, weist über sich selbst hinaus und führt. Das Paradox ergibt sich aus dem bewußten Nicht-Wissen, dem kontrollierten Kontrollverlust, dem Gewinn durch Verlust:

Ist die sogenannte *Occulus Spirale* (so benannt, da sie in ihrer Doppelform an ein Paar Augen erinnert) Einstimmung auf das Paradox? Meist wird sie als Abwehrzauber und Schutz-Symbol gedeutet, die den Uneingeweihten abhalten soll, in den sakralen Raum einzutreten. Könnte sie aber nicht zugleich auch ein wirksames Mittel zur Einstimmung auf die paradoxale Dynamik dienen?

Schon beim Betrachten wirkt sie anziehend und abstoßend zugleich, einsaugend wie austreibend, und eben durch dieses Hin und Her zwischen den Gegensätzen als extrem mobilisierend - schon bin ich mitten in ihre Dynamik eingetaucht: Der Reiz hat gesiegt, und wenn es auch der Reiz der Abwehr und Abstoßung ist. Mein Gehirn nimmt den Reiz als willkommene Abwechslung auf - fehlt nur, daß meine

Abb. 24: Grab von Sety I., Tal der Könige, Theben-West, Ägypten, 2. Jt.v.Chr.

Da geschieht erst das, dann das, dann das. Eins nach dem anderen. Da ist nicht Süden und Norden gleichzeitig präsent, sondern da geschieht die Fahrt von Süden nach Norden. In Deinem Tanz gehst Du diesen geraden, eindeutigen Verbindungslinien nach, und es entstehen Stationen. Da ist die Station Süden, die Vergangenheit, die Station Norden, die Zukunft, da ist die Station Westen, Versöhnung, die Station Osten, Begeisterung. Dabei sind diese meine Zuordnungen jetzt nur Beispiele, wie Du Stationen in Deinem Leben markieren kannst. Es gibt viele Zuordnungssysteme, die genau diesen Versuch unternehmen: Ordnung in das horizontal gleichförmig verlaufende Leben zu bringen.

Jede Bedeutung, die Du einem Ereignis zumißt, ist ein solcher Versuch. Du findest solche Systeme in allen Orakeln und Künsten der Wahrsagerei, des Kartenlegens, in allen Ritualtänzen, die sich nach einer kosmischen Ordnung ausrichten möchten. Du kannst Dein System erfinden, Du kannst aber auch ein System, das Dir vertraut ist, benutzen und es austanzen. Der Vorteil, dies in einer Gruppe zu tun, besteht darin, daß die Gruppe Dich in Deiner Inszenierung unterstützt und Dir später eine Rückmeldung gibt über Deinen eigenen Tanz.

Mein Körper ist und bleibt eine Einheit, Ganzheit: Ich kann physisch, optisch, akustisch und kinästhetisch erfahren, wie meine Wahrnehmung sich ausdehnt und mich dadurch noch mehr als Einheit und Ganzheit verkörpern läßt.

Tiraden-Übung: Gesichtskreise, Kreisläufe

In dieser Übung finden sich drei zusammen, und alle drei bewegen sich gleichzeitig. Sie sind ganz bei sich selbst, bei ihrer Eigenbewegung, und dennoch nicht in sich verschlossen. Jeder ist so wach und offen, daß er einerseits das, was ihn selbst bewegt, andererseits das, was den anderen bewegt, gleichzeitig wahrnimmt. Jeder ist ganz ausgeglichen mit seiner Aufmerksamkeit verteilt sowohl auf das, was innen, als auch das, was außen geschieht.

Wir beginnen mit dem Stand: Der Körper ist aufgerichtet und gleichzeitig entspannt, er ist im Lot, in der vertikalen Achse eingespannt, in der vertikalen Verbindung von Himmel und Erde: Keine überflüssige Anstrengung und Halte-Arbeit ist erforderlich, wenn dieses Bild sich im Körper eingerichtet hat. Nun beginnen die drei Achsen zu drehen. Die Arme schwingen um die Achse, jeweils einen Halbkreis beschreibend, mit zunehmender Beschleunigung heben sie sich, ohne gehoben zu werden, wie die Kettensessel eines Kettenkarussels von der Zentrifugalkraft hinaus in die Horizontale getragen werden. Dabei werden die Knie noch durchlässiger für den Atem, der Kopf fühlt sich getragen vom Rumpf, schwimmt obenauf, wie ein Wasserball auf dem Wasser. Und das Bewußtsein sitzt in einem der Sessel und läßt sich spazierentragen.

Du bist ganz weg und bist ganz da: Du folgst der Zentrifugalkraft, die Dich ausfliegen läßt, und der Zentripetalkraft, die Dich in der Mitte sammelt, die Ruhe bewahrt. Beide Kräfte heben sich nicht gegenseitig auf, sondern wirken zusammen, verstärken sich: Je weniger Du Dich für die eine oder die andere entscheidest, sondern beide in Dir, in der Bewegung vereinigst, desto weniger mußt Du arbeiten. Jetzt ist die Bewegung so mühelos, so selbstverständlich geworden, daß Du noch eine dazu nehmen kannst: Das Körpergewicht verlagert sich von einem Fuß auf den anderen, ohne daß der Körper, wie beim Walzer etwa, den Schwung des Hoch-Tief ausführt.

Der Körper in seiner Mitte bleibt bewegungslos inmitten der Bewegung. Du könntest ein Tablett dabei auf dem Kopf tragen. Die Schritte werden gleich erklärt: Zunächst stellst Du Dir nur vor, wie sie mit ganzen Sohlen über dem Boden schleifen (als hätte man Pantoffeln an), wie sie über ihn hinwegschleifen wie über schimmerndes Parkett, oder wie über Wasser. Der Blick ist weich und weit und offen. Auch er fährt Karussell.

Augen sich in konzentrischen Kreisen zu drehen anfangen wie die Augen von Mougli, das Kind aus dem Dschungelbuch, das der Schlange Ka begegnet und dem hypnotischen Zauber ihrer Ringelkreisaugen verfällt, d.h.: Selbst im ekstatischen Gleichklang pulst und schwingt.

Vortex heißt Strudel

Der Mystiker Blake zeichnet solche Strudel (Siehe S. 35), die die ahnungslose verlorene Seele in einem Astral-Treiben erfassen und vom rechten Hauptweg der intelligenten Evolution abbringen können. Es sind Strudel, die in eine Richtung immer weiter einspinnen und ihre Opfer nicht mehr für die erlösende Dynamik freigeben. Diese Strudel mobilisieren zwar, aber sie verdichten sich zu einem unauflöslichen Knoten-Endzustand, aus dem es keinen Ausweg mehr gibt. Ob damit die Verhärtungen und Fixierungen unseres Bewußtseins durch blockierte Lebensenergie gemeint sind?

Die Hölle wäre dann ein solcher Ort des Endzustandes unauflösbarer Fixierung, die einer Besessenheit gleicht: Kein Austausch mit dem allgemeinen Strom von Lebensenergie und kosmischer Intelligenz findet mehr statt. Die Hölle ist wirklich, wie Sartre es in einem Theaterstück nennt, ein Raum mit geschlossenen Türen.

Gleichzeitig bietet sich ein flexibler Optimismus als Leitfaden an. Flexibilität heißt: Im Fließen bleiben. Und Optimismus ist hier nicht nur Glückssache oder persönliche Stimmung, sondern eine Disziplin. Es geht um die Disziplin, der Entropie des Pessimismus entgegen zu wirken, sich nicht gehen zu lassen, Opfer des entropischen Vortex zu werden, sondern sich am Ariadnefaden des hoch angesetzten Ziels, am Optimum festzuhalten.

Im Ohren-Labyrinth: Horchen, Gehorchen

Das Gehirn macht alles mit: Es paßt sich an, indem es hungrig nach Reizen alles aufnimmt, was ihm geboten wird. Das Gehirn will unterhalten sein: Es absorbiert alles, genau wie ein trockener Schwamm jede Form von Flüssigkeit aufnimmt. Kein Wunder, wenn da nicht durch die Geschichte der menschlichen Bewußtwerdung hindurch immer wieder Warnungen aufgestellt und, da diese vielleicht nicht fruchteten, erst Gebote und dann Verbote aufgestellt wurden.

Die Verbote (z.B. durch die Kirchenväter, sich nicht besinnungslos in Trance zu tanzen, also Tanzverbote) mochten also durchaus ihren Zweck gehabt und gut gemeint gewesen sein. Sie hat aber die Empiriker nicht davon abhalten können, es auf eigene Faust zu versuchen, und so steckt in dem altgriechischen Wort *em-peiros* = kundig, erfahren auch die Wurzel des Wortes Pirat.

Das Gehirn als Pirat auf der hohen See der Erfahrungen?

So könnte das Labyrinth eine Art Seekarte für ozeanische Untiefen sein.

Eigenartig, wie sehr diese Seekarte der Anordnung des Ohrs gleicht, und das Innenohr selbst Labyrinth genannt wird! Verweist die labyrinthische Karte auf ein Gesetz hin, dem es zu gehorchen gilt?

Heilung durch Hören geschieht z.B. in der Klangtherapie nach Tomatis. Das wichtigste Organ der Menschwerdung ist das Ohr. Das Hören ist unser am frühesten entfalteter Sinn. Schon nach sechs Wochen ist das Ohr des Fötus weiter entwickelt als alle anderen Organe. Deshalb ist die Basis aller unserer Erfahrungen der Klang des Leben, also die durch den Körper der Mutter vermittelte Welt der Geräusche. *Durch Klänge, die an unsere Kindheit erinnern,*

Die geschauten Gegenstände in der Außenwelt gleiten durch das Blickfeld, hinterlassen Schleifspuren. Aus dem punktuellen Abhaken des fixierenden Blicks wird eine Art Silberblick, die Dinge werden mehr zu Bahnen und Spuren. Du brauchst nicht auf Deine Füße zu schauen, um Schritte zu machen, Deine Füße bewegen sich von selbst, das Bewegungsgefühl verstärkt sich durch diese weiche Art des Schauens. Die Füße machen Schritte, aber diese Schritte sind eigentlich gar keine Schritte, sondern Zutaten zu einem Bewegungsbrei: Während Du zunächst nur von links nach rechts und von rechts nach links Dein Gewicht verlagerst, weitest Du diesen Grundschritt nun noch aus, indem Du einen Wechselschritt hineinflichst, und genau wie beim Kunststopfen soll das Hinzugefügte nicht auffallen, nicht sichtbar sein, sich ganz einfügen in das Bewegungsgewebe, so daß es kaum mehr als eigene Bewegung zu unterscheiden ist.

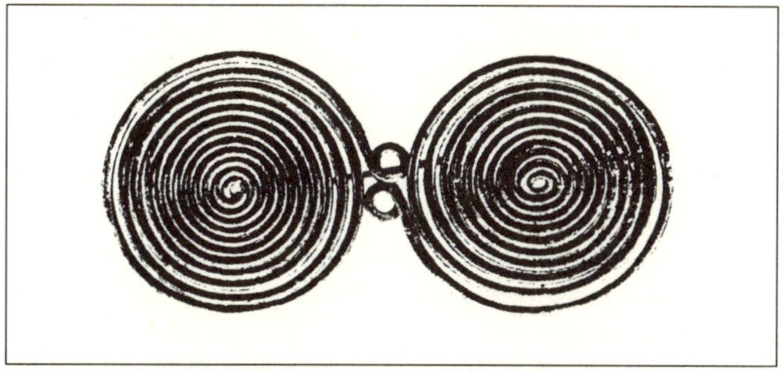

Abb. 25: Bronzedrahtspange, Griechenland. 10. Jh. v. Chr., Fletcher Fund, 1937. Metropolitan Museum of Art, New York.

Das Schrittmuster ist also: Rechts, links, rechts, links, rechts, links und: Innen, außen, innen, innen, außen, innen, also mit dem Körpergewicht immer innen bleibend, die Außenschritte nur dazunehmend als wolltest Du immer mehr Anlauf nehmen um immer mehr zu beschleunigen um immer flüssiger zu werden: So als hättest Du nicht einzelne Beine, sondern ein gut geöltes Laufwerk, das Dich fortbewegt. Nun weitet sich der Halbkreis zum Dreiviertelkreis aus. Wichtig ist, daß Du beim Umkehrpunkt nicht kleben bleibst, daß Dein Flug stetig bleibt und auf gleicher Höhe - keine Bergfahrt und keine Talfahrt, sondern eine Gratwanderung entlang der Grenze. So kannst Du Dich in der Form loslassen, Dich der Bewegung überlassen, Deine Wahrnehmung erheben frei und unbelastet wie ein unbeschriebenes Blatt, in dem die Jetzt-Punkte ihre Schriftzeichen setzen und wieder löschen. Zeit vergeht. Und Du reitest obenauf wie ein Wellenreiter auf der Welle.

Und aus dieser Haltung heraus nimmst Du nun die anderen zwei wahr; Du siehst sie garnicht richtig, Du nimmst sie wahr als Gegenwart. Du stellst Dir vor, wie Deine Fingerspitzen an ihrem Bauch entlangstreifen, vielleicht kitzeln, und spürst, wie ihre Fingerspitzen in ihrer vorgestellten Verlängerung Dich an Deinem Bauch berühren, vielleicht kitzeln. Du spürst Wärme im Bauch, wenn Du Dich auf den Bauchraum konzentrierst. Und Du spürst, wie Deine Wärme sich mit der der anderen vermischt, als würde eine Bauchebene aufgeschlagen werden, und dort spiele sich ein reges Treiben ab. Aber auch dieses Treiben bleibt in sich ausgeglichen, ausgeglichen in Anziehung und Abstoßung: Du spürst, wie die Wärme Dich zum anderen hinzieht. Gleichzeitig spürst Du, wie die Wärme ein Raum für sich aufbaut, plastisch macht, sich zwischen Dich und den anderen drängt, also Dich auch trennt.

Dann kann die Ebene des Herzens eröffnet werden. Schon allein die Vorstellung, daß sich etwas im Herzen öffnet, nachgibt, weich wird, aus sich herauskommt und sich mitteilen will, bewirkt eine Wärme unter den Tänzern, die zu Ausstrahlung, zu Licht wird. Stell' Dir vor, Du badest im Licht, so daß Deine Brust sich weitet und die engen Eisenringe aufspringen können wie im Märchen vom Eisernen Heinrich. Du brauchst sie jetzt nicht mehr, um an Dich zu halten, weil Du in der Bewegungsform einen Halt gefunden hast. Der Eiserne Heinrich brauchte sie nicht mehr, als er den Froschkönig und die Prinzessin in der Kutsche zur Hochzeit fuhr - die Hochzeit ist ein

erwecken wir die archaischste Beziehung, die wir anstreben: Die Beziehung zur Mutter. Es besteht kein Zweifel. Diese Tonverbindung entsteht im Uterus. Um den gleichen Prozeß wiederherzustellen, müssen wir ein Wiederholung dieses ersten Hörens hervorrufen. Wie kommt es, daß die Natur, die so effizient in ihrer Struktur ist, die komplexeste biologische Konstruktion - das menschliche Gehirn - entworfen hat, um dann nur die Hälfte zu nutzen? Tatsächlich ist, daß mehr als 90% der sog. zivilisierten Welt nur die Linke Gehirnhälfte nutzt. Sprache, Logik, Feinmotorik und analytisches Denken ist der Preis an das Potential des Nervensystems zugunsten unserer Rechtshändigkeit. Der Rechtshänder ist der Mensch der linken Gehirnhälfte, der sich konditioniert hat, eine einseitige Sichtweise von der Wirklichkeit zu erheischen. Die rechte Hälfte ist sozusagen eine neue Welt, die betreten, erforscht und Harmonie gebracht werden kann durch optische, akustische Reize, elektromagnetische und biochemische Stimulation.

Natürlich hat es Menschen gegeben, denen der Zugang zur rechten Hemisphäre möglich war, zu ihnen zählen Mystiker, Schamanen, Schizophrene und Drogenbenutzer. *Schamanen wußten um die Wirkung eintönig geschlagener Trommeln, Rasseln und Gongs, die im Bereich niederfrequenter Thetawellen (4-7 Hz im Gehirn) einen Trancezustand erzielten. Neben optischen Lichtsignalen, die ihren Ursprung im Flammenspiel des Feuers hatten, werden heutzutage Klangwelten dazu benutzt, einen Synchronisationseffekt des Gehirns zu erzeugen.*

Hierbei ist alles ganz leicht zu verstehen. Das Gesetz des Neurons (Nervenzelle) lautet einfach: Alles oder Nichts! Intensität und Neuigkeit der Reize legen fest, wieviele Verbindungen zwischen Nachbarzellen und Hirnhälften verknüpft werden. Das Nervensystem sucht Intensität, Neuheit und Verbindung von hoher Beständigkeit (High Fidelity).

Das Nervensystem ist ein Erfahrungssüchtiger! Fortgesetzter Wechsel ist seine Nahrung, Kommunikation hoher Intensität, das Schaffen von Realität und Affinität sein sehnlichstes Verlangen. Wird durch Musik eine Vollwertkost angeboten (sprich das gesamte Spektrum an Frequenzen) schwingt das Gehirn im ekstatischen Gleichklang. Werden zudem vorwiegend hohe Frequenzen übermittelt, so dient es als Energiereservoir und Spender von Lebenskraft (diesen Effekt hat der HNO-Arzt Tomatis ausführlich beschrieben). Über das Hören erhalten wir die Fähigkeit, Zeit wahrzunehmen. Dimensionen erfahrbarer Zeit in unserem Nervensystem sind: 1. Die Intensität, 2. Die Qualität (Frequenz und Muster), 3. Die Dauer von Signalen (Rate der Wechsels). (Holler, 1989, 145ff)

Die frühe Entwicklung des Ohrs noch im Mutterleib legt die Vermutung nahe, dies könne einen besonderen Sinn haben.

Hat das Ohren-Labyrinth als besonderes Orientierungsorgan die Funktion, schon sehr früh das Horchen auszubilden, so daß diese Art von Gehorsam als organisches, autonomes und autoregulatives Biofeedback dem Bio-Computer Mensch angeschlossen wird?

Und ist die frühe Rückbindung an den Herzschlag der Mutter, den das Ungeborene bereits vernimmt, eine Regelung des Organismus, sich am Pulschlag des Universums, des Lebensstroms, der evolutionären Intelligenz zu orientieren? Könnte dieser Pulsschlag als gehörtes Symbol zu der Art von Matrix werden, zu es sich um der Orientierung willen immer wieder zurückkehren läßt, um dann, neu geboren und gestärkt, aus diesem Wiederanschluß hervorzugehen?

Das Herz selber unterliegt ja dem Prinzip der Pulsation zwischen Systole und Diastole und schwingt durch das Prinzip von Expansion und Kontraktion, wie das Universum selbst.

altes Sinnbild für die glückliche Vereinigung zweier gegensätzlicher Kräfte.

Und dann kannst Du die Ebene der Augen und der Stirn erforschen, es ist gar nicht notwendig, dem anderen tief in die Augen zu schauen, um die Tiefe seines Wesens zu ergründen. Es ist dieser leichte Blick im Darüberhinweggleiten, aus dem flüchtigen Winkel, dieser Blick, der sich in Gesellschaft weiß. Vielleicht spürst Du eine blaue Kühle an der Stirn, und Du weißt Dich in Gesellschaft anderer Reisender, tief entspannt und hellwach im Kopf; Deine bewegte Gegenwart unterstützt, ja, erhöht die Reisefreuden der anderen.

Keiner kann dem anderen etwas wegnehmen oder zuschieben: Die Form entsteht durch gemeinsames Tun und erhält sich selbst. Für die Phase des Abschlusses ist es besser, einen Vierten damit zu beauftragen, ein für alle gemeinsam verbindliches Stop abzugeben, so daß die Tänzer gleichzeitig ausschwingen und schließlich zum Stehen kommen. Alle drei lassen die Erfahrung im Stehen einige Augenblicke lang noch auf sich wirken, legen sich hin, tauschen sich aus.

> *Entwicklung heißt das Überflüssige abwickeln, so daß letztlich die ursprüngliche Vision sich verkörpert: Ich bin ein lichtes leuchtendes Wesen, ich erstrahle in diesem Fühlen, Wissen und Wollen.*

Trance-Induktion: Einwickeln - Auswickeln

Du stehst entspannt, stellst Dir vor, im Kreuz, dort wo es so oft weh tut, öffnet sich ein Fenster, und Du fliegst aus. Du wartest auf den Impuls, im Kreuz hinten weich zu werden, genau da, wo Du Dich meist so sehr verspannst, um durchzuhalten, genau da läßt Du Dich nun von einem Impuls abholen, daß es sich anfühlt, als würdest Du gleich Dein jetziges Gleichgewicht verlieren, nach hinten wegkippen, aufgeben, fallen. Du fällst also nach hinten, aber nicht ganz: Du fängst Dich mit einem Rückschritt auf. Aber das reicht vielleicht noch nicht, Du mußt vielleicht noch mehr Rückschritte machen, und ehe Du Dich versiehst, ist es eine Schrittfolge geworden, die Dich nach hinten zieht, spiralenförmig Dich um eine unsichtbare Mitte Dich eindrehen läßt, wirbelst herum, immer weiter und tiefer zurück ins Schneckenhaus, bis Du Dich sicher und geborgen fühlst, da kommst Du zum Stehen. Du hast es auf den Punkt gebracht: Soweit mußtest Du zurück gehen, um ihn zu finden. Du bist zurückgekehrt zu einem Ausganspunkt, und Du spürst noch weiter zurück, spürst, was dahinter liegt: Einen Raum, eine Zeit, jenseits aller Entscheidungen, unbewußt - hier war noch alles offen und unbestimmt, in ständiger Fluktuation, nichts festgelegt. Alles war möglich in diesem violetten Reich.

Du spürst eine tiefe Ruhe, die mit höchster Erregung einhergeht wie das Flirren von Libellenflügeln. Die Zeit bewegt sich hier mit Lichtgeschwindigkeit, gleichzeitig scheint alles stillzustehen. Von hier aus, von diesem violetten Reich, kannst Du Dich nun wieder ausdrehen, zurück in die langsamer schwingenden Farben des Regenbogens, über Blau, Grün, Gelb, Orange, Rot, während Du eine Bewegung der entgegengesetzten Spirale, ein Fallen nach vorne, vorwärts zuläßt - hinein in die Farben, und schließlich bei Rot, wie bei einer Ampel, bleibst Du stehen: Dies ist die langsamste Farbe. Die roten Wünsche sind die langsamsten. Sie beharren, pulsieren vor Verlangen, hemmen vielleicht, verdichten immer, und machen uns gleichzeitig durch und durch lebendig.

Ich komme aus dem Licht, ich gehe ins Licht. Die Gestalt meines Lebenssinns wird mir offenbar.

Wenn man von der Theorie von Julian Jaynes (siehe *Der Zusammenbruch der bicameralen Psyche*) ausgeht, daß die Menschen früher eher rechts-hemisphärisch nach innen orientiert waren und die Götter als innere Stimmen erlebten, so hat sich der Wechsel zur links-hemisphärischen Hirnlastigkeit mit dem Vorrang des analytischen Denkens so ausgewirkt, daß die Menschen zwar mehr nach-dachten und kausal folgern lernten, jedoch den Gehorsam sich selbst gegenüber, das Horchen auf den kosmischen Pulsschlag verloren.

Könnte es sein, daß das Labyrinth eine Synchronisation beider Hemisphären bewirkt? In der Labyrinth-Erfahrung ist sowohl das Horchen nach innen ebenso wie das Motiv, nach außen zu gehen, sich zu ent-wickeln, vertreten. Das Nachaußengehen setzt eine analytische Denktätigkeit voraus, die genau analysiert, was das Ziel des Optimums sein könnte und, als "seines Glückes Schmied“ die Bedingungen dafür berechnet, die Optionen unterscheidet und bewertet, um dann die optimale Realität zu konstruieren.

Gehorsam erhält in diesem Bezug eine ganz andere Bedeutung als gewöhnlich: Es ist nicht blinder Gehorsam einer äußeren Autorität gegenüber, sondern eine Kontaktaufnahme mit dem inneren Wissen und der inneren Weisheit, die immer schon da ist, sozusagen als genetischer Code und kosmisches Geschenk - die nur darauf wartet, angesprochen zu werden.

Das Labyrinth als non-verbales Rätsel

Die non-verbale Ebene des Gehens, Tanzens, Irrens und Wandelns führt weg von Argumenten, Fragen, Widersprüchen, Zweifeln, auch weg von inneren Sätzen, die man sich ständig einredet. Sie führt weg von dem inneren Gerede, das ständig weiterläuft und die gewohnheitsmäßige Einstellung zu sich selbst und zur Welt in einem autosuggestiven Feedbackschleifen wiederkäut, bis alles nur mehr davon ausgefüllt ist, nichts sonst mehr Platz hat, keine Wahrnehmung mehr stattfinden kann und kein wirklicher Austausch mit der Außenwelt. Die non-verbale Ebene des Atmens, des Rhyhthmus, der Bewegung fordert das körperliche Sicheinlassen auf einen Prozeß. Je mehr der Körper beschäftigt ist, desto größer ist die Chance, daß das innere Gerede nur mehr die zweite Stimme spielt und vielleicht dann einmal ganz verstummt.

Meditationspraktiken nicht nur aus dem fernen Osten, sondern auch in der christlichen Tradition machten sich dies zunutze: So sind die Pilgerfahrten, Prozessionen, das Gehen in Kreuzgängen, das Singen, das monotone Abbeten von Rosenkränzen und Litaneien als Trance-Induktionen zu verstehen. Es sind non-verbale Techniken, die oft zu mystischen Einsichten und ekstatischen Erlebnissen, zu einer Vertiefung und Verinnerlichung des Menschen führen. Um diese außergewöhnlichen Bewußtseinszustände aber nicht beliebig und willkürlich zu einem profanen High-Erlebnis werden zu lassen, bedarf es Sinn-Strukturen, die als Art Landkarten des Bewußtseins und als Reiserouten zu nehmen sind.

Früher waren es Kosmologien, die diese Funktion hatten: Sie teilten das Bewußtsein des Menschen Sphären auf,

Trance-Induktion: Vom Spiralwind erfaßt ins All hineinpurzeln

Du liegst bequem auf der Seite, Knie so weit wie möglich angezogen, alles an Dir ist entspannt, der Kopf ist wach. Es beginnt mit einem Purzelbaum, mit einem Purzelbaum rückwärts, den Du Dir nur vorzustellen brauchst. In Deiner Vorstellung ist Dein Rücken so rund, daß er garnichts anderes kann, als nach hinten zu purzeln und zu purzeln und zu purzeln. Mag sein, daß im Laufe der Zeit Dein Rücken steif geworden ist wie ein Brett, knotig, knorzig, spröde, aber das gilt jetzt nicht für Deine Vorstellung vom Rücken: Er ist immer noch oder schon wieder wie Dein Rücken als Kind, als Du Lust hattest, Dich nach hinten ins hohe Gras fallen zu lassen, eine Wiese hinunter, immer weiter, denn als Du einmal den Purzelbaum entdeckt hattest, warst Du nicht mehr zu halten. Mag auch sein, daß es in Wirklichkeit nie so gewesen ist, aber jetzt ist es, in Deiner Phantasie.

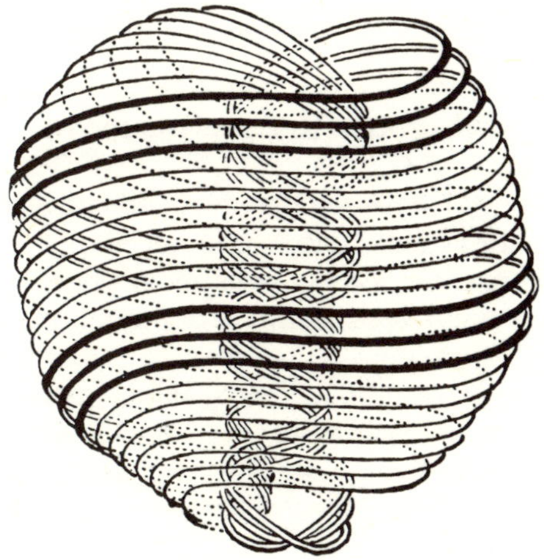

Abb. 26: C.W.Leadbetter, Die Chakras. Bauer, Freiburg 1965

Ein Wind erfaßt Dich und trägt Dich fort. Ein Wirbelwind, der Dich ins All purzeln läßt: Du bist nun der Schwerkraft enthoben. Du bist von Sternen umgeben, Sterne vor Dir, Sterne hinter Dir und Du, ein kleiner Lichtpunkt unter vielen. Du bist immer kleiner und kleiner geworden dabei, zusammengerollt zu einem Punkt, einer unter vielen, Sternenstaub.

Doch bevor Du Dich ganz aus dem Staub machst, erregt etwas Deine Aufmerksamkeit, etwas fällt Dir ein: Deine Eltern sind dabei, Dich zu zeugen. Und es kann sein, daß Du jetzt wieder jenen Impuls verspürst, den Du damals verspürst hast, als Du Dich entschieden hast, auf die Welt zu kommen: Angezogen von etwas, voller Verlangen, neugierig, lustvoll, und das ist kein Gedanke, den Du jetzt denken mußtest, sondern vielleicht mehr eine Ahnung: Schemenhaft, ohne genaue Gestalt - und es kann sein, daß Dir eines Tages plötzlich einfällt, warum Du hier bist.

Leben: Sich in Umlauf bringen, kreisen lassen, die Gestalten sich zu Kreisläufen zusammenschließen lassen: Energie pulst durch uns hindurch.

Ritual der zwei großen Kreisbewegungen

Die Regeln des Rituals werden zuvor erklärt, so daß Zeit und Raum für Improvisation gegeben sind.

Die Teilnehmer liegen gemütlich in einem Nest, das sie sich am Rande des Raums - der möglich groß sein sollte - gebaut haben. Das Nest ist ausgestattet mit Gegenständen, die einen sich zu Hause fühlen lassen: Schöne Tücher und Decken in den Lieblingsfarben, warme Socken, Bilder, Gerüche, Geschmäcker ... eine Kerze, ein Glas Wein, ein Walkman?

Die Teilnehmer sind sich darüber bewußt, daß sie immer Teilnehmer sind, egal, ob sie aufstehen und sich bewegen, oder lieber im Nest bleiben und zuschauen

die sich nur zum Teil dem normalen Sterblichen eröffneten. Als Meditationsvorlage jedoch gaben sie ihm das Gefühl, alles sei an seinem Platz und in Ordnung, da alles in einer größeren, übergeordneten Ordnung sei. Darin konnte sich der mittelalterliche Mensch zu Hause fühlen, die Kraft im Kraftfeld lokalisieren.

Diese Landkarten mögen auf uns statisch wirken. Vielleicht tun wir uns schwer, an solche Sphären zu glauben . Wir machen den Fehler, sie als Lokalitäten aufspüren und ihre Existenz beweisen bzw. widerlegen zu wollen. Bestes Beispiel ist der Ausspruch des russischen Astronauten, der sagte, er hätte Gott im All nicht entdecken können. Ähnliches wurde von den ersten Ärzten gesagt, die die Kunst des Sezierens ausübten: Sie sagten, sie hätten die Seele nicht gefunden. Das klingt naiv, spiegelt jedoch die verbreitete Vorstellung wieder, da draußen gäbe es etwas, das so ist, wie es ist.

Entgegen dieser Vorstellung behauptet z.B. der Buddhismus, der mehr eine Philosophie als eine Religion ist, daß sich die Wirklichkeit herstellt. Sie hat also einen dynamischen Aspekt, insofern sie sich von dem Bereich des Noch-Nicht-Manifestierten hin zu dem Bereich des hier und jetzt Sichmanifestierenden, zubewegt. Auch die abendländischen Mystiker sind sich einig, daß es einen Bereich des normalerweise nicht Sichtbaren gibt, ebenso wie eine Verbindung zwischen der Welt, wie sie ist, und der Welt, wie sie werden wird.

Trance-Reisen haben die Funktion, uns mit dieser unsichtbaren Welt der Möglichkeiten zu verbinden, um unsere Entscheidung wirklich bewußt zu treffen. Schon der Gedanke hat Keimcharakter: Er ist eine Saat, die wir sähen, und diese Saat wird später aufgehen, und sich als objektive (also uns gegenübergestellte) Wirklichkeit zeigen. Ebenso wie der Keim in der Erde nicht sichtbar ist, so ist das Wirken der

Kräfte, die später Wirklichkeit komponieren und konstruieren, unsichtbar.

Der Mond mit seinen phasen-bedingten Formen von Null, schmaler Sichel, vollem Rund und wieder Sichel, Null ist zum Anschauungsbild und Symbol für Veränderlichkeit geworden. Inwieweit diese Veränderlichkeit Ängste auslöst und sich assoziativ mit Unberechnebarkeit verbindet, zeigt die Verbindung des englischen Wortes *lunar* (mondbestimmt) und *lunatic* (geistesgestört, irre, auch traumwandlerisch).

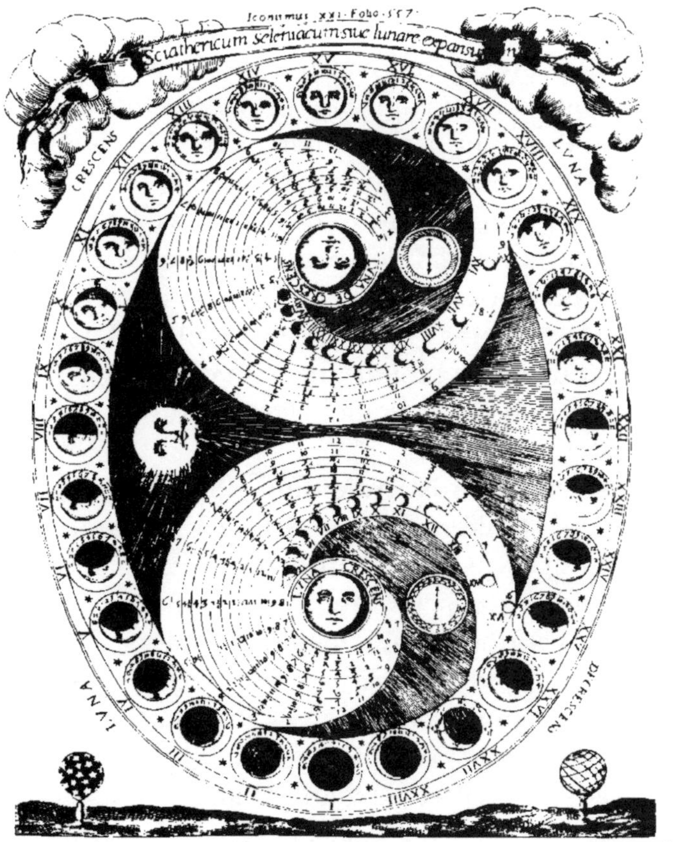

Abb. 27: A. Kircher, Die Phasen des Mondes, Deutschland 17.Jh.

wollen. Eine gleichförmig treibende Trommelmusik kann den Einstieg in das Laufen erleichtern, doch die Bewegung kann auch aus der Stille, ganz aus dem eigenen Impuls entstehen, nur von der eigenen Stimme begleitet, dies ist zwar schwerer, aber auch viel intensiver und persönlicher. Es bildet sich ein enger Kreis von LäuferInnen, der durch den Sog und die Beschleunigung der Vorwärtsbewegung, des hineinfallenden Vorlaufens bestimmt ist. Dieser Kreis zieht sich enger, während sich am äußeren Rand Ablagerungserscheinungen zeigen. Auch der schnellste Fluß hat seine Windungen und Kurven, seine Mäander, innerhalb derer sich Schlieren, Ausbuchtungen, Sandbänke und Strände bilden. Die laden dazu ein langsamer zu tun, sich auszuruhen, auszuscheiden aus dem großen Vorwärtsfluß, sich abzusetzen, träge, schwer und massig zu werden, sich zur Ruhe zu setzen.

Und dann kann es sein, daß so etwas wie ein Rückfluß entsteht, ein Schwimmen gegen den Fluß, nicht ein Vorwärts-Stürmen, sondern ein Nach-hinten-fallen. Bald entsteht auch in dieser Bewegung eine Eigendynamik, die die Rückläufer nach hinten gleiten läßt wie ein Boot auf einem träge dahintreibenden Strom, so daß nun zwei Kreise vertreten sind, zwei Bewegungen: Vor und innen, rück und außen. Du kannst jederzeit wechseln, ganz wie der Impuls Dich führt. Was ist das Vorwärts für Dich, wie fühlt es sich körperlich an, welche Bedeutung verbindest Du damit? Und was ist das Rückwärts für Dich? Welche Bilder tauchen auf, welche Erinnerungen, Bewertungen, Beurteilungen, Deutungen? Willst Du dieser momentanen Ausrichtung mehr Nachdruck verleihen, sozusagen einen Knoten ins Taschentuch machen, um den Impuls, den Fluß in Deinem Bewußtsein fest zu verankern, Gestalt werden zu lassen, so drehst Du Dich im Laufen oder Fallen einmal um Deine Achse, um Dich selbst: Das ist wie ein Schnörkel, der verziert, eine Schlaufe, die ausholt, einen Punkt, den Du setzt, ohne anzuhalten. Jeder Punkt eine bewußte Entscheidung, eine Gestalt, lange bevor Du dazu kommst, darüber nachzudenken, taucht als Bedeutung in Deinem Bewußtsein auf, vielleicht.

Bei diesem Ritual sollte kein gemeinsames Stop gegeben werden, sondern jeder solange in der Bewegung bleiben dürfen, bis er sich ganz ausgetanzt hat. Wichtig ist, daß alle Teilnehmer bis zum Schluß mit ihrer inneren und äußeren Anwesenheit dabeibleiben.

Trance-Induktion: Geburtstagsreise

Es ist Dein Geburtstag. Dein allererster Geburtstag am Punkt null, der Tag, an dem Du das Licht der Welt erblickt hast. Aber noch ist es nicht soweit. Du bist noch im Bauch Deiner Mutter, und so wie Du da liegst, so weich und warm und gut aufgehoben, scheinst Du nicht zu wissen, daß Du hier raus mußt, und zwar sehr bald. Du liegst in embryonaler Haltung, auf der Seite eingerollt, Du hast es Dir bequem gemacht. Der Raum ist verdunkelt worden, es ist warm, im Hintergrund spielt leise Musik, die Dich in eine Stimmung versetzt, wie Du sie vielleicht aus glücklichen Ferientagen kennst - für eine Zeit lang wird nichts Dich stören und unterbrechen: Du fühlst Dich getragen, das Meer ist körperwarm und sehr salzig, so daß es Dich vollkommen trägt. Der leichte Wellenschlag wiegt Dich hin und her und kein Hindernis ist weit und breit, so daß Du Dich genüßlich ausdehnen kannst. Während Du so liegst, hast Du das Gefühl, die Weite des Alls zu durchmessen und überall zu Hause zu sein.

Und während Du, unendlich lang, so scheint es Dir jetzt, Dich in dieser himmlischen Ruhe badest, in Sicherheit wiegst, ist da doch etwas im Hintergrund Deines Bewußtseins, das Widerstand bietet. Es ist etwas in Dir, was dem Frieden nicht traut, und es fühlt sich an wie eine Grenze: Du kannst sie spüren diese Grenze, und wenn Du dorthin spürst, kommt sie auch gleich hautnah heran. Plötzlich kommt es Dir, daß Du vielleicht selbst diese Grenze bist, und sofort fühlst Du Dich in Deinem Körper beengt, spürst die Haut, zum Ausfahren bereit, spürst die Konturen Deines Körpers, als ob sie am Himmel anstießen und Dir keinen Platz mehr ließen. Unvermittelt ist die Welt klein geworden, hat sich der Himmel zugezogen mit einer bleiernen Wolkendecke, die auf Dir lastet, und das

Das muß nicht immer so gewesen sein: Auch in der abendländischen Philosophie gab es eine Entscheidung zwischen Prozeß und Struktur, zwischen Dynamik und Statik, wobei letztere siegte.

Noch der griechische Vorsokratiker *Heraklit* geht von einem fließenden Weltbild aus. Der erste Nachsokratiker, *Plato*, Schüler des *Sokrates*, ist hingegen voller Angst, aus der Schattenhöhle der Chimären und Illusionen nicht mehr zeitlebens herauszukommen und baut sich ein Jenseits der ewigen Ideen. Wenn heute sowohl in Philosophie wie auch in der psychologischen Praxis und Therapie eine Rückkehr zu einem dynamischen Weltbild und Wirklichkeitsverständnis gefordert wird, ist es nicht nur, weil ein paar Hippies Drogen genommen und die Materie als Spiralnebel gesehen haben, oder Physiker das Atom an sich nicht dingfest machen konnten und immer mehr abglitten in ein Universum energetischer Muster. Es ist auch nicht, weil Buddhismus "in" ist, sondern einfach deswegen, weil es sich als Angst abbauend und entscheidungsfördernd erwiesen hat, den Menschen als verantwortlich für sein Schicksal, tatsächlich als seines Glückes Schmied anzusprechen. Wir leben in einer Zeit, da sich Demokratie, Herrschaft des Volkes, bewähren soll.

Was also ansteht, ist Anleitung und Ermunterung zu selbständigem Denken als Basis zu unvoreingenommener Wahrnehmung. Was es außerdem braucht, ist Bildung - nicht die Bildung des Bildungsbürgertums, sondern Bildung, die als Orientierung in einer ständig und immer schneller sich verändernden Wirklichkeit Orientierung schafft. Die humanistische ebenso wie die transpersonale Psychotherapie haben sich eine solche Bildung angeeignet, aber noch ist sie behaftet mit dem Prädikat "Klinisch - nur für Kranke und Irre". Sie ist also als Reparatur eingeschätzt worden, und nicht als bitter nötige Prophylaxe. Die Krankenkassen zahlen erst, wenn eine psychosomatische Krankheit vorliegt und als solche bescheinigt wird.

Was ansteht, ist die Förderung bewußtseinsbildender Projekte, wie z.B. die Errichtung öffentlicher Labyrinthe, die gleich Jahrmärkten, Tanzplätzen und Festzelten zu einem Treffpunkt von Menschen, Stätten des Austauschs und der Begegnung werden können. Projekte ähnlicher Art sind schon in der Schweiz, überwiegend von Frauen, anvisiert und zum Teil realisiert worden. Frauen spielen keine unerhebliche Rolle bei der Rückgewinnung des dynamischen, lunatischen Prinzips: So soll ja die vielzitierte Labys, die Doppelaxt, dem Labyrinth seinen Namen verliehen haben, und dieses wieder ursprünglich die Wohnstätte einer Göttin gewesen sein (ausführlicher siehe unter *Spurensicherung*).

Die Labys jedoch, als Amulett von vielen Frauen als Bekenntnis zum Feminismus getragen, läßt sich als Zusammensetzung zweier Mondsicheln sehen: Zunehmender und abnehmender Mond. Und selbst wenn es nicht *wirklich* Geschichte gewesen sein soll - und was ist schon Geschichte im Vergleich zu den möglichen Geschichten - ist es auf alle Fälle eine zukunftsträchtige Vision, an der auch Männer zu ihrem persönlichen Gewinn und Wohlergehen teilhaben und teilnehmen können.

Der Merkurstab möge uns begleiten: Er ist das Symbol sich gegenseitig befruchtender Gegensätze. Und wieder geht es um Dialektik. Wir wollen also nicht auf der nonverbalen Ebene bleiben, sondern sie in Bezug sehen zu der verbalen Ebene der Trance-Induktionen. Diese ist den meisten bekannt durch das sogenannte positive Denken, eine Art der Selbstprogrammierung, die mit Erfolg und Glück gekrönt zu werden verspricht. Das Labyrinth aber bietet nicht unbedingt eine solche eindeutige und lineare Verheißung an: Im Gegenteil, es bietet sich als Einsicht in den Umweg, als kürzesten Weg an, und ist so eine ganz gar

Meer hat ohne Unterschied dieselbe Farbe angenommen wie der Himmel. Du kannst nicht mehr unterscheiden, was Himmel und was Meer ist, und beide sind stumpf, undurchdringlich und engen Dich ein. Es kommt von allen Seiten auf Dich zu, diese wattige, erstickende Wand, eierschalenfarben unterschiedslos: Du fühlst, wie Dich die Eierschale umschließt, sich Dir anpaßt, um Dich noch mehr einzuengen, zu bedrücken, erdrücken.

Den ersten Impuls zu einer möglichen Bewegung, die Dich aus dem Zustand der Lähmung herausführen kann, spürst Du in den Fersen. Du spürst, daß Du Fersen hast, und daß sie nicht nur hilflos aus dem Fußgelenk heraushängen, sondern jetzt herauswachsen können. Du spürst diese kleine Bewegung: Die Ferse wächst aus dem Fußgelenk heraus, winkelt den Fuß ab sehr stark, so stark, daß ein weiterer Impuls folgt: Du willst mit der Ferse stoßen, wegschieben, von Dir halten, was Dich bedrängt. Wegkicken. Und Du bist erstaunt, wieviel Kraft Du in diesem kleinen Körperteil zur Verfügung hast als würde sich Dein ganzer Wille dort konzentrieren: Die Beine wachsen Dir aus dem Kreuz heraus, bereit, Dich zu tragen. Du bemächtigst Dich ihrer, setzt sie ein, benutzt sie, um Dich fortzubewegen, fort aus dieser Situation der Aussichtslosigkeit, der Du ein Ende machst, jetzt. Aussteigen.

Zunächst robbst Du vielleicht am Boden entlang, wie um Dich zu häuten: Um Kraft zu sammeln, den Absprung zu finden, das Alte vom Neuen unterscheiden, das Alte abstreifen, das Neue anwachsen lassen ... Du magst Dich jetzt sehr stark und leidenschaftlich fühlen, Dein Körper ist in jeder Faser angespannt und empfindet mit Lust seine Möglichkeit, sich verausgaben in diesem bedingungslosen Einsatz: Du kannst Dich im Kampf verlieren, Dein Ziel, Deine eigentliche Motivation vergessen. Oder Deine Motivation, Dein ursprünglicher Impuls "Weg, raus hier" kann sich umsetzen in noch mehr Bewegung, zu der Du kriechend, kreuchend, kauernd, hockend, lauernd, im richtigen Moment auf die Füße kommst. Und Du springst, wie Du noch nie in Deinem Leben gesprungen bist, Du springst um Dein Leben, je höher, desto besser. Jeder Sprung feuert den nächsten an. Und dann hast Du es geschafft: Du bist draußen. Nicht nur, daß Du bis an Deine Grenzen gegangen und Dich vollkommen verausgabt hast, nicht nur dieses körperliche Gefühl, keuchen, schwitzen, fordern und gleichzeitig Sich-Hingeben bis zum Zusammenbruch, nicht nur das: Da ist auch etwas in Dir entstanden, das sich frei fühlt, der Enge und Angst entronnen ist, Raum geschaffen hat. Da ist Raum.

Da ist etwas, was Deinen Blick klärt, die Wolkenschwaden vertrieben hat. Licht flutet ein, es wird hell, die Dinge um Dich werden deutlich, überdeutlich, sogar sichtbar. Du betrachtest sie: Sie schauen aus, als hätte es sie immer schon gegeben. Nur Du siehst sie jetzt in einem anderen Licht, neu. Du liegst flach auf dem Rükken und läßt die Welt in Deinen Blick einströmen - unterschiedslos, vorurteilslos, ohne zu werten oder zu deuten. Du kannst auch stehen. Es fühlt sich genauso entspannt an, als würdest Du auf dem Rücken liegen. Dein Rücken ist genauso gestützt und getragen von der vertikalen Achse wie im Liegen von der Horizontalen. Und während Du stehst, liegst oder sitzt, genießt Du die Ruhe nach dem Sturm, Du bleibst in der Ruhe, solange Du willst, solange, bis wieder ein Impuls sich meldet und Dich veranlaßt, wieder das schützende Dunkel aufzusuchen, Dich wiegen zu lassen ... und so beginnt alles von Neuem. Vielleicht.

Die Spirale verbindet feste und bewegte Form, verbindet Außen und Innen, verbindet die Schwerkraft mit der Flugkraft, das Verbinden und das Lösen.

abendländische Vision, die sich als Botschaft in alle Welt fortgesetzt hat, um uns heute wieder zu erreichen als exotisch importiertes Markenzeichen fremder Kulturen.

Das Hopi- Symbol für Mutter Erde und das indische Yantra (Zeichen, das zur Meditation einlädt) als Geburtsvorbereitung ist: Das Labyrinth! Was das Labyrinth anbietet, ist ein dialektisch-dialogisches Hin und Her voll elegantem Schwung, voller Swing für den, der den Bogen raus und die Kurve gekratzt hat: Ein wahres Vergnügen, das sich nun auch noch mit Sinn füllen kann. Ganz einfach: Gebe Deinen Bewegungen einen Sinn, probeweise - betrachte es als Experiment. Was bedeutet für Dich:

- Zurückgehen - Umkehren
- ins Schleudern kommen - schlingern, mäandern,
- Umwege machen, Widerstand leisten, sich verweigern
- sich seine Zeit nehmen, Nischen finden,
- verweilen, Winterschlaf halten, brüten
- sich verpuppen
- wandern, wandeln, sich wandeln

Um das Labyrinth Modell als therpeutisches Vorgehen gleichsetzen zu können, müssen wir uns auf eine Therapie konzentrieren, die lösungs- und nicht problem-orientiert ist. Lösungs-orientierte Therapie heißt dabei: Nicht das Problem als fixierte Einheit zum Gegenstand machen, sondern einen heilenden Prozeß mit open-end auslösen, und damit zuerst anpeilen.

Die Dynamik ist wichtig. Sie soll ins Gang gesetzt werden. Die Strukturen und die damit verbundenen Grenzen und Konturen sind ebenfalls wichtig, aber sie stehen im Hintergrund, und wir gehen davon aus, daß sie sich von selbst, als Reaktion auf und Ergänzung zu dem Vordergrund ergeben.

Das Labyrinth als Modell und Spiel "Geh zurück zu A" - Diese Spielanweisung kennen wir zumeist von Spielen, unter anderem vom "Mensch Ärgere Dich Nicht-Spiel", bei dem wir uns doch ärgern, denn diese Zurückweisung als Rückführung auf den Ausgangspunkt scheint uns vom siegreichen Ende zu entfernen. Zurück zu müssen, umkehren zu müssen - das erscheint vielen als Beweis ihrer Schmach, Unwürdigkeit, Unfähigkeit, Unreife, oder als Strafe für ein Vergehen.

Schon ein Fehler, der einfach korrigiert werden soll und aus dem man lernen könnte,weckt solche Gefühle, schlecht, unrecht,falsch gelagert, kurz: "Nicht o.k." zu sein. Ein Fehler, und die Welt ist nicht mehr in Ordnung, bzw. die Welt ist in Ordnung, aber man gehört nicht mehr dazu. In der Spielanweisung: "Geh zurück zu A, dem Ausgangspunkt" liegt eine Zurückweisung alles dessen, was bisher an Weg zurückgelegt wurde.

Das Umkehren ist der beste Beweis, daß es "so nicht weiter geht", der zurückgelegte Weg somit umsonst war. Man hätte sich die Zeit auch sparen können, und das ärgert natürlich. Die Einsicht, daß nichts umsonst ist, fällt schwer. Wieso? Das liegt an unserer Zeitauffassung. Wir erleben die Zeit als etwas, das wie ein Knäuel Faden sich aufrollt und abgegangen wird. Was hinter uns liegt, ist vergangene Zeit, verbrauchte, abgehakte, entwertete Zeit.

Sicher, es gibt auch die sonnigen Seiten des Lebens, Zeiten, in denen es uns gut ging und an die wir uns gern erinnern, aber vorbei ist vorbei, und daß diese schönen Zeiten nun auch vorbei sein sollen, schmerzt uns vielleicht mehr, als das Vorübergehen der Schattenseiten. Stellen wir uns aber Zeit als einen Raum vor, in dem die Zeitfäden noch nicht oder nicht mehr aufgerollt sind, sondern zu einem Knäuel, zu einer Ganzheit zusammengefaßt beieinander liegen, dann entsteht in uns das Bild eines *Äons*, eines

Gruppen- oder Einzelübung: Tanz hinein und hinaus aus der Spirale

Diese Übung kann auch alleine gemacht werden, ohne Gruppe, wobei die Spirale aus Steinen oder Fäden nachgezeichnet wird. Findet sich jedoch eine Gruppe zusammen, ist es viel aufregender, eine Spirale von Menschen sich aufbauen zu lassen.

Es beginnt mit einem geschlossenen Energiekreis, der sich ergibt, indem die Gruppe im Kreis steht und sich die Hände gibt. Einer geht in die Mitte: Er wählt aus, wo der Kreis unterbrochen werden soll, so daß die offene Reihe sich in den Kreis hineinschraubt, bis der Anführer in die Mitte gelangt ist und die Nachrückenden sich so verteilt haben, daß eine Spirale entstanden ist.

Bei der Auswahl des Anführers kann der Spiralenwanderer danach gehen, wer ihm besonders wichtig ist, im positiven oder negativen Sinne. Er kann seine Ängste oder auch seine Wünsche im Bezug zu dieser Person erspüren und sie in den Mittelpunkt stellen, während er sich dann langsam, Windung für Windung, diesem Mittelpunkt nähert.

Als Vorbereitung für diesen Gang hinein mag eine kurze Meditation dienen: Der Wanderer überlegt, was es in seinem Leben einzukreisen gilt, welche Probleme der Klärung, welche Angelegenheiten der Verdichtung, und welche der Lösung bedürfen. Ebenso kann er sich fragen, was in seinem Leben er umgeht wie die Katze den heißen Brei. Er bringt sich dabei in einen Zustand gelassener Aufmerksamkeit, wo die Fragen ihren drängenden Anspruch auf eindeutige, einmalig festgelegte Antworten verlieren, und mehr den Charakter einer Kontemplation annehmen.

Und dann begibt er sich auf den Weg, wie auch die Gestirne sich in Zyklen und spiraligem Umlauf bewegen und mit diesem Tanz das Universum uns bestimmt, die wir mitten darin enthalten sind. In der Mitte kann der Wanderer anhalten, einige Umdrehungen in der Mitte ausführen, bevor er den Rückweg antritt. Nach Verlassen der Spirale sollte er sich einige Zeit nehmen, um im Liegen sich der inneren Bilderwelt widmen zu können,

Eindrücke eventuell zu notieren. Ein Reisebericht bzw. Austausch in der Gruppe hilft, die inneren Bilder durch die Augenzeugenberichte der anderen zu ergänzen, gleichzeitig den anderen rückzumelden, was innerlich geschehen ist, während sie die äußerlich Form schufen, die Stellung hielten.

> *In meinem Innersten steht mir ein Raum zur Verfügung, den ich jetzt einnehme.*

Trance-Induktion: Die Goldene Mitte als Tempel.

Wieder zeichnest Du im Geiste einen Kreis, während Du bequem liegst mit geschlossenen Augen: Der Kreis wird zu einem leeren Raum, der Dich mit innerem Frieden und Ruhe erfüllt, wenn Du ihn betrittst. Es ist, wie wenn die Zeit stehenbliebe für Dich, um die Welt betrachten zu können, wie sie eigentlich ist. Es ist, als ob alle Bewegung nur draußen wäre, vor Deinen Augen sich abspiele, und tief drinnen in Dir ist dieser Ort der Ruhe, der es Dir erlaubt, die Bewegung zu sehen, ohne an ihr teilzunehmen. Wohl bist Du Teil der Bewegung, aber nur insofern, als Du den Pol der Ruhe bildest.

Und nun bemerkst Du, daß dieser Ort ein abgegrenzter Bezirk, eine Art Tempel ist, und es interessiert Dich, was außerhalb des Tempels ist, und was ihn von der Umgebung unterscheidet, wie seine Abgrenzung sich gestaltet, und wie die Eingänge ausschauen. Du machst einen Rundgang auf der Peripherie des Kreises. Du findest mehrere Eingänge, Deine Eingänge. Es sind die extremen Positionen, die Du im Leben einnimmst, ganz und gar mal für den einen Pol entschieden, und dann für den anderen ... bis Du merkst, daß alle extremen Positionen auf derselben Linie liegen, nämlich auf der Peripherie.

Und eines noch haben die extremen Positionen gemeinsam, sei es extreme Angst bis hin zur Panik, sei es Zeitraums, der in sich die Erfahrungen einer größeren Zeitstrecke vereinigt und als Ganzheit repräsentiert.

Die Weisung "Geh zurück zu A" wäre da nur ein wertfreies Verrücken des Standortes, eine Verschiebung des Aufmerksamkeits-Fokus, eine neue Perspektive. Wenn wir also therapeutisch mit Regression in einem schon erlebten und hinter uns liegenden Zeitbereich arbeiten, ist es wichtig, die Spielanweisung "Geh zurück zu A" so spielerisch und interessant wie möglich zu gestalten. Dies gelingt zum Beispiel, wenn der Therapeut zu einem Experiment einlädt und den Bereich eines Laboratoriums absteckt. Das Labyrinth mit seiner Bewegung hinein - hinaus eignet sich dafür in hervorragender Weise. Die Weisung "Geh zurück zu A" käme der therapeutischen Intervention gleich,den Klienten dazu zu bewegen, zurück zu dem Ort, wo "Es zum erstenmal" geschah, zu gehen. Das wäre die Mitte des Labyrinths.

Es ist aber aber auch die Mitte eines Strudels - dorthin geht alle Energie, versackt wie in einem schwarzen Loch, abgesogen, absorbiert, einfach weg, nicht mehr zur Verfügung - sehr ärgerlich! Ärgerlicher noch als der Umstand, sich diesen Prozeß mal anzuschauen und etwas dagegen zu unternehmen ... also: Es beginnt, die Reise beginnt. Reisemotivation: Verdammt, ich war doch mal so lebendig (zB auf Kinderphotos: Immer strahlend. Und dann geschah Etwas, das ... und ich möchte zurück zu meiner ursprünglichen Lebendigkeit, Lebensfreude ... Reiseroute: Damals war alles anders. Und dann das, Damals. Es gibt also einen Ort, wo sich die Dinge wandelten, und auch ich. Ich wurde anders. Wenn ich mich wieder verändern will, muß ich nocheinmal eintauchen im Dort, wo alles anders wurde - zurück zu A, zurück zum Kern der verwandelnden Erfahrung, wenn es sein muß, zurück zum Trauma, zum Schmerz. Dort entschied es sich damals, wie ich mich heute entscheide noch immer.

Die Mitte des Labyrinths ist der Fokus meiner Aufmerksamkeit: Mein Problem, aber auch meine Hoffnung auf Lösung und, mehr noch, auf Vision. Deshalb lasse ich mich auf die Prozedur ein: Ich kann nur gewinnen. Der Mensch,so sagt man, ist ein Gewohnheitstier. Im Labyrinth, so sagt man, wohnt ein Monstrum. Ist das Gewohnheitstier ein Monstrum? Vielleicht. Geworden.Es war es nicht von Anfang an.

extreme Euphorie bis hin zur hysterischen Auflösung, sei es Schwermut bis hin zur Unbeweglichkeit, oder Zorn bis hin zur Selbstzerstörung: Alle diese extremen Gefühle gewähren Dir Einlaß in den innersten Bezirk, in die goldene Mitte, in den Tempel, den Du jetzt betrittst. Du fühlst die Ruhe und gleichzeitig siehst Du die Hüter der Schwellen, die Dämonen der Extreme, mit anderen Augen, nun da Du ruhig geworden bist, siehst Du sie als Deine Beschützer, Begleiter und Gäste. Du lädst sie ein, Dir mehr zu erzählen über Dich selbst, alles das, was Du nicht weißt und nicht wissen willst. Und sie erzählen Dir Geschichten, viele Geschichten, lange Geschichten, Geschichten die Dich entrücken, verwandeln ...

Druck überträgt sich in den Ausdruck. Im Ausdruck erkenne ich meine Kraft.

Experiment: Anleitung zur Herstellung eines Fetisches

Diese Übung kann allein, zu zweit oder auch in einer Gruppe gemacht werden, wobei letzteres erfahrungsgemäß am stärksten ist, da Austausch und spielerisches Umgehen am größten sind. Du tanzt mit verbundenen Augen und verschlossenen Ohren. Für Deinen Tanz ist eine rollende Bewegung des Oberkörpers ausschlaggebend, denn in diesem Tanz möchtest Du alles, was Dein Herz bewegt, Dir vergegenwärtigen.

Mag es eine Last sein, die Dich beugt, eine Sehnsucht, die Dich aufbäumen läßt: Immer sind die widerstreitenden Gefühle im Wechsel und bringen Dich in dieses unaufhörliche Rollen, als ob Deine Brust von den Wogen des Meeres getragen würde. Und so gibt es Gezeiten der Gefühle, Ebbe und Flut, Täuschung und Ent-Täuschung, und Du gibst Dich ganz in diese Gefühle hinein, als wärst Du ein Opernsänger, ein Schlagersänger, der seine Zuhörer mit seiner Arie, seinem Schlager erreichen und rühren möchte. Dabei läßt Du Dir eine herrliche Massage Deines oft so verspannten Oberkörpers zukommen. Auch Deine Schultern können rollen: Die Last hinten den Buckel runter rutschen lassen. Dein Brustbein hebt und senkt sich: Der ganze Schmalz vergangener Gefühle kann ausschwitzen und von Dir abtropfen, und manchmal ist es auch ein Stein, der vom Herzen fällt.

Und wenn Du so richtig in Wallung bist, nimmst Du zwei Tonklumpen in die Hand, und knetest sie, als wolltest Du all die innerliche Bewegung und Rührung und Wallung dort hineinfließen lassen in den lehmigen Ton, der absorbiert. Dort, in Deinen Händen, entsteht ein Ob-Jekt, etwas, was aus Dir ausgeflossen ist und nun Dir entgegengesetzt ist, obwohl es gerade noch in Dir drinnen war: Der Druck, der Dich bewegte, hat sich über die Peripherie Deines Körpers hinaus verlagert, ist zum Aus-Druck geworden, und ist dort, in dem Ob- Jekt, in einer sich Dir entgegenstellenden Gestalt sichtbar geworden. Du öffnest die Augen, wenn Du mit diesem Prozeß der Objektivierung abgeschlossen hast: Dort ist Dein Fetisch, oder Deine Fetische, Dein Gemachtes, (Fetisch kommt aus dem portugiesischen feiticio: Gemachtes). Dort sind Deine Gefühlskräfte hineingebunden. Willst Du sie wieder an Dich nehmen? Oder willst Du den Fetisch bei Dir tragen, aufbewahren, als Beweis Deiner inneren Beweglichkeit, und als Auslöser für weitere innere Bewegung, wenn Du ihrer bedarfst. Oder willst Du das, was Du gemacht hast, als Ballast abwerfen, der Natur zurückgeben? Du kannst es vergraben.

Beobachte als erstes, wie weit oder wie nah von Dir Du diesen Gegenstand haben möchtest. wie es sich anfühlt, ihn wieder zu sich zu nehmen, in der Hand zu halten, ans Herz zu drücken. Stärkt es Dich oder schwächt es Dich? Ist es ein Ding mit Zukunft und vermittelt Dir Inspiration, Vision, neue Perspektiven? Oder gehört es endgültig der Vergangenheit an, und verdient ein würdevolles Begräbnis? Geh liebevoll damit um, denn es ist ein Teil von Dir, und auch wenn es "Scheiße" ist, so ist es ein Teil der Natur, und kann in sich großen Wert besitzen, wenn auch nicht gerade für Dich. Was für den einen überflüssiger Mist ist, kann für den anderen notwendiger

Die Entschlüsselung des Labyrinths:

(Spielanweisungen für labyrinthisch-therapeutische Szenarien)

1. Das Labyrinth als Form und Linienführung

(Als große Anlage z.B. im Garten/Park, als Zeichnung, als haptische Erfahrung an der perforierten Abbildung)

- Konstruieren oder nachzeichnen? Welcher Typ bist Du? Empiriker (mal ausprobieren) oder Konstruktivist (erst sich vorstellen können).
- Welcher Kanal spricht Dich am meisten an: Das konstruierte, das kinästhetisch empfundene, das visualisierte, das rhyhthmisch in Proportionen erfaßte Labyrinth?
- Was macht Dir am meisten Lust und Spaß dabei? Wie lauten die inneren Sätze? Woran erinnert Dich dieses angenehme Gefühl: Vergleiche zu Alltagssituationen und vergangenen Erlebnissen?
- Was macht Dir am meisten Schwierigkeiten bzw Unlust dabei? Wo und wie empfindest Du Widerstand, Langeweile, oder andere negative Gefühle? Wie lauten die inneren Sätze dazu? Woran erinnern Dich die unangenehmen Gefühle? - Verbindung zu Alltag und Gewohnheitsmustern?

2. Das Labyrinth: Ein Tagebuch, Reisebericht, Roman!

Wähle Dir eine Zeitspanne, über die Du Dich mit dem Thema Labyrinth befaßt und Deine Experimente machst, und führe Buch darüber.

- Ein Tag, der am Ende noch einmal rückwärts durchgangen wird,
- eine Wanderung, die sich über z.B. einen Tag lang (medicine walk) , oder auch ein Wochenende erstreckt,

das Du ganz Deiner Visionssuche widmest,

- ein Monat mit den Mondphasen des zunehmenden, vollen, abnehmenden Mondes und des Neumondes durch ein Jahr, unterteilt von den Sonnenwenden und gegliedert in die Monate.

3. Das Labyrinth: Zielsetzung mit Ausgangsposition, Wegen und Umwegen

- Nehme Dir etwas zum Objekt, was klar umrissen ist: Ein Problem, ein Ziel, ein Rätsel, ein Experiment.
- Formuliere Deine kühnsten Erwartungen, Deine schlimmsten Befürchtungen, Deine Fragen, Deine Ängste, Deine Wünsche.
- Sehe dieses Problem oder dieses Experiment als Prozess! Sehe es als dynamisches Geschehen, als offenes System, löse die Fixierungen, die das Problem oder das Ziel, die Ängste oder Wünsche betreffen, auf: Tauche ein in den Lebensstrom.
- Wenn Du das Problem oder die Zielsetzung als Prozess sehen kannst: Wo, in welcher Position befindest Du Dich gegenwärtig? Kommst Du mehr von der Zukunft her, indem Du das Ziel für sehr real, allerdings noch von seiner Realisation entfernt hältst. Oder bist Du mehr in der Vergangenheit befangen, d.h. auf das Problem fokussiert?
- Schätze Deine Erfolgschancen für den Prozess Deines Experiments ein.
- Ordne die Schritte, die für den Prozess des Experiments notwendig sind, liste sie auf.
  - Wenn Du von der Zukunft der Zielsetzung und Lösungs her kommst: Liste die Bedingungen auf, die zum Erreichen führen.
  - Wenn Du von der Vergangenheit des Problems oder sogar Traumas her kommst: Liste alles auf, was Du nicht

Dung werden. Kommt nur darauf an, wohin man den Mist trägt - und es lohnt, sich darüber Gedanken zu machen.

Und nun experimentierst Du mit den Operationen magischer Kräfteaufladung und, keine Angst, es ist etwas ganz Alltägliches, was Du ständig machst, ohne Dir jedoch bewußt zu sein. Du bewertest und urteilst Dein Objekt nach den primären Kriterien: Angenehm - unangenehm. Du fragst Dich, was ist angenehm oder: Was ist unangenehm daran? Woran erinnerst Du Dich dabei, welche Gefühle tauchen auf? Wenn die Anwort "angenehm" war, es sich also um etwas Wünschenswertes handelt, willst Du natürlich es besitzen, und Du stilisierst es zu etwas Einmaligem, Unersetzlichen: Du idealisierst Deinen Fetisch, Du lädst ihn mit der Energie Deines Anspruchs, Deiner Erwartung auf.

Sollte er nun von Dir genommen werden, würdest Du tatsächlich etwas verlieren, würdest Du geschwächt werden: Manchmal fühlt es sich so an, wenn man einen Menschen so sehr idealisiert, daß er geradezu ein Teil der eigenen Phantasie wird, belebt mit der Energie der Vorstellungen und Wünsche. Und dann geht dieser Mensch weg - und mit ihm die ganze projizierte Energie. Das ist bitter - und enttäuschend. Aber in der Enttäuschung kehrt die Energie wieder zurück. Dasselbe gilt jedoch auch für negative Projektionen. Ich möchte diesen Prozeß der energetischen Aufladung Dämonisierung nennen. Du kannst nun ebenso damit experimentieren, wie es sich anfühlt, wenn Du Dein Machwerk mit dämonischen Kräften ausstattest und erlaubst, daß diese Macht über Dich erhalten, indem Du Dich in Angst verengst, durch Abwehr Dich schwächst. Und dann beobachte, was auf der energetischen Ebene passiert, wenn Du sie genau anschaust. Wenn Du Dir das Gefühl, das Dich bewegt, in die Flucht treibt, bewußt machst. Wenn Du dem Feind genau in die Augen schaust und ihn erkennst: Beobachte, was in Dir geschieht.

Nach dieser Übung ist es schön, sich zu kleinen Gruppen oder Partnern zusammenzufinden und sich auszutauschen. Und dann können alle Fetische zusammengetragen werden in die Mitte eines großen Kreises, um den ein Reigen getanzt werden kann. Die Standpunkte verändern sich, und damit die Perspektiven. Neue Gesichtspunkte eröffnen sich, und damit auch oft neue Einsichten, Gefühle. Es ist schön, die Gegen-Stände für eine Nacht dort auf dem Tanzplatz zu lassen und sie morgens mit neuen Augen zu betrachten.

Ich erkenne im Ausdruck der anderen die Kraft, die uns alle verbindet und trennt.

Gruppenübung: Ein experimentelles Ritual der Glorifizierung: Der Tanz um das goldene Kalb

In diesem Ritual wird es um Glorifizierung gehen. Dazu brauchen wir Gegenstände, die wir glorifizieren können. Es können selbst hergestellte oder mitgebrachte Fetische sein. Es können auch Abbildungen von etwas sein, was sich ein Mensch sehnlichst wünscht. In der Mitte häuft sich ein Nebeneinander von Wert-Gegenständen, die nun so mit der Energie des Wünschens, Sehnens, der Hingabe daran aufgeladen werden, daß sie förmlich zu leuchten anfangen, während die Gruppe im Kreis darum tanzt. Zu einer einförmigen Trommelmusik, die Schlag auf Schlag gleich betont, geht sie mit einem einfachen Tanzschritt immer im Kreis herum, das Gesicht zur Mitte gekehrt. Sagen wir, die Kreisrichtung sei nach rechts, dann geht der erste Schritt nach rechts, und der linke Fuß setzt daran an. Der rechte Fuß macht einen Schritt, der Linke setzt an. Der Schritt nach rechts heißt, Hü der nach links Hott.

Wollen wir den Körper zur Entspannung aus diesem Trott erlösen, so führen wir ein gleichmäßiges Nachwippen in den Knien ein, und ohne daß sich der Schritt verändert. Nun sagt es innerlich in uns statt Hü und Hott: Hühü und Hotthott. Wollen wir es uns noch leichter machen, so

mehr willst, was Du bewältigen, überwinden, ablegen, auslöschen, rausschwemmen willst. Taste Dich an den neuralgischen Punkt des Schmerzes, Widerstands, Ekels etc. Taste Dich an den blinden Fleck Deines Traumas heran.

- Einhalten und da bleiben für einen Augenblick:
  - Wie fühlt sich das erreichte Ziel körperlich an?
  - Wie fühlt sich das abgewehrte schmerzvolle Gefühl jetzt an?
- Weiter dableiben, mehr noch in Fühlung gehen, wahrnehmen:
  - Was für eine Information meldet Dir Dein Körper in Bezug auf die Konsequenzen, die das Erreichen des Zieles hat?
  - Was für Informationen meldet Dir Dein Körper in Bezug auf die Fokussierung des Problems und Traumas. Welchen Stellenwert nimmt es in Deinem Alltagskontext ein? Wie wäre es, wenn Dein Wunsch nach Veränderung in Erfüllung ginge?
- Gibt es gute Gründe dagegen:
  - Das Problem zu beseitigen?
  - Das Ziel zu erreichen?
- Wie lauten die inneren Sätze? Und wer sagt sie?

Das Labyrinth und seine Figuren

Im klassischen Labyrinth finden wir als Schauspieler auf der Bühne der labyrinthischen Welt vorallem:

- Den Drachen, das Monstrum, den Moloch, der verschlingt.
- Den Retter und Ritter, den Helden.
- Die Gefangenen, die dem Moloch geopfert werden sollen.
- Die kluge Frau, die durch ihre Weisheit Beistand leistet.

Im mythischen Labyrinth von Knossos wäre dies:

- Der Minotauros, eine Zwitternatur zwischen Tier und Mensch, halb Mann halb Stier, entsprungen aus der lüsternen Vereinigung zwischen der von Aphrodite verfluchten, liebestollen Königin und einem Stier -
- Theseus aus Athen -
- Jungfrauen und Jünglinge, die jedes Jahr aus Athen als Tribut an den König von Minos abgegeben werden mußten und dem Minotauros geopfert wurden -
- Ariadne, die den Rat des Fadens gab.

In der mittelalterlichen Allegorie wäre dies:

- Der Teufel, der die Seelen in den Höllenschlund zieht -
- Christus, der die armen Seelen der Hölle entreißt -
- Die armen Seelen -
- Die weibliche Seite Gottes, Sophia, die Weisheit.

Zusätzlich an den vier Ecken des Labyrinthes finden wir oft die vier Evangelisten, die als Hüter der Lehre ebenso wie als Begleiter auf dem Weg auftauchen. Sie selbst wiederum sind begleitet von ihren Insignien, die unter anderem Tiere darstellen, also die Instinktebene und das instinktsichere Handeln repräsentieren.

- Markus mit dem Löwen
- Johannes mit dem Adler
- Matthäus mit dem Mensch
- Lukas mit dem Stier

In einer Übertragung auf moderne therapeutische Systeme, z.B. auf die systemische Familientherapie, die übrigens auch ohne reale, äußere Familie angewandt werden kann und sich dann auf die sogenannte innere Familie der Teilpersönlichkeiten des Subjekts bezieht, lassen sich ebenfalls Figuren des Labyrinths entdecken.

verdoppeln wir dieses Nachwippen, und es entsteht fast so was Ähnliches wie ein Lachen: Hihihihi und Hott-T-T-T. So kann man es schon länger aushalten. Dabei ist es garnicht zum Lachen, was jetzt geschieht, denn wir sind in diesem Tanzritual dabei, uns ganz hinzugeben und damit auch all unsere Kraft abzugeben.

Wer keinen Fetisch gefunden hat, der ihm dies wert erscheint, der kann sich einfach auf die Mitte des Tanzkreises konzentrieren und sich vorstellen, wie sie vielleicht zu leuchten anfängt, wie der Boden selbst zu schimmern und zu gleißen beginnt. Manchmal, bei sehr viel Energie, wird sogar eine Art weißlicher Nebel wahrgenommen, der etwa 30 Zentimeter über dem Boden wabert. Man kann ihn sich als eine Art Fliegenden Teppich vorstellen, der gekommen ist, um einen abzuholen. Der Gruppenleiter setzt dieser Phase der energetischen Aufladung ein Ende, wenn er merkt, daß der Platz sich vollgesogen hat mit Kraft und die Gruppe eventuell müde zu werden beginnt. Mit einem abrupten Stop bleiben die Tänzer stehen und beobachten mit weichen Knien und fließendem Atem, was in ihnen vorgeht und auch, wie die Gegenstände nun ausschauen. Ist der Akt der Glorifizierung gelungen? Wieviel Energie haben die Fetische aufnehmen können? Gibt es manche, die sich als unwürdig erwiesen haben und einem jetzt eher komisch vorkommen?

Wie auch immer. Die Fetische werden jetzt langsam, mit Bewegungen im Zeitlupentempo, an sich genommen. Vor allem die, die voller Kraft und Saft sind, werden vorsichtig und achtsam behandelt, denn sie sind jetzt wirklich sehr wertvoll. Es können sich kleine Untergruppen bilden, die im Kreis sitzen und die Objekte, die sich als Kraft-Objekte erwiesen haben, in dessen Mitte stellen. Es kann sich darüber ausgetauscht werden, ob die Kraft für alle spürbar ist, oder nur für einzelne, für ihre Besitzer. Es kann damit experimentiert werden, wie es sich anfühlt, ein solches Kraft-Objekt zu berühren, oder es sich sogar z. B. auf den Bauch oder die Stirn zu legen. Wer allerdings nicht so gerne in hautnahen Kontakt mit der Kraft eines solchen mit Glanz und Gloria aufgeladenen Objekts kommen will, lasse lieber die Finger davon. Die

Kraft ist nicht neutral und wirkt nicht vonvorneherein für jedermann stärkend oder harmonisierend.

Oft spürt man eine Energie, die durchaus von persönlichen Gefühlen gefärbt ist und für die anderen, wenn sie damit in Berührung kommen, eine Störung ihres eigenen Kräftehaushalts darstellen kann. Dies klingt nun alles sehr magisch, und es ist auch magisch, aber gleichzeitig ist es eine Magie, die wir im Alltag anwenden und vielleicht jetzt auch wiedererkennen, wenn wir darüber sprechen. Glorifizierung dient im Alltag dazu, diesen ein wenig festlicher, schillernder, interessanter, vielleicht auch lebenswerter zu machen. Jedoch kann Glorifizierung auch dazu führen, daß wir, nur um unserem Leben einen Wert zu geben, dafür zu sterben bereit sind. Und insofern ist Glorifizierung eine wichtige Strategie in der Machtpolitik, die z.B. dazu dienen kann, Menschen in den Krieg zu treiben. Ohne Glorifizierung wäre wohl niemand so blöd, für irgendetwas in der Welt sich abschlachten zu lassen, und nicht mal die ganz gewöhnliche Aufopferung käme einem noch in den Sinn.

Jeder ist König in seinem Reich, jeder hat Recht, in seinem Glaubenssystem.

Ritual: Als König die Macht übernehmen

Bei dem nächsten Ritual soll es um Grandiosität gehen. Früher war es einfach, da gab es das Gottesgnadentum, und man stellte sich vor, daß die Macht, die ein König oder Kaiser inne hielt, von Gott auf ihn übertragen worden war. Dieser Glaube kam ins Schwanken, als die Herrscher sich wenig vertrauenswürdig erwiesen und sich eher wie Schweine benahmen, statt ihrer Aufgabe nachzukommen, das Volk zu regieren. In Frankreich köpfte man den König und Nietzsche verkündete, daß Gott tot sei. Seitdem herrscht so eine Art Zustand des Oben-Ohne. Und ich weiß nicht, ob es früher anders war,

Das wäre dann:

- Das Chaos, in dem das Subjekt sich nicht mehr Herr im eigenen Hause fühlt, und das ihn zu verschlingen droht. Er wird das Opfer seiner frühkindlicher Ohnmachtsgefühle, die ihn regredieren und desintergrieren lassen -
- Das erwachsene Ich, das dem unbewußten Treiben und Getriebensein einen Punkt setzt und von nun an sich für bewußte Gestaltung und Planung des Lebens entscheidet und Verantwortung für das eigene Schicksal, insbesondere für die eigene Zukunft übernimmt -
- Die arme Seele als ein "Pandämonium", d.h. als eine Ansammlung widerstrebender und widersprüchlicher Impulse zwischen denen sie hin- und hergezogen wird -
- Die Intuition, die in einer Zusammenschau der gegensätzlichen Neigungen sich auf die Körperbefindlichkeit, auf die "organismische Weisheit des Körpers" bezieht und zu überraschenden, kreativen Lösungen findet.

Als zusätzliche Helfer:

- Vorbilder, Idole, Lehrer und Mentoren -
- Die eigenen libidinös besetzten Ich- Anteile (also Identifikationen und Identitäten, die das Erregungsniveau steigern) -
- Ebenso, wie die eigene Sehnsucht und die eigene Angst (die ja auch viel Energie binden) als Führerin und Führer im inneren Suchprozeß.

Der rettende rote Faden der Orientierung:

- Die Orientierung an der eigenen Motivation (und, damit verbunden: Das Kennenlernen und Bewußtmachen der eigenen Motivation, die in sich wiederum lustorientiert ist) -
- Die Ausgestaltung der eigenen Motivation zu einer focussierten Intention -
- Die beharrlich geübte Fähigkeit zur Konzentration, etwas

in den Focus der Aufmerksamkeit zu nehmen und im Bewußtsein zu halten: Ein Ziel vor Augen haben -

- Die beharrlich geübte Fähigkeit zur Flexibilität und intelligenten Anpassung, also den Focus auch zu wechseln, den gewohnten Rahmen zu verlassen, auf eine andere Ebene zu gehen und aus einer anderen Perspektive zu betrachten: Beide Seiten der Medaille sehen.

Das Labyrinth als visualisiertes Drehbuch

Das Modell der systemischen Familientherapie eignet sich gut, um durch Kontemplation, durch die innere Veranschaulichung und Vergegenwärtigung sich ein Bild von der Art zu machen, "wie ich im Leben stehe", "wie ich mich in der Welt zurechtfinde", weniger was ich hinter mir habe, als "was vor mir liegt", und "wo es hingeht mit mir, wenn ich so weiter mache", bzw. "wo es hingehen kann mit mir, wenn ich mich dafür entscheide".

Die Familie ist insofern wichtig, als sie "Welt" und "Weltenfiguren" und "Weltenbühne" darstellt. Auch wenn wir schon längst aus unserer Ursprungsfamilie herausgewachsen sind, werden wir zu unserem Erstaunen bemerken, daß wir eine starke unbewußte Tendenz in uns haben, andere Welten, andere Beziehungspartner und Bezugspersonen, andere Bühnen, Podien, Foren immer wieder auf das uns vertraute und gewohnte Ursprungsmuster hinzumodeln. Dieses sich zu vergegenwärtigen, kann dazu führen, das unbewußte Ursprungsmuster mit Interesse zu betrachten und sich noch einmal eingehend mit allen Regeln, Glaubenssätzen, und deren Konsequenzen zu beschäftigen. Dieses Zurückgehen in die ursprüngliche Konditionierung kann tatsächlich wie ein Gang durch das Labyrinth gesehen werden.

aber heutzutage gibt es ein dringendes Bedürfnis im Menschen, sich einmal wieder in Grandiosität baden zu können, denn diese Dimension der Erhöhung, der Würdigung, des Herausragens aus dem Mittelmaß ist uns abhanden gekommen.

In Brasilien zeigen sich die Götter im Trancetanz, und es sind Götter voller Kraft, voller Würde und Macht, und sie erinnern die Menschen daran, daß diese Kräfte ihre eigenen sind, von Menschen für Menschen verkörpert, wenngleich die Trancetänzer vielleicht im Alltag die Ärmsten der Armen - in unseren Augen - sind. Bei uns ist das Thema Macht ein tabuisiertes Thema. Vielleicht hilft uns das Ritual, darüber Klarheit zu gewinnen, wie es mit uns selbst und der Macht steht.

Macht ist die Kraft, die etwas macht.
Meine Ohnmacht ist die Macht, die
ich anderen überlasse.

Gruppenübung, die an das Drachen-Erwachen anknüpfen kann:

Die Gruppe bewegt sich in Zeitlupentempo im Raum. Die Knie sind weich, nicht durchgestreckt, durchlässig für die Energie der tragenden Basis. Das Kreuz ist entspannt, Steißbein hängt im Lot nach unten, der Atem fließt ruhig und verbindet Oben mit Unten. Der Scheitel fühlt sich nach oben gezogen, das Steißbein nach unten. Die Hände liegen auf dem Bauch, die kleinen Finger grenzen an das Schambein an. Du atmest in den Bauch und spürst dort die Energie des Drachen, seine Freude an sich selbst, an der Welt, am Leben. Du läßt die Hitze, das Feuer seiner Begeisterung zu, und Du bemerkst, wie die Freude sich als Kraft im Bauch anfühlt. Beim Einatmen hebt sich die Bauchdecke, und beim Ausatmen läßt Du die Bauchmuskeln in entspanntem Zustand, so daß immer mehr dort im Bauch eine Art Reservoir an Kraft sich ansammelt. Es ist, als wolltest Du durch den

Bauchatem einen Proviant von Lebenswillen und Freude anlegen.

Gleichzeitig gibt Dir dies Kraft - und auch Macht. Du bewegst Dich nun mächtig durch den Raum, schiebst Deinen Macht-Bauch vor Dir her. Achte jedoch darauf, daß Du Dich im Kreuz nicht verbiegst, nicht nachgibst oder einknickst, sondern im Rücken aufgerichtet bleibst, so daß der Bauch daran hängt wie ein Sack. So lavierst Du Dein Kraftschiff mit geblähten Segeln sicher durch den Raum. Achte auch darauf, was Dich dazu veranlassen kann, Kraft zu verlieren oder abzugeben, manchmal ist es auch nur ein blödes Gekicher, und schon ist der Saft raus. ...

Und dann stellt sich die Gruppe wieder zum Kreis, mit dem Gesicht zur Mitte, kann auch noch die Hände auf Brusthöhe heben, um durch die Handflächen, die zur Kreismitte zeigen, Kraft in den Raum des Kreises zu schicken. Und dann setzt sich die Gruppe, macht es sich im Sitzen bequem, ohne an gelassener Aufmerksamkeit zu verlieren. Jeder kann nun einmal in den Kreis treten, sich in die Mitte stellen, die gesammelte und gerichtete Kraft spüren. Jeder kann sich nun einmal als König erweisen, indem er sich vorstellt, die Zeit der Machtübernahme sei gekommen.

Er kann eine einfache Geste dazu ausführen, so etwa sich auf einen bereitgestellten Stuhl als Thron setzen. Oder mit einem Stab dreimal auf die Erde klopfen. Oder nur die Insignien der Macht in der Hand halten. Oder sich eine Kopfbedeckung auswählen, die seine Gestalt angemessen würdig, feierlich, eben; grandios, wirken läßt. (Es klingt zunächst unglaubwürdig - aber es ist erstaunlich, was Goldkronen, aus Papier ausgeschnitten und zusammengeheftet, bewirken können!)

Die Gruppe nimmt einerseits wahr, wie sich diese verschiedenen Gestalten der Grandiosität anfühlen, andererseits hält sie die Kraft in der Form des Kreises. Eine weitere Ausführung dieser Übung könnte sein, auf bereitgelegtem Papier schnelle Skizzen der energetischen Gestalten hinzukritzeln. Oder auch: Sich vorzustellen, welche Kultur, oder welche geschichtliche Epo-

Was uns leitet und uns der Gefahr gegenüber, verschlungen zu werden oder steckenzubleiben, einen adequaten Rettungsanker gibt, ist die Entscheidung für das Experiment: Wir gehen freiwillig ins Labyrinth, um alte Konditionierungen aufzulösen. Wir gehen freiwillig und in vollem Bewußtsein; das kann sogar Spaß machen und wie ein Spiel genommen werden.

Bei der Visualisation des eigenen Lebenslabyrinths lassen sich folgende Kriterien auflisten:

- Gibt es etwas, was ich verändern möchte an meiner Lebensgestalt?
- Welche Alltagssituation empfinde ich als Labyrinth, in der ich bislang als ohnmächtiger und hoffnungsloser Verlierer hervorging, und die ich als eigenmächtiger Sieger gestalten möchte?
- Wo in meinem Leben, in welchen Situationen handle ich mit dem Gefühl, nicht anders zu können , also außenorientiert, konditioniert und in Reaktion?
- Wann handle ich nicht, sondern werde behandelt, fühle mich ausgeliefert, abhängig, Spielball der Kräfte?
- Wann fühle ich mich unklar?
- Wann fühle ich mich überwältigt?
- Wann fühle ich mich verwirrt?
- Was ist das entsprechende Körpergefühl für die Ohnmacht, die Abhängigkeit, das Getrieben-und Ausgeliefertsein?
- Was ist das Körpergefühl des Verlierers?
- Was ist das Lebensgefühl des Verlierers?
- Woran würde ich merken, diese labyrinthische Situation gemeistert zu haben? Wie würde sich dies körperlich anfühlen?
- Was ist das Körpergefühl des Siegers?
- Was ist das Lebensgefühl des Siegers?
- Welche negativen Sätze fallen mir ein, wenn ich in das

Körpergefühl des Verlierers gehe? (z.B.: "Das schaffst Du nie")

- Welche positiven Sätze fallen Dir ein, wenn Du in das Körpergefühl des Siegers gehst? (z.B.: "Ich bin doch ein kreativer Tausendsassa")
- Was empfindest Du, wenn Du jetzt negative und positive Sätze aufgeschrieben hast und sie gegenüber stellst?
- Welche Sätze haben mehr Glaubwürdigkeit?
- Und wie fühlt es sich an, wenn Du Kraft Deiner Entscheidung und mit der Fähigkeit, Dich auf ein Ziel hin zu konzentrieren, schöpferisch Dir die Freiheit nimmst, einfach an die positiven Sätze zu glauben, d.h. einfach: Sie zu denken, sie Dir vorzusagen wie ein altbewährtes Sprichwort, für das Du Dich jetzt entschieden hast?
- Wie fühlt es sich an, Positives zu denken?
- Welches Körpergefühl begleitet diese Entscheidung?
- Kannst Du das Körpergefühl der Entschiedenheit heraufbeschwören, ohne zu wissen, für was Du Dich entscheiden wirst?

Ja?
Dann bist Du bereit für das Drama, und diesmal wird es freiwillig sein.

Das Labyrinth als ausagiertes Drama

Zum Drama braucht es Mitspieler. Ein Drama allein macht keinen Spaß - deshalb ist dieses Labyrinth nur in einer Gruppe zu inszenieren.

Im Mittelpunkt steht die Person, um die es geht. Sie ist soweit: Sie hat ein Problem und hat sich dafür entschieden, es zu lösen. Sie trägt der Gruppe das Problem vor.

Der Regisseur / Therapeut / Gruppenleiter beobachtet während der Darlegung des Problems die - meist unwillkürliche und unbewußte- Körpersprache des Erzählers. So che wohl einen solchen König hervorgebracht haben könnte, und dann dies kurz zu notieren - denn meist erinnert man sich nach einer solchen Session an nichts mehr. Und das wäre schade.

Etwas kommt in Umlauf, kommt in Bewegung, zeigt einen Weg auf: Vision ist ein bewegtes Bild, das selbst bewegt.

Trance-Induktion: Der Dreh im Dreh schafft Vision

Manchmal ist es ein flüchtiger Eindruck, der uns plötzlich trifft und uns verbindet mit etwas, was wir verloren glaubten, etwas, das sich anfühlt wie Boden unter den Füßen, und doch nicht dem Boden der Tatsachen entspricht - etwas, was unsichtbar bleibt und doch wirkt wie der Fluchtpunkt in der Ferne, auf den alle Linien der Perspektive zulaufen, wie ein Focus, der selbst außerhalb des Sichtbaren bleibt und doch die Sehweise schärft. Alles wird nun in Bezug und im Verhältnis gesehen, und deshalb expliziter in seinen Konturen, plastischer.

Was die Gemütslage betrifft, so ist die Wirkung als ein Zuwachs von Sinnlichkeit und Sinnenhaftigkeit zugleich wahrnehmbar: Es ist, als sei man plötzlich und unverhofft auf den Mittelpunkt der Welt gestoßen, während die perspektivisch sich verjüngenden Gedankenlinien einer linear verlaufenden Hoffnung weit über das Ziel geschossen waren und sich in der Ferne verloren hatten. So erleben wir diesen Augenblick als besonders, weil er, anders als die anderen, uns in vertikaler Weise mit den Wurzeln, unseres Sinnverständnisses, mit dem Grund unseres Daseins verbunden hat.

Daß diese Wurzeln nach unten ragen müssen, um sich im Boden festklammern und verhaften zu können, ist nicht gesagt, außer, man wolle die Analogie zu unserer linear-kausalen Bilderwelt bis ins Letzte als verbindlich annehmen.

Vielmehr belehrt uns das Erlebnis eines Besseren, nämlich einer wurzellosen Verwurzelung und Aufrichtung entlang der Weltenachse. In diesem Augenblick der Betroffenheit geschieht eine autonome Organisation, die keiner Maßnahme und keines Maßnehmens von außen bedarf. Manchmal, wenn die Betroffenheit zu stark wird, kann es einem schwarz vor den Augen werden.

Das Leben erscheint als Karussel, das in seiner aufdringlichen und auswegslosen Wiederholung dessen, was im Augenblick des Eintretens als einmalig verbucht wurde, sich immer wieder zu einem Kreis schließen und als abgeschlossen gelten will, und dann, in tückischer Unterwanderung der Erwartungen, die selbst schon Gewohnheit geworden sind, sich doch als Spirale erweist: Das Hier und Nun ist immer dasselbe und doch jedesmal anders - ein Augenblick ist ein Augenblick, und doch ist er nur das Transportmittel, das Gefäß, ist er nur die Vorbedingung für ein Erleben der Gegenwart, das heraustritt aus der Zeit und doch in ihr enthalten bleibt. Und gerade die Flüchtigkeit des Eindrucks, etwa ein Geruch, - flüchtigster und vergänglichster aller Sinneseindrücke - scheint die Zeit fixieren zu können: Nicht, indem sie sie wahrheitsgetreu abbildet und in dieser Abbildung zu konservieren verspricht, sondern indem sie eine Organisation des Bewußtseins anregt, deren Struktur die horizontale Ebene der Zeit als zeitliche Aufeinanderfolge von Ereignissen überwindet.

Die Struktur der Oberfläche verändert sich, wellt sich, krümmt sich, bietet Höhepunkte, Tiefenlagen an, erlöst aus dem Einerlei des Allerlei. Es entsteht ein Gefühl von Konzentration, als wäre da eine Mitte, um die sich alles dreht. Von dieser Mitte aus geschieht Expansion in alle Richtungen zugleich und wird als Ausstrahlung erlebt - diese Konzentration, die die Expansion der Ausstrahlung erst bedingt, bedingt auch einen Zuwachs an Gegenwärtigkeit, die sich nun qualitativ von der gewöhnlichen Gegenwart abhebt. Man meint zu fühlen, mehr in der Mitte zu sein - auch wenn dies in der praktischen Anwendung der Geometrie nicht möglich ist. Die neue Qualität läßt auf eine neue Struktur, und die neue Struktur eben auf jene Organisationsprozesse des

entsteht eine Materialsammlung von möglichen Körpermetaphern , d.h. Bildern in Bewegung, die bestimmte Körperbefindlichkeiten ausdrücken. Z.B kann der Druck, den man sich macht, um einen Termin einzuhalten und vor dem man dann aber letztlich kapituliert, sich in geballten Fäusten, die sich ständig selbst kneten und knoten oder hochgezogenen Schultern und einem verbarrikadierten Nacken zeigen. Diese körperlich ausgierten Bilder nennt man Körper-Metaphern.

Der nächste Schritt wird sein, diese Metaphern, die zunächst nur körperliche Aktionen bzw. Reaktionen sind, zu personifizieren und meist im Plural als Gruppe, Partei, Club etc. auf die Bühne zu stellen. Meist findet sich sehr schnell zumindest eine Gegenpartei, etwa die, die dem Druck ausweichen will, Widerstand bietet, sich ablenken läßt oder ganz für das Aufgeben ist. Auch sie hat eine Art, sich körperlich auszudrücken und ihre Interessen durchzusetzen. So kann die Unlust, die durch den Druck ausgelöst wird, mit Magengrimmen oder Trägheit reagieren. Die Ablenkung präsentiert sich mit dem Drang, häufig zum Kühlschrank zu gehen und hineinzuschauen, zu naschen. Eine nervöse Erregung hingegen zeigt sich hingegen etwa durch Zappeln, Kratzen und Jucken, Nägelbeißen, Haareraufen etc...

Durch Aufstellung der Parteien bekomme ich einen unmittelbaren Einblick über die unbewußt sich abspielende Dynamik. Es gibt mir auch einen klärenden Überblick über Proportionen und Verhältnisse: Wie stark ist eine Partei vertreten?

- Wie überzeugend ist ihr Körperausdruck?
- Wie nahe oder wie ferne ist sie mir, dem Ich als Präsidenten in diesem Seelen-Parlament?
- Wie sind die Parteien angesiedelt? Vorne, hinten, rechts, links, oben, unten?

Nun folgt die Interaktion, in deren Mitte das Ich steht und die dramatisierte Dynamik auf sich wirken läßt: Alle Gruppen agieren gleichzeitig den ihnen entsprechenden Körperausdruck dramatisch aus. Das Drama beginnt. Dazu kommen noch Sätze, die den körperlichen Ausdruck unterstützen und verstärken. Und das alles gleichzeitig!
Meist haben die Parteien folgende Parteiprogramme:

- Da ist die Pflicht-Partei mit den Pflicht-Programmen -
- Da ist die Organismus-Partei, die die Bedürfnisse und Reaktionen des Organismus ankündigt -
- Da ist die Partei der hehren Ideale
- oder fernen Ziele -
- oder eigentlichen Wunschbilder -

Es bilden sich dann oft Splitter-Parteien aus, insbesondere

- Trotz Parteien
- Terror-Organisationen
- Untergrundbewegungen

Sie alle haben die Chance, im Parlament angehört zu werden, aufgegeben und agieren deshalb außerparlamentarisch. In diesem Drama jedoch sind auch sie vertreten und können ihre Dynamik veröffentlichen.

Das Drama wird vom Ich angeschaut, nachvollzogen. Das Ich nimmt bewußt daran teil. Das Drama hat eine kathartische Wirkung, wie schon die antike Tragödie. Etwas löst sich, dadurch daß das problematische, ungelöste und unerträgliche Geschehen des Innenlebens nach außen gesetzt und dort ausgehandelt wird. Das Aushandeln geschieht auf einer nicht-rationalen und non-verbalen Ebene. Die Person läßt das Drama auf sich wirken. Der Organismus als selbstorganisierendes System reagiert auf den Verlust von Gleichgewicht und gewohnter Orientierung mit Aha-Erlebnissen und Lösungseinsichten, die oft zunächst nicht formuliert, nicht auf die Reihe gebracht werden können, Bewußtseins schließen, die die Gestalt von Strudeln, Wirbeln, spiraligem Pulsieren angenommen haben.

Mit diesen Gestalten müssen wir uns beschäftigen, wenn wir den Sinn der Dreh- und Spiraltänze verstehen wollen. Es ist eigenartig, daß gerade eine so einfache Bewegung wie das Drehen um die eigene Achse soviel bewirken kann und so heilige Bedeutung zugemessen bekommen hat, wenngleich sie aussieht wie ein Kinderspiel, und dies auch ist. Es ist eine der grundlegenden Bewegungen, mit denen Kinder experimentieren, wobei das Risiko des Gleichgewichtsverlustes lustvoll erlebt und freiwillig herausgefordert wird. Die besorgte Frage erwachsener Zuschauer, ob es einem da nicht schlecht würde, löst oft das aus, was sich die Erwachsenen als Folge von Drehen und Durchdrehen vorstellen: Jetzt wird es auch dem Kind schlecht und es beweist durch das Nacherleben der vorgelebten Erlebensmuster, wie recht die Erwachsenen haben, wenn sie sich nicht drehen.

Der Schwindel als unweigerliche Folge und rechtmäßige Strafe für solches Experimentieren scheint die zu treffen, die den Sprung in die oben beschriebene Organisation des Wirbelns nicht geschafft haben: Die Organisation durch die zentripetalen und zentrifugalen Kräfte, für ein sich gegenseitiges Bedingen von Peripherie und Mitte, von Bewegung und Bewegungslosigkeit, von Vielfalt des vorbeiziehenden, flitzenden Außen und einem in Einheit ruhenden Innen konnte nicht eintreten. Stattdessen eben Schwindel, der einerseits als Druck, andererseits als Leer erlebt wird. Da ist einerseits ein Zuviel und andererseits ein Zuwenig, also ein Ungleichgewicht im eigenen Organismus entstanden, und gleichzeitig die Sehnsucht, Ausgleich zu schaffen, sei es, sich des Zuviels durch Kotzen zu entledigen, sei es, das Zuwenig durch fallen und dem damit verbundenen innigen Bodenkontakt zu überwinden, zu überspringen - im wörtlichen Sinne.

Im Schwindel schwingt eine Ahnung von dazwischen, von unbewohnten Zwischenräumen mit. Und so ist die erste Funktion des Drehens zunächst, auch wenn dies paradox klingt, Beheimatung, Bewohnung des eigenen Körpers, Integration der in chronologischer Abfolge zersplitterten Erlebnisse, die durch Investition der Lebensenergie mit Bedeutung ausgestattet wurden, ohne Zinsen zu tragen, das heißt: Ohne eine unmittelbare Teilhabe an Lebendigkeit zu gewähren. Durch die Inszenierung des Rituals, Wirbel zu machen, stellt sich idealerweise eine neue, bessere Ökonomie der Lebensenergie ein. Überflüssiges wird abgegeben, aufgelöst, Verrückung zurechtgerückt, Unmittelbares zur Mitte gemacht, Wesentliches zum Ausgangspunkt für die wirbelnde Bewegung, die als Gegenwirkung zur Reinigung durch Auflösung Verdichtung herstellt. Es entsteht ein Gefühl von unauflösbarem Kern, der sich durch chaotische Durchgänge in seiner Struktur elastischer, flexibler und sehr differenzierter Ordnung nur noch mehr etabliert; dies ist die Grundlage alchemistischen Vorgehens, darüber hinaus Grundmuster aller Transformationsprozesse.

Transformation ist deshalb so schwer zu erreichen, nicht, weil das Ziel so weit weg ist, sondern so nahe: In der Mitte. Doch erst Entfernung bringt Annäherung, erst der Ausflug in die verwirrende Weite einer beliebigen Vielzahl der Phänomene die notwendige Umkehr zur Einfalt, die in sich die Vielfalt eingefaltet hat.

Es wird immer einfacher, hört man die sagen, die auf dem Rückweg sind. Aber das Erleben von Einfachheit ist durch das Aushalten der Reibung mit komplexen komplizierten Verhältnissen bedingt, denn erst in der Auseinandersetzung mit dem Ungleichgewicht entsteht innere Ausgeglichenheit. Es scheint, daß das ganze Universum spiralförmig angelegt ist, und damit eher in Paradoxen zu erfassen ist, als in geradliniger Betrachtung. Es scheint, daß nichts daran vorbeiführt, und möchten wir auch stur nach vorne breschen, und den einmal eingeschlagenen Weg verfolgen bis zum Ende, das irgendwo im Jenseits liegt, so belehrt uns schon die nächste Krümmung, daß wir bei solchem Verhalten höchstens im Niemandsland unserer eigenen Phantasmagorien landen und den Kontakt zur wirklichen Wirklichkeit, deren Wirken in Spiralen und Paradoxen abläuft, verloren haben.

Und selbst noch diese Verirrung endet mit Organisa-eben weil sie ganzheitlich sind. Oft ist es zunächst nur ein Gefühl, eine bestimmte Bewegung, die die Lösung andeutet. Mit weiterem Ausagieren und Inszenieren dieser Lösungs-Ansätze klärt sich immer mehr, was geschehen muß, um die Lösung zu realisieren.

Und dann realisiert sich die Lösung als Erlösung: Ein neues Selbstbild, ein neues Körpergefühl, ein neues Lebensgefühl ist geschaffen worden.

Das neue Selbstbild wird zum Leitbild.

Das neue Selbstbild wird in den Alltag integriert.

Der Alltag und mit seinen Mechanismen, Gewohnheitsmustern und Bewegungsarten ist erlöst: Ein neues Gleichgewicht stellt sich ein.

Das Labyrinth als Technik der Konfusion:
Ein neuro-energetisierendes Mentalprogramm

Die Verschiebung der Aufmerksamkeit vom Inhalt der ausagierten Geschichten hin zu deren Struktur ist eine wichtige Disziplin, die zur Lösung von Problemen beiträgt. Das Mitteilen der dramatischen und problematischen Geschichten mag sicher zunächst eine Hilfe sein, die erleichtert, aber nicht unbedingt klärt, denn: Die Struktur der Geschichte bleibt gleich. Die Geschichte wird immer und immer wieder erzählt; das Problem verdichtet sich, verfestigt sich, scheint bald unlösbar. Und schon ist auch der Zuhörer in den Bann gezogen und unterliegt der hypnotischen Suggestion von Auswegslosigkeit oder einer Lösung, die keine ist.

Der spielerische Umgang mit der Form hingegen befreit von dieser emotionalen Fixierung auf das Problem. Die Geschichte wird abstrahiert und in ihrer Struktur erkannt. Sie wird zu einem Thema mit Variationen, und die Freiheit, das Thema variieren zu können, schafft Distanz und löst die Fixierung auf. Die Geschichte verliert ihre Gewichtigkeit, ihre Schwere. Das Denken begreift: Es gibt etwas, was von der Erfahrung abstrahieren kann, und das ist das kreative Denken, das souverän mit problematischen Inhalten umgeht. Wer mit einer, *seiner* Geschichte verbandelt ist, tut sich schwer, dem roten Faden zu folgen.

Der erste Weg aus der assoziativen Verbundenheit in die befreiende Dissoziation besteht darin, einen bekannten Ablauf, der problematisch ist und jedesmal wieder nicht zur befriedigenden Lösung führt, sondern sich in seiner Unerlöstheit wiederholt, in Phasen und Abschnitte aufzugliedern. Damit wird die Kausalität aufgelöst und die Kausalkette abgekoppelt.

Es kann sich zeigen: Es muß nicht unbedingt und notwendigerweise das eine auf das andere folgen. Damit fallen viele mögliche Begründungen und Rationalisierungen weg und die Schwere des Schicksal wird aufgelockert: Es kommt als spielerische Entscheidung daher. Ich spiele. Ich entscheide mich, heute entgegen meiner gewohnten Kausalketten eine andere Abfolge durchzuspielen.

Eine solche typische Kausalkette könnte so aussehen:

1. Ich will mich verändern (Gefühl der Unzufriedenheit)
2. Ich muß mich verändern (Gedanken und Reflexionen: Es ist einfach nicht vernünftig, es beim Alten zu belassen)
3. Wie kann ich mich verändern? (Gedanken, die in Zweifel münden)
4. Wie kann ich mich verändern? (Zweifel, die sich zu Gefühlen der Minderwertigkeit bis Hoffnungslosigkeit verdichten)
5. Wozu das alles! (angeborene Trägheit meldet sich)
6. Lieber alles beim Alten belassen (Altbewährtes bietet die Sicherheit des Bekannten und Gewohnhten)
7. Ich kann es mal probieren (mit halbem Herzen und

tion: In der Reibung mit der Engführung des Holzwegs, auf dem man sich befand, glaubt man in seine Einzelteile zu zerfallen - und dies erst macht eine neue Zusammensetzung unter günstigeren Bedingungen möglich. Tod bedingt Leben, Neugeburt. Loslassen bedingt Lösung, und damit Bindung. Coagula et solve, binde und löse, sollte eigentlich heißen: Binde, um zu lösen. Und: Löse, um zu binden. Dieses Paradox ist, worauf es ankommt: Es ist der Dreh im Drehen.

Gleichgewicht in der Bewegung: Beständig gespanntes Ausgerichtetsein und ständig neues Loslassen.

Partnerübung: Öffnung noch oben und unten, Körper wird zum Kanal.

Zwei Partner von annähernd gleicher Höhe und gleichem Gewicht finden sich zusammen. Beiden sitzen so, daß die Beine rechtwinklig aus der Hüfte herauswachsen, Die Füße stehen hüftbreit und parallel, berühren sich an den Fußsohlen und verschmelzen miteinander. Die Knie sind nicht stramm durchgestreckt und doch gerade. Der Atem tastet sich aus dem Bauchraum über die Leisten hinunter zu den Füßen, über die Fußsohlen hinaus, hinüber in die Beine, bis in den Bauchraum des Partners, der ebenso in Deinen Bauch hineinatmet - dies ist eine Konzentrations- und Atemübung zur bewußten Verschmelzung, die nun bewußt und sehr sachte aufgelöst wird: Durch Anwinkeln der Knie lösen sich die Fersen leicht, wobei dies mit dem Einatem geschieht.

Du kannst Dir den Einatem einsaugend vorstellen, und die Fußsohlen als so klebrig, daß sie sich kaum lösen können. Dann, mit dem Ausatem, eilen die Fersen wieder aufeinadner zu und verhaken sich ineinander, unauflösbar, wie es scheint, jedoch nur bis zum nächsten Einatem. Der Atem soll mit den Bewegungen und mit dem Atem des Partners abgestimmt werden, die Übergänge von Verbindung und Lösung bewußt miterlebt werden.

Wenn Du nun die Füße ganz löst und mit angewinkelten Knien auf den Boden abstellst, so kannst Du das Erlebnis von intensivem Kontakt bis hin zur Verschmelzung auf den Boden übertragen, ganz als wäre er ein lebendiges Wesen. Wenn Du Dich nun langsam auf die Füße stellst, so kannst Du in die Phantasie gehen, der Boden unter Dir öffne sich in einem spitzen Kegel bis hin zum Erdmittelpunkt, dessen magnetische Anziehungskraft Du spürst.

Nach dieser Erdungs- Übung, die Dich nach unten geöffnet hat, bist Du bereit für die Öffnung nach oben. Dein Partner und Du stellen sich ungefähr einen halben Meter voneinander entfernt voreinander, senken die Köpfe und suchen einen Kontaktpunkt in der Mitte des Kopfes, genau auf dem Scheitel. Dabei ist es wichtig, daß der Nacken sich frei und entspannt fühlt und sich von Kopf bis Fuß ein weiter Bogen entlang der Rückseite beider Körper bildet.

Du atmest in diesen Bogen, verbindest Dich wieder bis hin zur Verschmelzung mit Deinem Partner, so daß ein großer gemeinsamer Bogen entsteht, der, durch gemeinsamen Atem belebt, eine Brücke schlägt. Atme in den Druckpunkt am Kopf und lasse den Druck in Wellen sich durch Deinen Körper fortsetzen. Mache die Übung kurz und konzentriert und löse den Kontakt auf, wenn der Druck schmerzhaft wird. Richte Deine ganze Aufmerksamkeit nun auf die Ablösung und versichere Dich zunächst, daß Du einen guten, festen Stand hast, der das Körpergewicht übernehmen kann.

Dafür rutscht Du vorsichtig mit dem einen Fuß nach vorne, so daß die Standfestigkeit durch eine leichte Grätschhaltung erhöht wird. Du kannst auch ein wenig in die Knie gehen, während Dein Kopf langsam sich erhebt und die nun entstandene Öffnung immer mehr nach oben, in den Himmel zeigt. Wenn ein bestimmter Grad der Aufrichtung erreicht ist, spürst Du, wie ein leichtes Ziehen den Kontakt nach oben, und Du kannst dies durch ein inneres Bild noch unterstützen: Du stellst Dir vor, Dein ganzer Körper wäre in einem Scheinwerferkegel,

keiner Entschiedenheit: Es hat doch keinen Sinn). Ich teste die Chance. Verwirrung stellt sich ein, widerstrebenden Gefühle und Gedanken zerren an mir, ich bin gelähmt, ich bin blockiert, Brett vorm Kopf, roter Faden weg - was mache ich eigentlich hier?

8. Der Versuch mißlingt, die Chance ist vertan (wieder einmal)
9. Die Moral der Geschichte: Es hat keinen Sinn
10. Bilanz: Bei mir hat es keinen Sinn (andere können es, ich nicht)
11. Da capo: Ich will mich verändern (Ich will wie die anderen werden, die es können)
12. Was andere können, kann ich auch...
13. Wie haben es die anderen (die Suche nach dem Ideal, Modell) geschafft?

Es kann sein, daß beim Lesen der Eindruck entsteht, diese Abfolge sei zwingend. Ist sie aber nicht. Ein spielerischer Versuch, die Abfolge beliebig umzustellen, wird zeigen, daß die Gedanken und Gefühle zunächst unverbunden auftauchen und sich auf Gewohnheitsmuster beziehen, und sobald wie sich die Gelegenheit bietet, einrasten. Dann ist wirklich alles beim Alten und Altbewährten. Das Labyrinth jedoch beinhaltet die Konfrontation mit dem Unbekannten. Verwirrung gehört dazu. Das ist das Risiko. Das ist eben die Chance einer neuen Orientierung und Ordnung.

So könnte eine konstruktive Abfolge ausschauen:

1. Ich beginne mit wertschätzender Anerkennung des Altbewährten. Es hat sich tatsächlich bewährt - bis jetzt.
2. Ich anerkenne ebenfalls die angeborene Trägheit - sie gibt mir Raum und Zeit, meinen Raum und meine Zeit.
3. Ich fühle mich bereit, mich zu verändern (Gefühl der Bereitschaft)
4. Ich kann mich verändern (gerichtete Gedanken und Reflexionen, auf ein Ziel hin und in die Zukunft hinein)

5. Ich will mich verändern (Entscheidung, mit ganzem Herzen)
6. Ich motiviere mich selbst, indem ich mir die Realisation meiner gewünschten Veränderung vorstelle in allen Konsequenzen.
7. Ich gehe davon aus, daß eine Chance auf mich zu - kommt.
8. Ich ergreife die Chance, die auf mich gewartet hat: Innere Bereitschaft und äußere Situation fallen zusammen. Das ist kein Zufall.
9. Ich handle im Einverständnis mit meinen altbewährten Gewohnheitsmustern und riskiere Neues im Hinblick auf meine Ziel- und Lösungsorientierung.
10. Verwirrung begrüße ich freudig: Erregung steigt auf.
11. Angst begrüße ich freudig: Erregung wächst.
12. Angst schlägt um in Ekstase: Ach so ist das also gemeint!
13. Wie auch immer das Experiment ausgegangen ist: Das war ein aufregendes Spiel!

Das Labyrinth als gelungene Therapie der Metamorphose

Das Labyrinth bedeutet den Aufbruch ins Unbekannte. Das Labyrinth zeigt, daß der Aufbruch allein nicht reicht, sondern daß die Prozedur durchgezogen werden muß. Und dazu bedarf es einer bestimmten Kraft, einer bestimmten Motivation. Es reicht nicht, sich "irgendwie verändern zu wollen“ oder "mal so zum Spaß mitzuspielen“. Es reicht nicht, weil der Einsatz nicht hoch genug ist, und das Spiel um nicht mehr und nicht weniger als um einen sehr hohen Anspruch geht, nämlich: Lebendig zu sein.

Das Labyrinth vermittelt zwischen Altem und Neuem. Es vermittelt zwischen den alten Strukturen und einer neuen

dessen Lichtquelle direkt aus der Sonnenmitte kommt. Nun läßt Du beide Kegel sich gegenseitig durchdringen und spürst, wie die Achse Deines Körpers zur Weltenachse wird, und Himmel und Erde verbindet.

Sich sein lassen:
Verwurzelung auf der Erde.
Radikale Transformation:
Verwurzelung im Geist.

Tiradenübung: Hochzeit von Himmel und Erde

Es finden sich drei Leute zusammen, die abwechselnd je einmal sich ausgestreckt auf einer Decke bequem und warm eingepackt hinlegen, während die anderen jeweils am Fußende und Kopfende sich hinsetzen. Nach Absprache kann entweder kein Kontakt aufgenommen werden, so daß nur die Anwesenheit der beiden für sich spricht, oder aber die Füße und der Kopf, oder nur eins von beiden, gehalten werden. Der, der liegt, geht auf eine innere Reise. Er wohnt den Vorbereitungen für ein Fest bei. Dieses Fest ist die Hochzeit zwischen Himmel und Erde, und sie soll bei ihm, in seinem Haus, in seinem Körper stattfinden.

Himmel und Erde sind mächtige Kräfte, und natürlich haben sie einen weiten Freundeskreis, ein großes Gefolge, viele Verbündete, und alle sind eingeladen.

Der festliche Zug setzt sich in Bewegung, jeweils von den Polen der Erdmitte und der Sonnenmitte ausgehend. Es ist eine feierliche Prozession, die nicht enden will, denn alle haben sich dazu eingefunden, aber auch alle.

Du siehst vielleicht die reiche Ausstattung der Festtagskleider, flatternde Tücher von Fahnen und Baldachinen, Tiere, die neugierig sich dazu gesellen und freiwillig die Gäste auf ihrem Rücken tragen. Du kannst Deiner Phantasie freien Lauf lassen, denn sie gerät unweigerlich in den Bann des festlichen Anlasses, sie ist magisch angezogen von der Vorstellung einer Vereinigung. Und Du kannst Dich mitnehmen lassen, als seist Du selbst ein Gast. Die Vorbereitungen geschehen von selbst, die Fenster öffnen sich und lassen Licht herein, der Staub wird vom Licht hinausgeweht und verschwindet in den Wolken. Vielleicht machst Du Dir Sorgen, ob auch alle eingeladen wurden und niemand vergessen worden ist.

Oder es drängen sich nun mit Nachdruck Gestalten auf, die Du lieber vergessen hättest. Aber auch sie wollen eingeladen werden, und Du bittest sie zu Tisch. Erst dann kann die Vereinigung geschehen. Und dann kannst Du Dich hinreißen und fortreißen lassen, bis Deine Begleiter durch einen sanften Kontakt zu verstehen geben, daß der Rahmen einer vorher festgelegten Zeit (ca. 10 Minuten) Deiner Phantasie Grenzen setzt. Danach kann ein kurzer Austausch stattfinden.

Vorübung zum Drehen ohne zu fallen

Du stehst und überprüfst Deinen Stand auf Durchlässigkeit, Geschmeidigkeit hin. Wo sind die Stellen, die den freien Fluß des Atems, der Lebensenergie behindern? Schicke ihnen besondere Aufmerksamkeit, lenke Deinen Atemstrom dorthin und stelle Dir vor, wie er wohltuend die Barrikaden abbaut - nicht durch Kampf und Krampf, sondern durch Diplomatie. Du kannst Dir einen inneren Dialog zwischen Dir und diesen Schattenseiten Deiner selbst ausdenken. Jetzt fragst Du Dich, ob Du Dich nach dem Drehen fallenlassen möchtest, oder stehenzubleiben wünscht. Und dann nimm Dir auch vor, das zu tun, was Dir ungewohnt, vielleicht sogar unmöglich erscheint. Die Art, wie Du diese Reise beendest, ist so wichtig wie die Reise , das Drehen selbst. Du wirst merken, daß Du, wenn Du einmal im Drehen drinnen bist, das Gefühl für die Zeit verlieren wirst und stundenlang, tagelang so drehen möchtest. Die Kunst aber ist es, den Wechsel zu beherrschen, und so zu "landen", daß die Wirkung des Drehens Dir nicht verloren geht, sobald Du wieder im Alltag mit Deinen zwei Beinen stehst. Wenn Du während des Drehens in Panik gerätst, weil sich die Welt

Ordnung, die Sinn macht, belebend wirkt, motiviert, befreit, einen höheren Energie-und Intelligenz-Level hat, ganz allgemein das Niveau hebt.

Um diesen Preis sollte man nicht mit halbem Herzen spielen. Nicht, weil es verboten wäre - nur: Es strengt zu sehr an. Denn das, was allein durch das Labyrinth hindurch führen und treiben kann, ist die Entscheidung, auf's Ganze zu gehen. Das heißt: Mich ernstzunehmen in dem, was ich tue. Mich ernstzunehmen heißt: Volle Verantwortung dafür zu übernehmen. Ich kann nicht mehr die Schuld anderen zuschieben und mich in die Rolle des Opfers begeben, wenn ich in meine eigene Kraft kommen will. Wenn ich Opfer bin, bin ich immer in der Abhängigkeit von anderen, die mich als Opfer anerkennen und mit ihrer Kraft und ihrer Macht über mich verfügen.

Meine Unabhängigkeitserklärung wird vielleicht Verwirrung bei anderen auslösen, die bislang nicht nur mich in meiner Opferrolle bestärkt und aufgebaut, sondern auch davon gezehrt haben. Aber mich von der Rolle zu lösen wird Klarheit bedeuten, selbst wenn die Lage noch so verworren ausschaut.

Die eigene Entscheidung ist also der Ausgangspunkt für die Reise durch das Labyrinth.

Die Entscheidung ist nicht abhängig von Gefühlen, die launenhaft mal so oder so wie das Wetter sich gebärden.

Die Entscheidung ist auch nicht abhängig von Gedanken und einem Denken, das die Tendenz zum Nach-Denken hat, also problem-orientiert auf die Vergangenheit focussiert ist.

Die Entscheidung ist der Ausdruck von einem Wollen, das aus dem innersten Kern kommt. Es ist die beste Motivation, die es gibt.

Diese Motivation speist sich nicht aus einem Wissen (ich weiß nie genug, um den Sprung ins Unbekannte zu wagen).

Und auch nicht aus einem Können (ich kann nie genug, um den Sprung ins Ungekonnte zu wagen).

Das, was mich unmittelbar motiviert, ist die Hypothese, die ich experimentell durchspielen will:

- Ich bin umgeben von einem Meer kosmischen Bewußtseins.
- Ich bin Licht, bin ein Tanz kreisender, strudelnder, wirbelnder Energie.
- Ich habe Anschluß an das kosmische Bewußtsein.
- Ich habe Anschluß an die universelle Intelligenz und Energie, an das Licht.
- Ich bin ein strahlendes Wesen.
- Ich empfinde Liebe, weil ich mich dafür entscheide.

Wir leben in einer Zeit, da vielleicht wieder das Wünschen helfen wird. Wichtig ist nur, sich klar zu machen, daß wir das, was wir wünschen, nicht glauben müssen. So wie wir auch nicht das, wir denken, glauben müssen. Es gibt ein Denken, das experimentell und hypothetisch, das kreativ einen konstruktiven Gedanken setzt, das heißt: Das will, was es denkt.

Wer einmal die Erfahrung eines solchen kreativen Denkens gemacht hat, wird das Labyrinth nicht mehr als Ort des verschlingenden Schreckens sehen oder der elitären Prüfung und Auslese. Wer zum Held bestimmt ist, wer zum Monster, und wer zum Opfer, sondern wird das Labyrinth als geistigen Ort der Herausforderung erleben.

dreht und dreht und Du sie nicht anzuhalten weißt, dann empfiehlt es sich mit kleinen, schnellen Trippelschritten die Energie wieder runter in die Füße zu holen. Daraus kann ein Tanz entstehen, der Dich tanzt.

Oder aber Du springst mit beiden Füßen entschlossen in einen breitbeinigen Boxerstand und begleites diesen Entschluß mit einem Ausruf, den Du aus Dir heraus kommen läßt, und der Deinen Körper im Ausdruck öffnet: Das ist vor allem für Schüchterne eine Herausforderung, der mit der freudigen Beschleunigung durch das Drehen und durch die Unterstützung der zuwachsenden Kräfte neu begegnet werden kann. Nie standen die Chancen besser, sich aus alten Verhaltensmustern herauszudrehen, und in neue Energien sich zu kleiden. Falls die Beschleunigung der Energie durch das Drehen einfach nicht eintreten mag und man das Gefühl nicht los wird, auf sich selbst sitzen zu bleiben, gibt es folgenden Trick: Man stelle sich die feierliche Stimmung bei der Eröffnung des Kaiserwalzers am Wiener Hofball vor und lasse sich davon erstmal in der Phantasie beschwingen: Rauschende Gewänder, den ganzen Saal mit wirbelnder Energie erfüllend, so daß die Außenwelt davon erfaßt zu verfliegen beginnt. Worauf man einige dieser Walzerschritte selbst tätige und sich vom Schwung des Tief-Hoch-Hoch tragen lasse, und sei es nur ein schwacher Abglanz oder eine Karrikatur - es funktioniert trotzdem.

Dann lasse man die Akzentuierung, die typisch für den Walzer ist, weg, und stelle sich den Dreier-Takt als eine gleichmäßig weitertreibende Mühle vor: In die ist man nun plötzlich geraten, und freiwillig, so daß man getrost ihren Effekt genießen kann. Irgendwann muß man nicht mehr treten, um sie in Schwung zu halten, sondern wird getreten. Und irgendwann verwandelt sich die Tretmühle zu einem Gefährt besonderer Gangart: Durch das tiefe und gleichmäßige Atmen in den Bauch, durch das Verbleiben auf einer Höhe - also das Nichtausweichen durch hoppelnde, humpelnde, hüpfende oder abgehackt abfedernde Schritte entsteht eine Verselbständigung der Bewegung.

Es fühlt sich an, als würde man auf einem Gefährt

obenauf sitzen, in einer Sänfte wirbelnd um die eigene Achse getragen, würde geflogen, an der wirbelnden Außenwelt vorbeigetragen, während man innen, am Ort, wo man sich befindet, eine seltsame Ruhe und Verdichtung, die nach außen hin abschließt wie hinter Fensterglas, wahrnehmen mag. Ist diese Ruhe und Bewegungslosigkeit erreicht, bedarf es keines Anschubs, keiner Anstrengung mehr - um diesen Zustand geht es im Drehtanz: Der Kreisel singt. Viele berichteten, sie waren geradezu von Seligkeit erfüllt und beschrieben oft das Bild, von einem Fluß getragen zu werden auf dem Rücken liegend, in einem Strom zu treiben, den Kopf und Nacken auf dem Wasser abgelegt, als würde jemand, dem man voll vertraut, dort liebevoll unterstützend die Hand hinlegen. Und es tut gut, sich diese Erlebnisbilder vor Augen zu führen und zur Einstimmung auf sich wirken zu lassen.

Als weitere Vorübung kannst Du, auch im Liegen auf dem Rücken, die Haltung ausprobieren: Was bedeutet es für Dich, die Arme über der Brust zu kreuzen? Ist es mehr eine abwehrende, nach außen schützende Verschränkung oder fühlt es sich an wie eine Umarmung Deiner selbst? Und wieviel von Dir ist in diesem Selbst enthalten, wieviel ausgegrenzt? Dann wechselst Du diese Haltung mit der der ausgestreckten Arme ab und fühlst die Weitung, die Ausrichtung nach außen bis in die weit gespreizten, aufnahmebereiten Fingerspitzen. Du fühlst einen Rückenwind, der Dir unter die Arme greift, die Achselhöhlen streift und dort einen Freiraum öffnet. Du stellst Dir vor, Deine Flügel zu spreizen, Dich bereit zu machen für den Flug. Und bevor Du abhebst, überlegst Du, wohin Dich die Reise führen soll. Gibt es etwas, was Du von dort oben, aus der Übersicht der Vogelperspektive überschauen willst?

Das Labyrinth mit System

Die systemische Familientherapie - die durchaus auch mit der inneren Familie und dem inneren Parlament arbeitet - die Hypnotherapie nach Milton Erickson und das NLP (Neuro Linguistisches Programmieren) können sehr gut durch nonverbale Trance-Techniken erweitert und bereichert werden, wobei das Labyrinth eine ideale Vorlage bietet, denn es ist als Gestalt eindeutig zweideutig, als Metapher für Ordnung und Verwirrung allgemein bekannt, und für Pläne der Visualisierung, Modellierung, Inszenierung, Dramatisierung ideal.

Es kann alles im Kopf des Einzelnen stattfinden, oder auch in einer Gruppe, in einem Raum. Das Spielsystem des Labyrinths - so genannt, weil es System hat und trotzdem oder gerade deshalb ein Spiel ist - verhilft sowohl zur formalen als auch zur inhaltlichen Neuorganisation des Seelenhaushalts und lenkt durch spielerisches Simulieren einer heilsamen Krise die selbstorgansierenden Prozesse in konstruktive Bahnen. Verbale wie non-verbale Trance-Induktionen, ebenso wie tänzerische Bewegungsformen und gruppendynamische Spiele, fördern die Kontaktaufnahme mit den Teilnehmern und Mitgliedern des eigenen Seelenhaushalts, fördern innere Suchprozesse, kreative und intuitive Lösungsprozesse und den Einstieg in die Neuorganisation von Seeleninhalten.

1. Erste Strukturierung in einem offenen Raum:
Raum wird erst dadurch zum geräumigen, bewohnbaren und verfügbaren Raum, indem er strukturiert wird. Das unterscheidet ihn von der Leere. Eine erste Strukturierung kann durch eine rudimentäre und archaische Einteilung in vier Sektoren erfolgen, indem das Kreuz der vier Windrichtungen und das Maß der Windrose eingeführt wird.

2. Die Eröffnung von Orten der Sinngebung:
Die vier Richtungen Süden, Norden, Westen und Osten sollen mit Sinn besetzt werden und gleich Bedeutungsfeldern räumlich festgesetzt und körperlich konkret zugänglich gemacht werden. Eine solche Eröffnung kann durch Markierung geschehen, etwa indem in allen vier Richtungen Symbole der Bedeutungen angebracht, bzw. Zettel mit Zeichnungen und Stichworten zu den jeweiligen Themen an die Wände geheftet werden.

So ist durch Zuordnung, Einordnung und Anordnung in einem durch Unterschiede aufgeteilten Feld Ordnung entstanden. Die Eröffnung der thematisch abgegrenzten Orte kann ganz praktisch durch Abgehen der Reiseroute und eröffnende Worte von Seiten des Leiters oder der Leiterin geschehen.

Der bemessende, abmessende, abzählende Gang wird begleitet von der Erzählung, was in den vier Orten für Regeln gelten, welche Menüs dort zur Verfügung stehen, welche Fragen sich aufdrängen, welche Hilfsgeister und gute Engel, aber auch welche Dämonen dort wohnen, welche Fähigkeiten erlernt werden können und welche Voraussetzungen mitgebracht werden müssen.

3. Die Eröffnung von Bahnen des Übergangs von Ort zu Ort:
Die Eröffnung schließt eine Reisebeschreibung der Übergänge ein. In diesem Falle der Ausrichtung an den vier Windrichtungen im heilenden Medizinrad ist die Reiseroute festgelegt auf zwei Achsen: Wir beginnen im Süden, wandern nach Norden auf der Achse der alltäglichen Wirklichkeit, wechseln im Norden im Übergang zum Westen die Achse und gehen sie von Westen nach Osten als Achse der nicht-alltäglichen Wirklichkeit ab. Wenn wir nun von Osten weitergehen und uns wieder im Süden einfinden, so befin-

Die Pole öffnen wie Schleusen: Erst zwischen den Gegensätzen fließt Energie.
Der ganze Kosmos feiert die Vereinigung der Gegensätze und ich bin eingeladen.
Ich bin im Mittelpunkt des kosmischen Festes, wie alle anderen auch.

Übung: Drehen in der Hufeisenform

Die Gruppe bildet sitzend, sich wiegend oder stehend, schwankend, eine Hufeisenform. Es mag ein Aberglauben sein, daß Hufeisen Glück bringen, aber mir gefällt die Form am besten, wenn es darum geht, eine Gestalt zu finden, in der die Gruppe die kreisförmig kurzgeschlossene Energie halten kann und doch ein offenes Zwischenstück einräumt. Diese offene Seite kann in geschlossenen Räumen dem Lichteinfall entsprechen, und im Freien einer Aussicht in die Weite, falls eine solche vorhanden ist. Die Gruppe bildet einen schützenden Rahmen, der dieselbe Funktion hat wie der Uterus für den Embryo, der sich im Geburtsprozeß befindet. Noch ist er nicht ausgetreten, geboren worden, noch ist er im Mutterleib, aber schon hat sich der Muttermund geöffnet und zeigt einen Ausweg aus der Umklammerung der Presswehen.

Diese kritische Situation, die als Urmuster entscheidender Krisen das ganze Leben überschattet, kann hier inszeniert werden, wobei es keiner großen Erklärungen oder Interpretationen der Geburtsdurchgänge bedarf, sondern die Form selbst schon viel auslöst und das Unbewußte anspricht. Jedem der Gruppe steht es nun frei, in die Mitte zu treten und sich zu drehen, so lange er will. Wichtig ist, daß der Einzelne sich Zeit nimmt, nicht nur für den Prozeß des Drehens selbst, sondern und vor allem für Anfang und Ende. Das heißt am Anfang ein

Stehen, auch Liegen oder Sitzen in der Mitte, das Äußern bestimmter Wünsche, was Musik oder stimmlichen Ausdruck der Gruppe betrifft, vielleicht auch das Äußern von Ängsten. Dann kommt eine Phase des Warmwerdens, des Anlaufs, der Ansätze und Versuche, in Fahrt zu kommen. Oft bleibt die Übung schon da stecken, wenn es darum geht, die Zeit und die volle Aufmerksamkeit der Gruppe in Anspruch zu nehmen. Es wird zu schnell aufgegeben. Ebenso verlangt der Abgang nach einer bewußten Gestaltung sozusagen einen Schlußakkord, wenngleich es bequemer sein mag, sich in Unauffälligkeit zu üben und sich davonzuschleichen, zu tun, als sei nichts geschehen.

Auf Wunsch kann die Gruppe auffangen, wenn das Fallen sich ankündigt, kann sich im Oval um den Gefallenen setzen, ihn berühren, oder die Hände mit der Handfläche nach oben unter den Körper schieben, leicht mit den sich krümmenden Fingern anheben, so daß der Eindruck entsteht, getragen zu werden, des eigenen Gewichtes entbunden, zu schweben.

Genug ist immer dann genug, wenn es als solches wahrgenommen wird.

Partnerübung: Sich satt tanzen

Diese Übung sollte zu zweit gemacht werden, so daß der eine aktiv tanzt, während der andere nur beobachtet. Als Tanzbewegung bietet sich ein Schütteln an, das den Körper von unten nach oben durchmassiert, und das in seiner Intensität je nach Belieben dosiert werden kann: Du stehst, die Knie locker, nicht durchgestreckt, das Steißbein nach unten, zum Boden hin hängend, als wäre an seinem Ende ein Lot befestigt. Das Rückgrat richtet sich danach aus, hängt sich nach unten aus, während der Kopf, am Scheitel wie mit einem Marionettenfaden nach oben gezogen, aus dem Rumpf herauswächst: Eine Blüte, die sich gerade öffnet.

den wir uns wieder am Ausgangspunkt der alltäglichen Wirklichkeit und eine neue Achterschlaufe beginnt.

4. Rituale der Beheimatung und des Übergangs:
Von Natur aus sind wir in allen vier Windrichtungen zu Hause, aber in bestimmten Perioden und Phasen unseres Lebens ist die eine oder andere Perspektive, die sich durch den jeweiligen Standort ergibt, vorrangig und prägt unsere Lebensansicht. Alltagsrituale - das heißt: Rituale, die im Alltag gemacht werden können und ihre heilende Wirkung im Alltag entfalten sollen - entstehen durch einfache Bewegungsformen, die hier eingeübt werden können. Grundsätzlich haben wir zwei Bewegungsformen:

a. Der Aufenthalt an einem bestimmten Ort in spezifischer Haltung, verbunden mit spezifischen Sätzen oder einer bestimmten Musik, mit Vorstellungen, Wünschen, Ängsten und Fragen, die einen inneren Suchprozeß auslösen.
b. Der Übergang von einem Ort zum anderen entlang der vorgegebenen Reiseroute, verbunden mit einer spezifischen Gangart und Dynamik, die den Wechsel, den Transformationsprozeß abbildet. Auch hier knüpfen sich Vorstellungen, Wünsche, Ängste an das äußerlich und formal vollzogene Geschehen an, das durch Fragen,die gleichsam als Sonden in den unbewußten Vorgang der inneren Selbstorganisation ausgeschickt werden, mit persönlichen Inhalten gefüllt wird. Dadurch wird persönlich bedeutsam, was hier geschieht und wie es geht.

5. Vorschläge zur Gestaltung:
Hier einige Fragen und Sätze, die einen inneren Suchprozeß auslösen und das Innenleben innerer Gewohnheitsmuster ebenso wie Möglichkeiten der Veränderung abtasten:

- Im Süden: (Position entspannt liegend in Fötus-Haltung zusammengekauert)

"Im Grunde brauche ich ..." Dabei wird die Metapher "Im Grunde" verbunden mit der Vorstellung und der realen körperlichen Erfahrung des Schwimmens, Sinkens, Getragenwerdens.

"Wichtig ist mir ..., Gewicht hat für mich..." wird verbunden mit der Vorstellung und Erfahrung des Zulassens von Gewicht. Das ganze Körpergewicht wird dem Boden übergeben und anvertraut.

- Übergang von Süden nach Norden: (Bewegungsablauf vom Liegen zum aufrechten, selbstbewußten Stehen im Norden kommen, vorwärts gehend Schritt für Schritt)

"Ich brauche ..." (im Süden) wird zu "Ich habe ..." (im Norden). Dabei wird der Übergang von einer zur anderen Aussage ebenso wie der Bewegungsablauf mit geschlossenen Augen gemacht und genau beobachtet, wie sich der Wechsel vollzieht, wie er sich anfühlt, was für Gefühle, Impulse, Gedanken und innere Bilder aber auch Körperwahrnehmungen und Rückmeldungen des Organsimus auftauchen.

- Im Norden: (Position aufrecht stehend, aufstampfend, laut und deutlich sich äußernd, eventuell auf die Pauke/Trommel hauend, klatschend)

"Jetzt habe ich ... und dazu brauchte ich ..." Hier kann ein Rückwärtsgehen in die liegende Position des Südens erfolgen, um noch einmal genau nachzuspüren, was die Bedingungen für ein Erwachen und Erwachsen in den Norden hinein sind. Die als erfolgreich konstruierte Biografie wird in ihre Ursprünge hineinverfolgt, notwendige Weichenstellungen vermerkt als Programm wichtiger Schritte zum Erfolg.

- Im Westen (Position in der Horizontalen, ausgeliefert, offen, schwach) der Satz:

"Ich war immer ..., bis eines Tages ..." als Auslöser für Phantasien, die das Ungewohnte und Ungewöhnliche betreffen und als Imagination zum Thema "Einbruch des

Die Bewegung beginnt, indem eine Ferse und dann die andere abwechselnd millimeterweit nur vom Boden sich heben und wieder zurücktreten, so daß bei Beschleunigung des Tempos ein sanftes Trommeln der Fersen gegen den Boden entsteht. Du kannst diese Entladung des Trommelwirbels oder Trillers mit der Stimme begleiten. Wenn das Becken entspannt in den Hüftknochen aufgehängt ist, kann eine Schwingung die Pobacken erfassen und sie seitlich hin- und herschaukeln lassen. Auch die Oberschenkel beginnen zu wabbeln, und manchmal setzt sich die Bewegung fort durch den ganzen Körper, der vibriert und massiert wird.

Wenn es Dir schwer fällt, in diese Vibration hineinzukommen, stelle Dir einfach vor, Du würdest vor Kälte schlottern und mit den Zähnen klappern. Achte jedoch darauf, daß die Bewegung wirklich unten an den Fersen ansetzt, und daß der Wechsel ganz gleichmäßig ist, eben wie ein gekonnter, ein perlender Triller. Die Sprunggelenke sind dabei entspannt und lassen einfach geschehen, was von selbst geschieht. Dies gilt für alle anderen Gelenke auch, sie sind lässig unbeteiligt, so daß das Schlackern sich verselbständigt.

Nun gibt es einen Punkt, da ist es genug. Und darum wird es gehen, diesen Punkt der Sättigung zu finden. Es ist, als ob sich der Körper genug gerüttelt und geschüttelt hätte, dabei prall und saftig und paradoxerweise gleichzeitig leer und leicht geworden sei, so daß ein Mehr von derselben Bewegung nichts bringen würde, außer Überanstrengung und Erschöpfung. ("Mehr" vom Leben zu haben heißt nicht unbedingt, besser zu leben.) An diesem Punkt endet der Trommelwirbel und setzt damit einen Punkt. Aus der lässigen, entspannten Haltung heraus ist es vielleicht möglich und lustvoll, sich schlagartig fallen zu lassen. Es können auch Matratzen gestapelt werden, auf die man nach hinten, nach vorne, oder auch zur Seite fallen kann. Der Partner, der bis jetzt passiv geblieben ist, kann nun auf Wunsch den Gefallenen berühren, an bestimmten Körperstellen, die sich als unbelebt herausgestellt haben, massieren oder nur halten. Oder er kann einfach dasitzen, dabei sein, und später seine Beobachtungen mitteilen.

Wünsche drücken sich aus und werden erkannt - Die Realisation der Wünsche beginnt.

Übung in der Kleingruppe: Die Wünsche am Körper ablesen

Es empfiehlt sich, die Übung im Anschluß an die obige zu machen. Diesmal jedoch finden sich mehrere zusammen, so daß auf jeden aktiven Schütteltänzer mindestens drei Helfer kommen. Diese spielen nun bewußt "Medium", indem sie nach Sättigung und Fall des Tänzers sich in dessen verschiedenen Körperpartien einfühlen und sie sprechen lassen. Diese Technik wird in Brasilien oft verwendet, wenn ein Besessener oder ein Verrückter sich nicht ändern kann, und Medien die besetzenden Geister - wir würden von Sub-Persönlichkeiten des Unbewußten sprechen - stellvertretend für das sprachlose Ich, diese zu Worte kommen lassen. Und das ist es, was sich die Geister sehnlichst wünschen: Erkannt zu werden.

Wir würden sagen, daß es der Drang nach Integration und Heilung, nach Heilwerden, Ganzwerden ist, der die unbewußten Inhalte hochschwemmt und so den Zustand einer Überflutung herbeiführt. Es ist auch möglich, sich statt der Wort-Sprache einer Körpersprache zu bedienen und den erfühlten Wunsch bzw. die Stimmung auszutanzen, in Gesten und Gebärden oder typischen Körperhaltungen auszudrücken. Da wir jedoch meist nicht über mediale Fähigkeiten verfügen und auch der Gebrauch von Medien nicht unbedingt unserer Kultur entspricht, sollten wir den spielerischen Charakter dieser Übung nicht aus dem Auge verlieren und es als eine Art Drama sehen. So können wir nachträglich vielleicht doch noch das Theater machen, das uns in der Kindheit unter dem Gebot "Mach nicht so ein Theater!" verleidet wurde.

Chaos, freiwilliger oder unfreiwilliger Zusammenbruch der alten Ordnung, Durchbruch der sich ankündigenden Herausforderung, sich der der nicht-alltäglichen Wirklichkeit zu widmen".

- Vom Norden in den Westen: (Bewegungsablauf rückwärts fallend, sinkend, dahinschmelzend, zusammenbrechend, mit geschlossenen Augen). Dabei kann eine Person den Norden vertreten und den Satz sprechen:

"Es ist so."

Die Person auf innerer Wanderschaft kann sich vom Norden bestätigen lassen in der objektiven Realität der harten Fakten und wiederholen:

"Es ist so."

Im Westen kann in Form eines Hufeisens eine kleine Gruppe sitzen und den Wanderer, der sich mit dem Rücken zur Gruppe "einnistet", schweigend empfangen. Der Wanderer sagt sich auf dem Weg vom Norden in den Westen:

"Und es könnte auch ganz anders sein."

Und im Westen:

"Es ist alles ganz anders. Mir ist ganz anders. Ich bin anders, verändert und ich spüre es daran, daß ..." (um den Unterschied zwischen Norden und Westen genau herauszuarbeiten, kann ein Hin und Her zwischen Norden und Westen mehrmals erfolgen). Und wer sitzt da im Westen als Empfangskommitee? Wer sind diese schweigenden Unbekannten? Sind es Tote, sind es Geister, Dämonen, Wiedergeborene?

- Vom Westen in den Osten (Bewegungsablauf von der Horizontalen in die Vertikale kommend, ausgehend von der Metapher der Auferstehung, Wiedergeburt)

"Ich werde in eine neue Ordnung hineingeboren, indem ich ... Ich finde von der verwirrenden Vielfalt zum Prinzip der Einheit, indem ich ...."

Ein Gruppenritual könnte den Wechsel von Westen nach Osten einleiten: Die Gruppe steht in weitem Abstand vor einem Spiegel und nähert sich diesem mit defocussiertem Blick, so daß die Gruppe zunehmend als Ganzes und als Gestalt der kollektiven Lebensenergie wahrgenommen wird.

- Im Osten (aufrechte Haltung im Sitzen, Meditationshaltung oder im Stehen, Yoga-Stellung *der Baum* Dazu das Mantra:
  "Ich erkenne und ehre das innere Licht in mir"
  "Ich erkenne und ehre das innere Licht in Dir"
- Vom Osten in den Süden (Bewegungsablauf von der Vertikalen wieder in die Horizontale, zurück in die zusammengekauerte Fötus-Haltung, dabei rückwärts gehend) mit dem Satz:
  "Ich verneige mich in Dankbarkeit vor meinen Bedürfnissen, meiner Bedürftigkeit, denn sie läßt mich weitergehen"
- Zurück im Süden:
  "Und dazu brauche ich ...."

da capo.

Die Labyrinth-Erfahrung ist gekennzeichnet durch die Phasen des Einstiegs, des Durchgangs und des Ausstiegs.

Die entspricht den Metaphern vom

- Eintauchen
- Schwimmen/Im Fluß sein, mit dem Strom gehen
- Schwimmen/Im Fluß sein, den tiefsten Punkt des Strudels erreichen/gegen die Strömung steuern
- Auftauchen

Ich gebrauche immer wieder diese Metaphern, um den strukturierenden und schützenden Rahmen, innerhalb deren sich die Labyrinth-Erfahrung vollziehen kann, fest im Bewußtsein der Teilnehmer zu verankern. Je sicherer und

Verwurzelung im Boden der Tatsachen - Die Wünsche sind eine Realität.

Trance-Induktion: In den Erdboden versinken

Du liegst bequem auf dem Rücken. Du schließt die Augen und verbindest sie eventuell mit einem Tuch, damit Du Dich besser auf Deinen Innenraum konzentrieren kannst. Du kannst Dir auch die Ohren verstopfen - nicht nur, um von außen nicht abgelenkt zu werden, sondern auch, um besser nach innen horchen zu können. Abgesehen von den Geräuschen Deines Organismus wirst Du ein Rauschen hören, vielleicht zum erstenmal in Deinem Leben dieses Rauschen hören, daß Du jetzt als Stille, als Nichts oder als Leere empfunden hast.

Und ohne nachzufragen, ob das nun wirklich so ist, oder nur Einbildung, kannst Du die Vorstellung zur Hilfe nehmen, daß dieses Rauschen, je länger Du ihm zuhörst, stärker wird, als wollte es Dir etwas sagen. Und gleichzeitig wird aus dem entfernten, unpersönlichen Rauschen etwas, was sich warm und nahe anfühlt, sich anhört wie das Schnurren eines zufriedenen Tieres, ein Brummen, das bis zu einem verhaltenen Dröhnen sich auswachsen kann. Das ist ein Geräusch, das die Erde öffnet, so daß Du hineinversinken kannst, genau wie Du es Dir immer dann gewünscht hattest, wenn Du vor Scham im Erdboden hättest verschwinden mögen.

Und anstatt zu verschwinden, machst Du Dich auf eine Reise, von der Du zurückkehren wirst, bereichert durch Erfahrungen, die Du im Erdboden gemacht hast. Du weißt, daß Erde die Fähigkeit hat, Gifte zu absorbieren, und man sie zu heilenden Zwecken verwendet. Du kannst Dir vorstellen, wie der Grund Deiner Scham nun von der Erde aufgenommen wird, wenn Du es zuläßt. Die Scham selbst fühlt sich oft ganz körperlich an, läßt rot werden und heiß. Es ist für manche wie ein Juckreiz, mit der die alte Haut sich abschälen möchte, um die neue hervorwachsen zu lassen. Und nun übergibst Du diese alten Häute der Erde, läßt sie los. Manchmal sitzen sie jedoch so fest, daß man sich gegen den Boden reiben, kratzen, suhlen, wälzen muß, um das Überflüssige abzustreifen.

Manchmal genügt auch einfach ein Wechsel der Lage: Sich auf den Bauch zu drehen, oder auf die Seite, und zu warten, bis das, was einen bedrückt und belastet, von selbst sich löst. Indem Du auf dem Boden herumrollst, spürst Du alle Konturen Deines Körpers, die ganze Oberfläche der Haut, die ein wichtiges Organ darstellt. Du spürst, wie Du über die Haut die Welt erfährst, wie sie sich in der Welt zurechtfindet und Dir Signale übermittelt, wo und wie Du gerade da bist. Sie ist Dir jetzt der einzige Zubringer von Nachrichten, die Dein Dasein betreffen. Und dann liegst Du wieder auf dem Rücken, und dann wird der Boden weich und gibt nach und nimmt Dich auf. Etwas in Dir beobachtet, wie Du Dich auflöst, selbst zu Erde wirst, zu tausend kleinen feinen Krümeln, in die Du Dich verkrümelst. Und manchmal tut es gut, so unbedeutend zu sein wie Staub.

Es ist herrlich entspannend, auszuruhen von der Last der Persönlichkeit, für die Du einstehen mußt. Es ist herrlich entspannend, die Maske abzunehmen und einfach sich aufzulösen in ein schnurrendes, brummendes, sanft dröhnendes Nichts, das in tausend Partikelchen, im pulsierenden Wirbel tanzt, so leicht wie Staub in der Sonne tanzt, und dies, obwohl Du Dich so schwer fühlst und Meilen unter der Erde liegst. Und dann treibst Du langsam wieder nach oben, und seltsam, je mehr Du Dich dem Alltagsbewußtsein näherst, desto schwerer wirst Du, bis Du Dein altes Gewicht und Deine alltäglich Wichtigkeit, bis Du Deine Maske wieder erhalten hast.

Nun öffnest Du blinzelnd die Augen und schaust wieder heraus. Du kannst zum Hochkommen auch von zwanzig bis eins zählen oder von einem Begleiter Dir vorzählen lassen, während Du im Geiste Stufe für Stufe hochsteigst.

zuverlässiger der Rahmen steht, desto flüssiger kann das Geschehen werden, desto mehr Dynamik mit Phasen des kontrollierten Kontrollverlusts können zugelassen werden. Gerade wenn wir mit Trance-Zuständen arbeiten, um weiter und tiefer in unser Innenleben zu dringen und es eventuell neu zu organisieren, ist es wichtig, die Struktur des Außenrahmens auch ganz konkret fest zumachen z.B. an bestimmten Abläufen, Zeitpunkten, Begrenzungen.

Nun folgt also eine erste non-verbale und dynamische Trance-Induktion durch Bewegungsformen, die zum Höhepunkt den Spiraltanz mit der Gruppe hat. Es ist eine Phase,die ich "Das Mischen der Karten" nenne.

"Das Mischen der Karten"

Es folgt also eine Phase, in der jeder ganz sich selbst, seinen inneren Suchprozessen, Aha-Erlebnissen, Erfahrungen der Muster-Erkennung und Konfrontation mit eingefleischten Gewohnheiten ebenso wie mit Sehnsüchten, Wünschen und Ängsten, mit auftauchenden Visionen, vagen Vorstellungen oder präzisen Eingebungen überlassen wird.

Solche Phasen sind wichtig, um das Angebot an Übungen, Meditationen, Kontemplationen etc. wirklich verarbeiten und für sich selbst nutzbar zu machen zu können.

Eine solche Phase ist gekennzeichnet von folgenden Übergängen:

- Aus der Vertikale in die Horizontale kommen (sich hinlegen) -
- Die Augen schließen -
- Von Außen nach Innen gehen -
- Den Körper als Innenraum wahrnehmen -
- Von Gedanken und Gefühlen immer mehr umschalten auf Körperwahrnehmungen und unmittelbare Empfindungen in der Gegenwart -
- Von Einstellungen und Standpunkten loslassen und sich

treiben lassen im Meer der Möglichkeiten, der inneren Bewegungen, Bilder, Wahrnehmungen -

- Eingefleischten Gewohnheiten (u.a. der Wahrnehmung und Beurteilung) als solche beobachten und sich davon weniger beeinflussen lassen. Das Ungewöhnliche zulassen -
- Die Spuren und Bahnen der Gewohnheiten als solche beobachten und sich dann erlauben, für eine bestimmte Zeit des Experiments mit sich selbst diese Spuren und Bahnen verlassen, "aus dem Trott treten", "aus dem Rahmen fallen", "ins Blaue träumen", "sich treiben lassen", etc. -
- Wichtig: Die Entwicklung und Verankerung bestimmter positiv besetzter Metaphern und Sinnbilder, die ein solches losgelösten Körpergefühl induzieren -
- Vor der Phase des "Abdriftens" mögliche Vorbereitung (vorallem bei hyperaktiven Menschen mit einem überspannten Tonus): Eine kurze dynamische Bewegungsübung, die an die Grenze der Belastbarkeit und Leistungsfähigkeit geht: Z.B. Laufen an Ort und Stelle, so schnell wie möglich, mit möglichst hoch sprintenden Knien bis hin zum Hüpfen und Springen.

Der Spiraltanz im Rahmen der Labyrinth-Erfahrung:
Nach der Ruhephase kann sich ein Gruppentanz formieren, wobei darauf hingewiesen werden soll, daß Gruppenerfahrungen und die entstehende Dynamik (Gruppendynamik) stark trance-induzierend wirken und eine Reise ins Labyrinth bedeuten für den, der sich auf solche Prozesse einläßt. Mit der Gruppe wird ein paarmal vorher der Spiraltanz als Form geübt, so daß später die Gruppe zum Teil mit geschlossenen Augen tanzen und sich ganz den inneren Prozessen überlassen kann. Je mehr der Rahmen "sitzt" und die Form "paßt", desto mehr kann der Tanz zu einer Reise, zu einem

Was ist das Wesen, das an- und abschalten kann?

Meditation: Anwesenheit-Abwesenheit

Mitten im Geschehen kannst Du Dich ab und zu anhalten, innehalten, und erspüren, ob Du Dich anwesend oder abwesend fühlst.

Du kannst hineinspüren: Wo bin ich gerade? Und: Wie fühlt sich die Abwesenheit an? Wie fühlt sich Anwesenheit an? Wann wechselt der Zustand, wie mache ich es, mich zu entfernen? Wie stelle ich es an, zurückzu - kommen zu mir selbst? Gibt es Gründe, die dies verhindern? Habe ich als Kind mich als abwesend erlebt? Gab es damals Gründe, nicht anwesend zu sein? Und haben sich die Gründe verändert, oder sind es die gleichen geblieben, ohne daß ich mir je Gedanken darüber gemacht hätte?

In den Tanzritualen können wir immer wieder solche Stops einlegen, die z. B. der Gruppenleiter ausruft und damit die Gruppe abrupt mitten im Geschehen stoppt. Zunächst kann dies unangenehm wirken, denn wir waren vielleicht gerade so schön in Fahrt. Aber diese ständige Selbstwahrnehmung und Beobachtung läßt in uns eine Instanz entwickeln, die wir den Zeugen nennen wollen. Dieser Zeuge ermöglicht es uns, in tiefe Trancen zu gehen und unser Bewußtsein sehr stark zu erweitern, ohne "uns selbst zu verlieren".

Eine Stimmung, die stimmt, beruht auf Resonanz.

Einzelübung: Durch Einstimmung Abstimmung

In dieser Übung wird es darum gehen, den Sinn des Riechens wieder zu entdecken, und als Testorgan einzusetzen: Ebenso wie wir uns in einer Trance-session sensibilisieren können, um die Frage, ob ein bestimmter

Geruch uns stärkt, schwächt, oder neutral berührt, klar beantworten zu können, so können wir die Fähigkeit entwickeln, schon allein in der Vorstellung einer Situation herausfinden können, ob wir sie "riechen können" oder nicht. Dieses Herausfinden geschieht dabei nicht auf der Ebene des analytischen Denkens, das Gründe und Gegengründe anführen mag und doch irgendwie nicht so recht auf den Grund der Dinge kommt, sondern auf der Ebene der Intuition.

Die Intuition nährt sich unter anderem von einer verfeinerten Sinnlichkeit und Wahrnehmung, so daß die Riechübung aufbauend wirkt. Zudem ist der Sinn des Riechens mit dem Energiezentrum der Basis verbunden, weshalb wohl früher das berühmte Riechfläschchen die Damen aus ihrer Ohnmacht holte. Das Riechen ist ein Sinn, der uns ganzheitlich anspricht, auf einer Ebene, der wir uns nicht entziehen können - außer natürlich, wir halten uns die Nase zu. Mit verstopfter Nase zu leben andererseits verringert das Gefühl, ganz da zu sein, verringert also das Gefühl für Anwesenheit.

Außerdem verstopft es nicht nur die Nase, sondern auch die Atemwege, die das Hirn mit Sauerstoff versorgen: Es gibt uns das Gefühl, im Kopf "zu" zu sein, irgendwie ausgeschlossen und abgeriegelt, "vernagelt", wie man sagt.

Zu einer Drehsession können verschiedene Riech-Essenzen mitgebracht werden, wobei es nicht nur um Parfümdüfte gehen muß. Vielleicht bringt jeder einen angenehmen und einen unangenehmen Geruch mit, oder einen, bei dem er sich nicht sicher ist. Die Gerüche sind erfahrungsgemäß besonders faszinierend, bei denen man sich nicht entscheiden kann, ob man sie gräßlich, penetrant und abstoßend oder hinreißend, verführerisch bis magisch-mystisch findet. Das Drehen sensibilisiert für sich solche Prozesse des Testens, Nachspürens. Manchmal fällt es einem plötzlich ein, was daran so penetrant oder so hinreißend ist. Wenn man am Riechen gelernt hat, in der Drehtrance sich Fragen zu stellen und sie intuitiv selbst beantworten zu lassen, kann man sich auch andere, aktuelle Fragen vornehmen, um sie in Trance auszutesten.

trip werden und durchaus Drogenerfahrungen ersetzen. Der Spiraltanz kann immer wieder mit Phasen der Ruhe und Meditation, ebenso wie mit vorgegebenen Strukturen wie etwa das Arbeiten mit dem Medizinrad oder dem Arbeiten mit den Bewußtseinslinien abwechseln. Jeder Durchgang vertieft und erweitert das Bewußtsein und macht es durchlässig, empfänglich für die Botschaften, die aus dem Unbewußten hochkommen.

- Einhören in die rhythmisch gleichmäßige Musik, nach der zunächst getanzt werden soll. Im fortgeschrittenen Stadium kann dann eine Musik mit beschleunigendem und abfallendem Tempo verwendet werden, um den Spiraltanz zu begleiten. Am Anfang jedoch ist die Stetigkeit von Tempo und sich monoton wiederholendem Rhythmus wichtig, um einen Einstieg in das innere Erlebens-Kontinuum zu schaffen. Auch kann sich die Gruppe so am leichtesten synchronisieren und dadurch synergetischen Zusammenhalt aufbauen.
- Aufnehmen des Rhyhthmus als Wippen in den Knien.
- Der Gruppenleiter synchronisiert den Tanzschritt, indem er jeden Schlag nach rechts und links einteilt und laut dazu spricht, während er einen einfachen Schritt an Ort an Stelle tanzt: Rechts, links, rechts, links ....
- Die Gruppe findet zu einer gleichmäßigen, ausgewogenen Kreisform und faßt sich an den Händen. Nach einigen Tanzschritten am Ort (acht Schläge vorzählen) setzt sich der Kreis in Bewegung: Der Schritt nach rechts ist groß, der Schritt mit dem linken Fuß stellt nur an. Der Kreis bewegt sich nach rechts.
- Der Kreis bildet eine dynamische Form, die sich einschwingt auf ihr Maß. Wenn der Kreis und die Gruppenbewegung stimmt, können wir uns auf das Maß verlassen: Es wird uns tragen. Wir können wahlweise die Augen schließen, blinzelnd öffnen, halb geschlossen

halten, für einen längere Phase ganz schließen. Der rechte Nachbar wird zum "Vortänzer", dem wir nachfolgen. Der Kreis schließt sich energetisch.

- Die Kreisenergie wird bewußt und willentlich unterbrochen: Einer (die Person wurde vorher ausgemacht) löst sich vom rechten Nachbar und tanzt in Spiralenform in den Kreis hinein. Er zieht eine Kette von Tänzern nach sich. Die Bahnen werden enger, es entsteht Körperkontakt, die Gruppenenergie verdichtet sich, wird geradezu faßbar als "Mief", "Dampf", "Strudel", "Zug", "Brei", "Ursuppe", "Hexenkessel" etc. - um nur einige der Metaphern zu nennen, die für das Gruppenerlebnis gefunden wurden.
- Der Vortänzer, der in die Mitte der Spirale, an den "tiefsten Punkt und an den Grund des Strudels" gelangt ist, löst sich vom linken Nachbarn und tanzt alleine "zurück" und "hinaus" durch die engen Spiralbahnen, die durch die spiralig nach innen sich ziehenden Tänzerketten enstanden sind, nach außen. Außen findet er Anschluß an den letzten Tänzer der Spiralkette, seinen vormals linken Nachbarn. In der Mitte ist nun der Nächste dran, sich vom linken Nachbarn zu lösen, allein nach außen zu tanzen und wieder Anschluß zu finden.

Die Tänzer des Kreises, der sich außen nun wieder bildet, schauen mit dem Gesicht kreisauswärts. Wenn der Kreis sich geschlossen hat, ist dies der Auftakt für den nächsten Vortänzer - wenn keine anderen Abmachungen getroffen wurden, also für den linken Nachbarn des alten Vortänzers, sich von seinem rechten Nachbarn zu lösen und spiralig nach innen zu tanzen. Das Ganze beginnt von vorne, aber wenn die Tänzer nun nach außen tanzen werden, schauen sie mit dem Gesicht wieder nach innen.

Da capo.

Ich bin mein eigenes Medium.

Einzelübung: Pendeln

Du stehst mit nicht durchgestreckten Knien lässig locker und dennoch aufrecht da. Du fühlst Dich im Lot und vergegenwärtigst Dir das Lot als ein Stück Blei, das an einem Faden hängt. Genauso fühlst Du Dich jetzt: Wie ein Pendel. Du bist durchlässig für die kleinste innere Bewegung, die Dich zum Ausschlag und zum Schwanken, Kreiseln bringen kann. Du fühlst Dich ganz absichtslos und leer - Du versuchst, Deinen Eigenwillen, Deine Vorstellungen, Dein bisher angesammeltes Wissen beiseite zu lassen und nicht einzusetzen.

Ein angenehmes Gefühl der Gleichgültigkeit, besser: Gleichwertigkeit, taucht auf. Dann bist Du ganz leer und nichts Besonderes bewegt Dich gerade. Dann bist Du bereit, Bewegungen aus einer tieferen Innenschicht Deines Wesens zuzulassen. Du pendelst z. B. die Wirkung eines Geruchs auf Dich aus. Dein Helfer hat den Geruch bereitgestellt, kann ihn versprühen oder erhitzen. Du atmest ihn tief ein und überläßt Dich den Pendelbewegungen. Später brauchst Du sogar keine materiellen Teststoffe mehr, sondern prüfst Dich durch innere Bilder, die eine reale Situation herbeibeschwören.

Verwirrung hat mich klar gemacht -
Mir fehlt nichts mehr Dank dem Fehler, der mich dazulernen ließ.

Trance-Induktion: Abschied von der Konfusion

Konfusion, von lat. zusammenfließen, ist ein Zustand des Bewußtseins, in dem viel Verschiedenes und Vielfältiges zusammengeflossen ist und eine Struktur der Vermischung gebildet hat, die wir oft als Verwirrung einschätzen.

Dabei ist Konfusion oft ein Bewußtseinszustand, der einer Neuorientierung und neuer Klarheit vorangeht. Oft bewirkt die Erfahrung des Labyrinths Konfusion, auch wenn die gestellten Fragen beantwortet, die Rituale abgeschlossen und der schützende Rahmen der Gruppe aufgelöst ist. Und dann kann es schon vorkommen, daß man mit dieser Vermischung aufgewirbelten Staubs im Kopf und im Bewußtsein nach Hause geht und im Alltag weiter das Labyrinth durchspielt, ohne es zu merken. Deshalb ist es wichtig, sich Zeit für abschließende Übungen zu nehmen, die vor allem reinigende, gestaltende und schützende Funktion haben.

Wo viel Wirbel, da viel Staub. Und dieser aufgewirbelte nunmehr überflüssige Staub als eine Ansammlung kleinster Partikelchen alter Schlangenhaut und anderen Resten ist nur Ballast, der belastet. Oft fühlt man sich nach Trance-Erfahrungen müde und schwer im Körper, genauso als schleppe dieser viel zu viel mit sich herum, als hätte man Gift im Blut. Vieles ist aufgerührt und in Umlauf gebracht worden - und dies nicht auf psychischer Ebene. Nun geht es darum, sich davon zu befreien.

Ebenso ist es unerläßlich, dem Körper in seiner ertanzten und trance-bedingten Durchlässigkeit eine Schonzeit zu geben, in der er nicht größeren Belastungen ausgesetzt ist, und außerdem ihn zu versiegeln, wie man dies auch mit den durch ein heißes Bad geöffneten Poren der Haut tut. Es ist wichtig, sich zu sammeln und den Körper als kompakte Gestalt in den Alltag zu entlassen. Ekstase, von lat. herausragen, könnte auch als Aufforderung zum Selbst-Ausdruck gesehen werden, und im sonst so unekstatischen Alltag ein geeignetes Betätigungsfeld finden.

Die größte Gefahr liegt oft darin, den Alltag im Gegensatz zu besonderen, als ekstatisch bewerteten Anlässen zu erleben, so daß dieser sich dann als Negativ-Bild zu den Höhepunkten als ein mühselig dahinschleppendes Jammertal, ohne jede Spannung und Begeisterung erweist. Doch wir sollten nicht vergessen, daß es an uns liegt, ihn ekstatisch zu gestalten.

Trance-Induktionen zum Thema Entscheidungen und Entschlüsse:

Viele Menschen leiden darunter, sich nicht entscheiden oder entschließen zu können. Es herrscht ein allgemeines Mißverständnis vor, das in der Meinung besteht, daß Entscheidungsfähigkeit und Entschlußkraft mit einem mehr an Kraft, Anspannung, Zusammenreißen, Aufraffen etc. zu tun hätte. Das Gegenteil ist der Fall: Nirgends nützen Trance-Induktionen so gut und so viel wie im Alltag, wenn es um Entscheidungen und Entschlüsse geht. Das liegt daran, daß zuerst ein Abtauchen in das Chaos und die Konfusion des Vielfältigen und der verschiedenen Möglichkeiten notwendig ist, um aus der Vielfalt und dem Offenstehen mehrerer Möglichkeiten auswählen zu können: Erst dann geht es wirklich um Ent-Scheidungen und Ent-Schlüsse, nämlich um Vorgänge des Zusammenfindens im Gegensatz zu den fixierten Trennungen und Scheidungen, geht es um Vorgänge des Öffnens im Gegensatz zu den Verstellungen, Verschließungen und Verschlossenheiten, die wir aus dem Alltag als oft unüberwindliche Hindernisse einstufen.

Die Kristallkugel der Wahrsagerin ist deshalb eine beliebte Metapher bei Menschen, die ihr Schicksal in die eigene Hand nehmen wollen: Sie sagen sich selbst wahr , d.h. sie begeben sich einerseits auf die Ebene der Öffnung und des Zusammenfließens, auf die Ebene der Trance, von der aus die Wahrsagerin operiert. Andrerseits übernehmen sie Verantwortung für die Wahrheit des Gewahrsagten und erfüllen die Bedingungen für eine Zukunft, die sich als wahr bewähren soll.

Natürlich ist diese Zukunft , wenn wir schon selbst uns wahr sagen (uns die Wahrheit sagen) und deshalb die Wahl haben, die bestmögliche, die wir uns vorstellen können. Und indem wir auf die Labyrinth-Ebene des Durcheinander, des Mittendrin und Dazwischen, des Chaos und der

Konfusion abtauchen, erfahren wir eine Vertiefung und Erweiterung unserer Selbst, denn: Alte Entscheidungen sind als alte Scheidungen nicht unbedingt verbindlich für die Zukunft, und alte Entschlüsse können auf der Ebene der "Ursuppe" schon längst wieder überwachsen sein, also für eine Neueröffnung durchaus zur Verfügung stehen.

Die Kristallkugel als Metapher für eine Dimension der ungewöhnlichen und nicht-alltäglichen Öffnung, ebenso wie die des befruchtenden, erweiternden und vertiefenden Zusammenwirkens der freigesetzten Kräfte nach dem Prinzip einer sich selbst organisierenden autonomen Weisheit. Kristallkugeln werden aus Bergkristallen geschliffen und besitzen die Eigenschaft, das Licht doppelt zu brechen.

Dies macht einen ähnlichen Effekt auf den Blick, wie die Technik des sogenannten Bi-Focusing: Der Blick wird weit, entspannt, "spaltet sich" verliert die Treffsicherheit des einen gebündelten Focus zugunsten eines Panorama-Blicks, der Dimensionen wahrnimmt, statt sich an den einzelnen Objekten des Erschauten zu fixieren. Bi-Focusing ist die Kunst, zumindest zwei Fokusse anzuvisieren und durch diese grundlegende Spaltung in einen Raum der Vielzahl einzutreten. Es ist eine Art Trance. Diese Trance wird für die nächsten Aufgaben, die uns im Labyrinth erwarten, sehr wichtig und hilfreich sein.

Der Zwischenzustand *trans*: Zwischen alter und neuer Ordnung:

Zwischenzustände sind in unserer Kultur, die Eindeutigkeiten bevorzugt, nicht erwünscht, aber trotzdem (notwendigerweise) da und deshalb

- verwirrend
- demütigend
- isolierend
- qualvoll.

Trance-Induktion: Reinigender Wirbelwind

Du liegst, sitzt oder stehst, so wie Du Dich jetzt am besten entspannen kannst. Doch in welcher Lage auch immer Du Dich verhälst, so ist Deine Aufmerksamkeit auf die vertikale Achse gerichtet, die Himmel und Erde verbindet und mitten durch Dich hindurchgeht.

Nun reist Du mit Deiner Aufmerksamkeit von der Erde weg weit in den Himmel hinein, wo Du irgendwo in der Ferne einen Wirbelwind aufspürst. Er ist gerade dabei, sich in Form einer Spirale auszubilden und Du weißt, während er sich größerwerdend der Erde nähert, daß er die Kraft hat, sich durch Deinen Körper gründlich hindurchzuschrauben, durch das feinste ebenso wie durch das dichteste Gewebe, wie ein einziger großer kosmischer Atem hindurchzublasen und Dich durch und durch zu reinigen. Du spürst, wie er Ebene für Ebene gereinigt hinterläßt und schließlich in der Erde verschwindet. Dort hinterläßt er die mitgeführten Staubwolken, die Dich nun nicht mehr belasten, und Du fühlst Dich frisch und befreit. Wenn Du das Gefühl hast, daß Du noch immer nicht alles los bist, was Du gerne los hättest, kannst Du den Wirbelsturm aus dem Kosmos öfters kommen lassen. Aber achte darauf, daß Du ihn jedesmal erdest, und nicht mitten in der Übung aufhörst.

Kosmische Energie fließt durch mich
hindurch: Leuchtender Alltag!
Energie fließt durch uns hindurch:
Ein Stern erstrahlt, unser Kreis!

Gruppenübung: Abschlußritual des Energiekreises

Die Gruppe kommt nun abschließend wieder zu der Form des Kreises, diesmal im Sitzen. Jeder konzentriert sich noch einmal ganz auf die von ihm erfahrene Kraft. Der Atem geht ruhig und tief und sammelt sich im Bauch. Die Hände legen sich auf den Bauch und tanken auf. Die

Handflächen erspüren den einströmenden Einatem, der die Bauchdecke leicht hebt, und lassen sich von ihm tragen, als ob der Einatem die Hände auf der Bauchdecke schweben ließ. Und dann lösen sich die Hände bei jedem Einatem ein Stück weiter und schweben mehr, als daß sie aufliegen.

Trotzdem bleibt der Kontakt zur Kraft im Bauch erhalten. Bei jedem Einatem heben sich die Finger ein bißchen, öffnen sich die Handflächen wie Schleusen für die Bauchkraft zur Kreismitte hin. Im Ausatem erspüren die Handflächen den Kontakt zum Bauch, als würde sie ihn halten: Es ist, als würde man eine Erweiterung des eigenen Bauches in den Händen halten, als einen unsichtbaren aber erspürbaren Energieball.

Und dann, sehr langsam, geschieht unmerklich eine Bewegung aus dem Handgelenk, die die Handflächen zum Boden weisen läßt. Vielleicht kannst Du jetzt das Energiefeld zwischen Dir und der Erde erspüren. Dann, wiederum sehr langsam, dreht sich das linke Handgelenk, so daß die linke Handfläche nach oben weist, und beide Handflächen wandern zu den Knien, Deinen eigenen Knien, oder denen des Nachbarn. Die linke Handfläche legt sich ab, während die rechte Handfläche die liegende Handfläche Deines rechten Nachbarn erspürt und, ohne sie zu berühren, sich über sie breitet.

Vielleicht kannst Du ein Vibrieren in der Mitte der Handfläche spüren, und Du läßt es zu, ohne ihm weiter Bedeutung zu schenken. Dann kann die rechte Hand im Uhrzeigersinn eine kleine kreisende Bewegung machen, die die Energie im Kreis herumschicken wird. Du spürst, wie Dir Energie zuwächst, und wie sie sich dank Deines tiefen gleichmäßigen Atems, im Körper gut verteilen kann, bis Du satt davon bist. Dann kommt die rechte Hand wieder zur Ruhe. Langsam trennt sie sich von der Hand, über die sie sich gebreitet hat und gibt sie frei. Beide Hände werden langsam wieder zum Körper geführt.

Und nun, mit geschlossenen Augen, erspürst Du den richtigen Moment, um mit einem dreimaligen lauten und deutlich abgehobenen Klatschen die Labyrinth-Erfahrung zu beenden. Du erhebst Dich und trittst aus dem

Ein gekonntes, aufgeklärtes und selbstbestimmendes Arbeiten mit Trance-Zuständen (mit spontan auftretenden Trancen) ist also ein Manko in unserer Kultur und muß verstärkt nachgeholt werden. Trans-Zustände nehmen in unserer Kultur die Form an von

- unlösbaren Problemen
- aufreibenden Konflikten
- erschütternden Krisen
- überwältigendem, verschlingenden Chaos statt:
- eines organisch notwendigen und sozial anerkannten Übergangs oder Durchgangs
- zugehörig zu einem größeren und durchgreifenderen Transformationsprozeß, der dem Kollektiv als Heilungsprozeß bekannt ist und demselben letztlich zugute kommt
- einer befruchtenden Krise, die als Initiation wirkt
- einer eigentlich herbei gesehnten, unbewußt vorprogrammierten "künstlichen" Krise, die konstruktive Transformation, Erlösung und Befreiung bedeuten kann
- und so Problemlösung und Konfliktbewältigung auf weitester Ebene beinhaltet
- und somit ein Heilungsversuch, ein Selbstheilungsversuch ist
- nach dem Prinzip der "Heilsamen Verwirrung".

Ein Unternehmen genannt Zukunft:

Wir programmieren unsere Zukunft selbst. Natürlich gibt es außer uns und unserem Willen zum bestmöglichen Programm durchaus noch andere Faktoren, die bei der Zukunftsgestaltung mitwirken können. Denn, wie der Volksmund weiß:

"Der Mensch denkt und Gott lenkt."

In Trance jedoch können wir unsere eigenen uns beeinflussenden Programme kontaktieren bzw. abrufen und uns informieren über die Chancen, indem wir in das Medium des

Einflusses abtauchen und "in Fluß kommen". Dies ist der Lebensstrom, der Fluß, der uns beeinflußt. Wohin er fließt, wie schnell oder langsam, wie sehr in unsere gewollte und angesteuerte Richtung; all dies können wir in Trance erfahren. Wenn wir nun also in gewisse Übungen der Zukunftsgestaltung einsteigen, bzw. abtauchen, sollten wir uns vergegenwärtigen, daß dies Labyrinth-Erfahrungen sind, die wir machen werden, denn sie haben die typischen Komponenten des Eintauchens, Mitschwimmens, und Auftauchens. Das Mitschwimmen ist eine sehr wichtige Komponente, denn sie gibt uns Aufschluß darüber, woher der Wind weht, die Strömung kommt, wie stark sie ist, wohin sie führt, und wo der Punkt des Ausstiegs und Auftauchens, der tiefste Punkt des Strudels, der Punkt des Abstoßens und Aussteigens, der Umkehrpunkt zu finden ist.

Innerhalb der Zunft der mentalen und emotionalen Um- und Neuprogrammierer (so etwa in der Zunft der Neuro-Linguistischen Programmierer) gibt es mittlerweile verbürgte Techniken, die sich der selbstbestimmenden selbstprogrammierenden Zukunftsgestaltung verschrieben haben, aber: Sie alle berücksichtigen die Dynamik nicht, die entsteht, wenn wir abtauchen. Wenn wir eingehen. Wenn wir gefressen werden. Wenn wir mitten drin sind im Labyrinth. Denn: Das Labyrinth hat seine eigenen Gesetze. Und die sind:

- Kognitives Denken versus intuitives Denken.
- Lineares Denken versus Wahrnehmung im ungebenden Umfeld.
- Zeitliche Orientierung versus räumliche Orienterung
- Eindeutigkeit via Zweideutigkeit versus Mehrdeutigkeit
- alte Ordnung versus neue Ordnung. Und/also:
- Was im alten System nützlich war, ist nicht unbedingt im neuen System brauchbar, z.B.
- "Zu kompliziert" versus "komplex genug".

Kreis, sobald Dir danach zumute ist: Die Runde ist aufgehoben, doch jeder hat seinen eigenen Rhythmus der Verabschiedung. Du kannst rückwärts, Schritt für Schritt, den Raum hinter Dir lassen, in dem Du gearbeitet hast. Und gleichzeitig läßt Du all die verschiedenen Erfahrungen und Eindrücke erstmal hinter Dir, d. h. im Rückwärtsgehen vor Dir, so daß Du schrittweise wieder Überblick und Distanz gewinnst.

In diesem Spiel ist jeder ein Gewinner und siegt.

Abschiedsritual der Sieger-Allee

Das Klatschen ist Abschiedsritual das wir alle kennen, auch wenn wir das Klatschen im Theater oder nach einem Konzert mehr als Applaus für eine vollbrachte Leistung empfinden. Es ist aber nicht nur Ausdruck unserer Begeisterung, sondern auch der Abschied davon: Im Klatschen brechen wir den Bann, unter dem wir gestanden haben. In vielen Kulturen ist deshalb das Klatschen verpönt, denn es hebt den Zauber, der produziert wurde, wieder auf. Wir können jedoch das Klatschen als Befreiung und als Zeichen der Beendigung einsetzen, ohne das, was vorher war, zu entwerten. Gleichzeitig zollen wir hörbare und sichtbare Anerkennung uns selbst, den anderen, und dem Rahmen, der unsere Erfahrungen innerhalb des Zauberreichs möglich machte. Verbinden wir nun das Klatschen mit einer Aufstellung der Gruppe in zwei sich gegenüberstehende Reihen, so erhalten wir eine Siegerallee, durch die alle in einer abschließenden Promenade ziehen können.

Die Gruppe feuert durch Klatschen an, heizt ein, lädt auf: Der Gang durch die Allee wird zu einem Bad in Kräften der unvoreingenommenen Anerkennung, einer Zuwendung, die keine Vorbehalte und Bedingungen kennt. Und doch: Es macht einen Unterschied, wie einer durch die Siegerallee geht, als Sieger, der durch seine Freude am Sieg irgendwie begeistert und so weiteren

Sieg hervorruft, und Freude, oder als einer, der es selber nicht glaubt, daß er irgendwas der Welt schulden oder geben könnte. Je öfter jedoch diese Übung gemacht wird, desto leichter ist es, in diese extrovertierte expansive Dimension hineinzufinden. Oft kann dies die Erfahrung einer regelrechten Umstülpung sein, die das Innerste nach außen kehrt, so daß der Reichtum, auf dem man bislang hockte, und damit auf bessere Zeiten wartete, sich einfach mal so, spielerisch, ohne Anspruch und ohne Leistungsdruck, ohne Hintergedanken auf Belohnung und Berechnung, zeigen kann.

Und es kann befreiend sein, sich nach außen zu wenden, von anderen gesehen zu werden und sich in ihrer Reaktion spiegeln, in dem Maße der Begeisterung, die entfacht wird, sich zu messen, sich gegenseitig zu begeistern. Man kann, so entfacht, zu laufen beginnen, mit Siebenmeilenstiefeln, wie ein Lauffeuer, fast zu fliegen beginnen. Yansa, Göttin der Befreiung, läßt alles Lästige hinter sich, indem sie die Beine in einem Sprung ins Unbekannte hinten hochwirbelt, als würde, während sie weitereilt, der Boden unter den Füßen weggezogen, und manchmal fühlt es sich gut an, den Boden für kurze Zeit zu verlassen und sich der Flügelkraft zu erinnern: Es ist die Kraft, sich über die Kleinigkeiten des Alltags zu erheben und Übersicht aus der Vogelperspektive zu gewinnen. Und so ist jeder einmal dran, in der Siegerallee als Majestät einen Flug zu starten, um dann in der Gruppenreihe sich wieder einzureihen und mit seinem Klatschen den Boden zu bereiten für die anderen, daß diese ebenfalls abheben können.

- Kleine Ordnung (überschaubar) versus größere Ordnung (nicht einsehbar). Daraus folgt:
- "Urständiges" (traditionelles) Vertrauen und Selbstgewißheit versus einem Leben auf schwankendem Boden. Metapher: "Die Permanente Revolution als einzige Basis".
- Ein für allemal abgewickelte Existenz-Verträge versus ständig neues Sichentwerfen in eine unbestimmte und unbestimmmbare Zukunft hinein.
- Loyalitätsbewußtsein versus Emanzipation.
- Notwendigkeit versus Freiheit.
- Suchen versus Sichfindenlassen.
- Bzw. Gesuchtwerden versus Sichselberfinden.

Der nächste Schritt:
Dies ist eine Übung, die nicht aus Enge und Angst, sondern aus großer Distanz gemacht werden sollte. Wie aber kommen wir zu dieser heilsamen Distanz, die in Fachkreisen auch als Meta-Ebene bezeichnet wird, also als Ebene hinter allen Ebenen?

Ganz einfach und doch nicht so einfach: Wir stellen uns vor, wir hätten es (ES) schon hinter uns. Ob nun das Es ein Prozeß, ein Durchgang, Übergang oder sonst irgendein Gang ist, ob das Es ein Ort ist, in dem man untertauchen, eintauchen, also auch auftauchen kann, ob das Es ein Objekt, eine Person, ein Ansprechpartner, eine Dimension oder ein Zustand, eine Phase oder ein Prozeß ist: Wir denken uns vor, all das, was wir uns vorstellen, läge hinter uns. Ahhhh!!! Tiefer entspannter Ausatem. Wir haben es geschafft! Wie konnte es (ES) nur so kommen so wie es (ES) kam? Entgegen allen widerwärtigen und widerständigen Erwartungen kam es doch so, wie es kam. Ja, wie kam es dazu? Wie kam das Es dazu, dazu zu kommen, so wie Es Ist? Gute Frage! Noch bessere Antwort gesucht.
Zunächst: Der nächste Schritt.

Danach: Die Dimension des Gangs der Geschichte.

Die Anordnung der Übung ist die gleiche:

Im Raum wird eine Bahn gezogen. Dies soll die Linie sein, die den Fortgang der Zeit markiert. Die Bahn beginnt bei A, (was auch immer A markieren mag) und endet bei B, (was auch immer B markieren mag). Damit ist eine Verbindungslinie von A bis B gezogen, wie auch immer die Verbindung sich gestalten mag. A markiert nicht nur den Anfangspunkt, sondern auch ein Bedeutungsfeld, dem bestimmte Bewohner zugeordnet werden mögen, z.B. Paten , also Personen oder personifizierte Gestalten, die Pate gestanden haben bei dem Ereignis des Anfangnehmens. Und B markiert nicht nur das Ende, sondern auch das Bedeutungsfeld um das Endstadium, das Ziel und den Ort um die Bestimmung herum. Auch dort gibt es Bewohner, die weniger ihre Patenschaft anbieten als ein Begrüßungskommitee bilden möchten, denn hier geht es darum, empfangen und willkommen geheißen zu werden.

Und natürlich gibt es Kräfte oder Personen, die auf dem Weg als Begleitung auftreten. Nenne sie Krafttiere, nenne sie Schutzengel, oder sehe nur Zeugen in ihnen. Sie sind verantwortlich dafür, daß Du Dich nicht allein fühlst auf dem Weg. Später, wenn Du willst, werden sie Dir Rede und vor allem Antwort stehen können dafür, was geschah, als Du dazwischen und mittendrin gewesen bist. Wir können sie auch Medien nennen, denn die Übung kann so angeordnet werden, daß sie uns schweigend und blind begleiten, ganz darin vertieft das aufzunehmen, was mit Dir in Verbindung steht, während Du Deinen Weg gehst - welcher Weg wird es sein?

Die Anordnung der Übung kann also vorsehen, daß eine Bahn zwischen A und B markiert, gezeichnet oder als Linie, als Bahn oder Seil ausgelegt wird. Personen verkörpern die Bewohner von A und B und begleiten Dich auf den Weg von

Schattentheater auf dem Hintergrund von Licht

Du sitzt, liegst oder stehst bequem - Du wählst Dir eine Position, wie sie +Dir gerade am stimmigsten zu Deiner inneren Verfassung erscheint. Du schließt die Augen, und im Schließen der Augen schließt die Außenwelt nicht aus, sondern holst sie in Dich hinein.

Da ist sie nun, die ganze Welt, ein Schattentheater vor dem Hintergrund des Lichts. Du stellst Dir ein solches Schattentheater vor, indem Du Deinen Körperinnenraum wie einen Hohlraum ganz mit Licht ausleuchtest, jede einzelne Zelle mit Licht durchtränkst und darin badest. Und dann, in einem sehr langsamen und sanften Wechsel, läßt Du das Licht nach hinten, zum Rücken hin wandern, und über den Rücken hinaus nun von außen, von hinten, Deinen Rücken beleuchten. Dein Körper selbst nimmt so immer mehr Kontur und Form an, aber die Lichtquelle im Hintergrund bleibt in Deiner Vorstellung. Du nimmst sie als Rückendeckung mit in den Alltag hinein.

Fallstudie
Mit den Schatten tanzen
Therapeutisches Vorgehen im Labyrinth

Form: Ein Experiment
Wir hatten uns in einer kleinen Gruppe zu einem Experiment zusammengefunden. Das Thema sollte das getanzte Labyrinth sein.Mitgebracht hatten wir Schreibsachen, Malsachen und eine Rassel. Die Struktur sollte sehr einfach und überschaubar sein, und das Experiment sollte zweieinhalb Stunden dauern.

Vereinbarungen:
Es wurde nach der Zeit auch der Raum mit seinen Grenzen vereinbart: Es war möglich, das Hauptzimmer zu verlassen, aber nicht das Institut, das ein ganzes Stockwerk ausmachte, und noch über zwei weitere Zimmer verfügte. Diese konnten als Ruheraum des Rückzugs und Agitationsraum verwendet werden.

Vorbereitungen:
In einem Rundschreiben hatte ich die Teilnehmerinnen auf die Thematik und die Choreografie des Labyrinths einerseits, andererseits auf mögliche Ausdrucksarten der Masken, die aus der Improvisation von Tanz und Malen entstehen konnten, vorbereitet. Ich bat die Teilnehmerinnen, sich innerlich auf das Thema einzustellen, geeignete Stoffe, Requisiten für die Masken mitzubringen und sich die Choreografie zu veranschaulichen, um nicht beim Tanzen in allzu große Verwirrung und Ablenkung zu geraten.

Metapher: Das Labyrinth
Das Labyrinth sollte jener Umschlagplatz sein, an A nach B. Du überlegst Dir, Du konstruierst Dir den Idealfall mit Hollywood-Happy End: Was müßte schon bei A angelegt sein und sich auf dem Weg allmählich erweisen und dann bei B offenbar werden, so daß Du von einem Happy end sprechen kannst? Gibt es Wegweisungen, die Dich direkt anleiten und einweisen können? Gibt es weise Sprüche, uralte Glaubenssätze oder brandneue Einsichten, die Dir helfen können, Deinen Weg mit Kraft und Vertrauen gehen zu können? Was schwächt Dich? Was stärkt Dich? Wie hättest Du es gerne? Was wäre das Schlimmste, was passieren könnte? Und wie würdest Du dann vorgehen?

Um eine möglichst wirklichkeitsgetreue Simulation Deiner geplanten "Karriere" in die Zukunft zu erzielen, unterrichte nun genau Deine Mitspieler, Statisten, Regisseure wie Drehbuchautoren, Deine Stars und Sponsoren, was sie auf die Beine stellen sollen. Und dann gehst Du los.

- Du kannst mit offenen oder geschlossenen Augen gehen.
- Du kannst die Linie zwischen A und A unterteilen in einzelne Stationen, an denen Du Dich orientierst: Stadien und Stationen in Deiner Karriere..
- Du kannst die Zeugen und Medien (Channels), die Dich begleiten, darüber aufklären, was für Dich wichtige Einschnitte und Phasen in der realen Karriere waren. Sie werden Dir dann, wenn Du sie darum bittest, berichten, was sie wahrgenommen, und vielleicht das Abbild einer ganz anderen Karriere zeichnen.
- Und vielleicht fühlst Du auch in diesem sehr zielorientierten konkreten Arbeiten am Zukunftsplan, daß alles nicht so kommt, wie Du es denkst, und daß es noch andere Faktoren gibt als die, die Du berechnen kannst. Was sind das für Faktoren? Und wie fühlt sich ihr Einfluß an? Was lenkt Dich außer der Kraft Deiner eigenen Gedanken? Woher kommt die Lenkung? Von vorne, hinten, von der Seite, von oben, unten, innen oder außen? Stärken Dich

diese Kräfte oder schwächen sie Dich? Gehst Du mit ihnen oder lenkst Du gegen sie an?

Nach diesem Arbeiten mit dem nächsten Schritt (in Kleingruppen) sollte eine Ruhepause, eine Phase "Mischen der Karten" und ein Spiraltanz erfolgen. Dann kann eine weitere Übung als Arbeit an den inneren Dimensionen erfolgen. Diesmal geht es weniger um eine Linie, als mehr um das Eröffnen innerer Dimensionen, Perspektiven und Horizonte durch das Zugehen auf, Eingehen in, Umgehen ebenso wie Entgehen von Kräften und Kraftfeldern, deren Ausstrahlung wir vielleicht erahnen mögen, dessen Zentrum wir aber nie betreten haben, weil wir ihnen bislang nur am Rande Aufmerksamkeit schenkten.

Solche Kraftfelder, die in sich organisiert sind und über ihr Feld hinaus die Kräfte ihrer Organisation ausstrahlen, können die Felder unserer Geburt und unseres Todes sein. Das sind einerseits Ereignisse, von denen eines sicher eingetreten ist und eines sicher eintreten wird, deren Auswirkungen wir nicht kennen. Nun können wir die Labyrinth-Erfahrung machen, über die Grenzen unseres gegenwärtigen Wissens hinaus Vergangenes wie Zukünftiges als Wirkungs- und Spannungsfeld zu erfühlen. Die Übung kann als "rein körperlicher" Vorgang vollzogen werden, nämlich als formale Aufgabe, zwischen A und B hin-und herzugehen, vor- und rückzugehen, innezuhalten, sich ein- und umzudrehen, auszudrehen, einzuwickeln, auszuwickeln, Entwicklung als Linie abzugehen ect..

Die Spannungs-und Wirkunsgfelder werden trotzdem erfahrbar, wenngleich die Auswertung des Erfahrenen nicht so unmittelbar und selbstverständlich erfolgt, als wenn ich die Bedeutungsinhalte von Anfang an zuordne zu den konkreten Orten und Linien. Gerade deshalb ist es vielleicht besser, "formal" und nicht-inhaltlich zu beginnen, da es eine neue Bedeutung geben soll. Das heißt also: Formal eine dem oder in dem der Übergang von der alten Ordnung zur neuen Ordnung sich vollziehen sollte.

Trance-Induktion durch Musik:
Das Schlagen der Kürbisrassel nach Felicitas Goodman. Ich übernehme das Schlagen der Rassel während dem Tanz und gebe damit Rhythmus und Tempo an.

Tanzform: Kreistanz, Spiralentanz
Zur Choreografie des getanzten Labyrinths mit seiner Bewegung des Eingehens und des Ausgehens, des Einwickelns bis zum engsten Punkt in der Mitte und des Auswickelns hinaus in die Weite der neueröffneten Möglichkeiten bot ich eine einfache Form des Spiralentanzes an: Die Gruppe faßt sich an den Händen, tanzt eine Weile im Kreis zu den monotonen Schlägen der Rassel, auf der Stelle tretend, dann mit gleichmäßigen kleinen Schritten sich nach rechts bewegend - Schritt nach rechts greift aus, Schritt mit dem linken Fuß stellt an - im Kreis herum.

Die Gruppe übt sich bei diesem monotonen sich wiederholenden Schrittmaß und der Tanzform des monotonen Kreisens darin, immer länger die Augen zu schließen und während des Tanzens in einen Innenraum der Körperwahrnehmung, der inneren Bilder, Gefühle, Gedanken, Ideen und Erinnerungen zu gehen. Nach dieser Phase der getanzten Einstimmung würde ich als Gruppenleiterin ohne weitere Vorankündigung die Hand meiner rechten Nachbarin lösen und mit meiner linken Nachbarin an der Spitze einer mir folgenden Schlange in Spiralenform in den Kreis hineintanzen, bis sich der Raum im Kreis gefüllt und die Mitte eng geworden ist. Dann kehre ich um und tanze wieder hinaus, allein. Ich tanze durch den engen Kanal zwischen den gewundenen Spiralwegen. Meine Augen sind geschlossen, ich spüre die Nähe der Körper um mich, die mir den Weg weisen. Wenn ich mich ganz nach außen getastet habe,fasse ich die letzte Tänzerin in der Reihe mit meiner rechten Hand und schließe mich ihr an. Das ist der Moment, in dem ich der Nächsten in der Mitte ein Signal durch einen lauten Ruf gebe. Sie macht sich nun auf den Weg. Wir tanzen weiter, bis ich wieder in die Mitte gelange, und diesmal nehme ich meine Nachbarin mit, so daß der einwickelnden Spirale eine auswickelnde entgegentanzt und die Spiralenform auflöst.

Wenn ich nach außen gelangt bin, tanze ich mit dem Gesicht aus dem Kreis weisend in Tanzrichtung weiter, so daß die mir folgende Schlange sich dann zu einem Tanzkreis schließt. Alle schauen kreisauswärts. Wieder löse ich mich, tanze nach innen, wieder folgt eine Phase des Alleingangs aus der Enge in die Weite, und ein anschließender Schlangentanz, der die Spiralenwege auflöst und zu einem Kreistanz überleitet; diesmal schauen wir mit dem Gesicht in den Kreis.

In einer Abschlußphase (deren Beginn ich mit einem schnellen Schütteln der Rassel markiere), tanzen wir noch dreimal im Kreis herum, während wir langsam und blinzelnd unsere Augen wieder an das Tageslicht und unser Bewußtsein an die Außenwirklichkeit gewöhnen. Die Rassel wird immer langsamer, bis sie ganz verklingt. Das ist das Signal dafür, daß der Tanz beendet ist. Es folgt eine Phase der Ruhe im Liegen.

Phase der Ruhe:
Nachwirkenlassen, Wahrnehmen.
Innere Bewegungen kommen nach außen.
Was im Tanz sich bewegen wollte oder bewegt Strecke zwischen A und B abzustecken, wobei A den Anfang des Lebens und B das Ende des Lebens markieren soll. Erfahrungsgemäß stellen sich Eindrücke bzw. Vorstellungen über den möglichen Anfang und das mögliche Ende von selbst, sozusagen am Rand des Geschehens als unbeabsichtigte Nebenwirkung ein.

Es ist erstaunlich, wie stark sich diese mutmaßlichen und hypothetischen Punkten zu Orten der Sinngebung und gelebten, erlebten Bedeutung, zu Quellen der Kraft und zu Strudeln der Verdichtung entwickeln. Je mehr wir die Linie abgehen und uns immer mehr erlauben, die Linie in uns tanzen zu lassen, den Tanz, der in uns entstanden ist, Gestalt werden lassen mit allen seinen Verzweigungen, Verzierungen, seinen Eigenarten, die zwar abbringen vom geraden eindeutigen Weg, aber dafür ein plastisches Abbild unserer Existenzgestaltung als Spiegelbild entgegen halten. Durch den Prozeß des unwillkürlichen und unabsichtlichen Modellierens, des Tänzelns entsteht ein Modell, ein Tanz: Unser Lebenstanz.

Lebenstanz

Vom Übergang vom linearen Abschreiten von A zu B zum tänzelnden Spiel zwischen A und B beobachten wir folgende Veränderungen:

- Linie versus Feld.
- Gerader Weg versus Kurven.
- Einzelne Schritte versus ganzheitliche Gestalten.
- Kausales Zuordnen (Denken) versus Empfindungen der Energie (Gefühl für Anziehung und Abstoßung, für Neutralität, Verdünnung und Verdichtung).
- Ichbewußtsein versus Selbstbewußtsein.
- Bewußtsein der Vereinzelung (Enge/Angst) versus Bewußtsein der Zugehörigkeit (Weite).
- Lebensgefühl, alles selber machen zu müssen versus

Lebensgefühl, getragen, genährt und unterstützt zu werden.

- Erfahrung des Aufarbeitens und des Verschleißes (Pflichtgefühl) versus Erfahrung von Bestätigung und Rückendeckung (Lust).
- Verbrauch an Kraft versus Zuwachs an Kraft.
- Bewußtsein von Mangel versus Bewußtsein von Fülle.

Während in der streng kausalen und linearen Aufstellung der Zeitlinie (eine Technik im NLP, die sich oft nur auf die Visualisation des Ablaufs beschränkt) die Ereignisse als getane oder bevorstehenden Schritte säuberlich auf einer Linie aufgereiht werden, kann man bei der Technik des "Lebenstanzes" verschieden ausgehen und verschiedene Formen finden.

Die "klassische" Form wäre: Von der Technik "Der nächste Schritt" auszugehen und die Zeitlinie in die Vergangenheit zurück bis zur Geburt zu verfolgen und in die Zukunft bis zum Tod hin zu verlängern.

Das hat insofern den Vorteil als wir mit der Technik "Der nächste Schritt" schon gelernt haben, Zeit als Linie vor und hinter uns zu visulaisieren, und somit eine beträchtliche Arbeit der Vereinfachung durch Reduzieren und Abstrahieren, vollbracht haben. Hier war das Prinzip der Konzentration wesentlich bestimmend. Die Konzentration auf etwas bestimmtes, in diesem Falle auf ein Ziel, schafft Orientierung und ist ein gutes Gegenstück zur Auflösung, die durch die Techniken der Konfusion hervorgerufen wird. Beim nächsten Schritt ist alles auf ein Ziel hin ausgerichtet. Sogar die Biographie kann nocheinmal neu geschrieben werden, wenn dies der Annäherung an das Ziel dient. Unbewußt machen wir häufig so etwas, auch wenn wir uns bewußt davon distanzieren, unsere Vergangenheit als "unehrlich" und "subjektiv" sehen zu wollen. Die Wurzel dieser "Unehrlichkeit" wurde, kann nun nachwirken. Innere Bilder können noch einmal vergegenwärtigt, Gefühle sich bewußt, Ideen notiert werden. Innere Bewegungen können ihren Ausdruck bzw. ihren Niederschlag ganz ohne Leistungsanspruch im Malen, Zeichnen, Kritzeln (auch mit beiden Händen) auf dem Papier finden. Eine Teilnehmerin brachte sich Ton mit und formte diesen mit halb geschlossenen Augen, photografierte die kaum vollendeten Formen, die sie dann wieder zerstörte bzw. übergehen ließ in Neue.

1. Thema zu möglichen Masken:
Vom Dämon zum Daimon

Im Rundschreiben erklärte ich, daß der Daimon bei Sokrates und dann Plato ursprünglich etwas Gutes, so etwas wie eine Seele oder eine geistige und begeisternde Kraft gewesen sei. Erst durch Abwertung und Abspaltung bestimmter Seelenanteile, bestimmter Gefühle und Empfindungen seien aus dem Daimon die Dämonen entstanden. Dämonen sind immer hungrig. Sie fressen die Seele und ihre Kraft auf, wann immer sie können. Sie reißen alles an sich. Sie verschlingen und verschlucken Lebensenergie wie schwarze Löcher.

Daran merken wir, daß wir besessen sind. An der Müdigkeit, Erschöpfung, an dem Gefühl, ausgelaugt und ausgesaugt zu sein. Der Widerstand gegen die Wahrnehmung dieser abgespaltenen Seelenanteile ist so aufwendig, daß all unsere Kraft darin investiert werden muß. Es lohnt sich nicht. Jetzt ist der Moment und hier ist der Platz, um den Dämonen einen Raum in unserem Bewußtsein und eine Chance zu geben: Hier und jetzt können sie sich zeigen. Während wir mit Absicht unabsichtlich auf dem Papier kritzeln, entsteht vielleicht unter unseren Händen das Gesicht unserer Dämonen.

2. Thema zu möglichen Masken:
Auch Götter haben ihren Preis

Nicht nur Dämonen, auch unsere Idealisierungen - die ich hier Götter auch Divas(Devas) nennen möchte - machen uns schwach. Unsere Energie heftet sich an das Ideal, das -scheinbar- außerhalb unserer selbst eine eigenständige Existenz führt und sich in der Regel immer mehr von uns entfernt, statt uns näherzukommen. Durch die zunehmende Entfernung vom Einholen und Einlösen, von der Verwirklichung unseres Ideals verstärkt sich die Anziehungskraft und der Prozeß der entkräftenden Idealisierung nimmt zu, statt ab.

Wenn das Ideal ganz in weite Ferne gerückt ist, ist es kaum noch erkennbar, und wir spüren nur den Sog der Sehnsucht, die uns aus uns selbst heraustreibt, "die Seele aus dem Leib reißt". Es lohnt sich nicht. Jetzt ist der Moment und hier ist der Platz, um unseren Göttern und Abgöttern einen Raum in unserem Bewußtsein und eine Chance zu geben: Hier und jetzt können sie sich zeigen. Während wir mit Absicht unabsichtlich auf dem Papier kritzeln, entsteht vielleicht unter unseren Händen das Gesicht unserer Ideale.

3. Thema zu möglichen Masken:
Die Leichen im Schrank - begraben oder zum Leben erwecken!

Ich bin immer wieder erstaunt, wieviel Familien außerhalb Großbritanniens (aus dem der Ausdruck "corpses in the cupboard" kommt) ebenfalls Leichen im Schrank haben. Das können Totgeschwiegene, Totgesagte oder Totgewünschte im Familienverbund sein - sie haben eine unglaubliche Macht über die anerkannten Familienmitglieder, und zwar oft über Generationen. Heraus also mit den Leichen aus dem Schrank! Manchmal fällt

lichkeit" und "Subjektivität" liegt aber weniger in unserem Willen zum bewußten Lügen, als in der unbewußten Tendenz, das Wahrgenommene entsprechend der Wahrnehmungsraster und Erlebensmuster wahrzunehmen. Nicht was erlebt wird, sondern wie erlebt wird, setzt sich schließlich als Wahrheit durch. Die Wahrheit ist also abhängig von diesen Rastern und Mustern, und diese wiederum von der Perspektive, aus der sie gesehen werden. Die Perspektive hingegen ist abhängig vom gegenwärtigen Standpunkt, von der Position, die ich gerade einnehme. Diese Position kann auch eine gedachte sein, etwa wenn ich meine Vergangenheit aus dem Blickwinkel eines Versagers betrachte.

Rückblickend finden sich in der Vergangenheit sicher schon frühe Anzeichen, die auf ein späteres Verhalten, nämlich des "Versagens" (daß das gegenwärtige Versagen ist, sich also keineswegs durchgängig durch die ganze Lebenslinie hindurchgezogen haben muß), hindeutet. Ganz anders stellt sich der Fall dar, wenn ich ihn unter dem Gesichtspunkt eines späten aber durchschlagenden 'Erfolges" (in dem ich mich beispielsweise jetzt gerade gegenwärtig sonne) betrachte. Alle Hindernisse und Anzeichen für Mißerfolg sind überdeckt durch den Glanz des letzten Standes. Dies gilt genauso umgekehrt.

Nun lerne ich in dieser Technik der konzentrierten Ziel-Orientierung nicht nur, mich nach meinen eigentlichen Wünschen, nach meinen tiefsten Sehnsüchten zu fragen und die Möglichkeit ihrer Erfüllung in Erwägung zu ziehen. Ich frage mich darüber hinaus, was der nächste Schritt in dieser "Traum-Karriere" ist. Ich kann die "Traum- Karriere" als Band auslegen, und zielstrebig gehe ich von A zu B. Ich mache den nächsten Schritt - in der Visualisation meiner "performance" (im Sport wird immer mehr mit solchen Trance-sessions gearbeitet, ohne daß sich der Sportler auch nur einen Zentimeter bewegt: Es geschieht alles im Kopf), in der Planung durch Simulation (etwa in der Vorlage eines Häuserplans durch den Architekten, der nicht zuerst das Haus bauen muß, um seinen Klienten dann hindurchführen zu können, also durch Cyberspace-Computerprogramme sogenannter "walk-throughs"), und durch genaues Einordnen und Mitberechnen aller Umstände, seien es Hindernisse oder verstärkende Faktoren. Durch die non-verbale Inszenierung des nächsten Schritts kann ich mir sehr gut der Stationen bewußt werden, und kann Metaphern in Spiel und Bewegung umsetzen.

So läßt sich etwa die "Hemmschwelle" markieren und überschreiten. Die Überwindung kann auf der non-verbalen und körperlichen Ebene eingeübt werden. Zugleich werden Eigenarten der Hemmschwelle vielleicht bewußt, vielleicht knüpfen sich bestimmte Bedingungen an ihre Überwindung. Und all dies kann im Spiel erfahren werden und einer Umsetzung im Alltag entgegenkommen.

Als Erweiterung des nächsten Schritts auf eine ganze Lebenszeit hin, könnte der Lebenstanz z.B. so inszeniert werden:

- A und B werden an jeweils das Ende einer geraden Linie gesetzt.
- A und B sollen Punkte des Anfangs und des Endes sein.
- Mit dem Anfang können sich bestimmte Erfahrungen, Erinnerungen oder Assoziationen verbinden, mit dem Ende bestimmte Vor-Stellungen, Wünsche, Ängste, Glaubenssätze, innere Bilder und mystische Erfahrungen.
- Zwischen A und B wird eine Linie gezogen, auf der bestimmte Lebenseinschnitte vermerkt werden. Diese Einschnitte können sich nicht nur auf die Vergangenheit beziehen, sondern auch auf die Zukunft, in der bestimmte Ereignisse vorauszusehen sind. (z.B. Familiengründung, Berufsentwicklung, Pensionierung etc.)
- Nun kann als erstes das Lebensband von A bis zum Punkt

beim Tanzen den Leuten plötzlich so jemand ein - jemand, an den niemand denkt oder denken sollte. Von dem es kein Photo gibt, der nirgens begraben ist, weil er noch lebt. Der nicht begraben werden möchte, weil er so lebenslustig ist und voller Saft und Kraft - genährt von unserer Bemühung, diese Existenz ungeschehen zu machen! Es lohnt sich nicht, denn es geht einfach nicht.

Jetzt ist der Moment und hier ist der Platz, um dieser Existenz einen Raum in unserem Bewußtsein und eine Chance zu geben: Hier und jetzt kann sie sich zeigen und gemeinsam können wir entscheiden - begraben oder zu vollem Leben erwekken? Während wir mit Absicht unabsichtlich auf dem Papier kritzeln, entsteht vielleicht unter unseren Händen etwas, was auf eine solche totgeglaubte, totgeschwiegene, totgewünschte Existenz hinweist. Wer ist es? Wie schaut er oder sie aus? Was will er oder sie? Was könnte zur Erlösung und zur Freiheit aller Beteiligten beitragen?

Phase der Identifizierung:
Das Tanzen mit dem unbekannnten Partner

Die Gruppe teilt sich in Paare auf. Die Masken, falls vorhanden, werden nun in Aktion treten und "tanzen". Dabei wird der Hersteller der Maske seine Maske dem Partner übergeben, um sie tanzen zu lassen. Er kann Anweisungen dazu geben, aber er kann die Bewegung letztlich nicht bestimmen - sie entsteht. Sie überträgt sich auf ihn als ein "zufälliges" Produkt äußerer Umstände und ist damit seinem Willen nicht unterworfen. Besser so.

Es läßt sich da besser erkennen, was für eine Bewegung sich entwickeln und den sinnsuchenden, deutenden Geist in uns erreichen will. Plötzlich kann die Kritzelei, eben noch so bedeutungslos, ein Gesicht annehmen, eine Stimme annehmen, zu uns sprechen...

Auch der Maskenträger soll zu Worte kommen, sagen, wie er sich gefühlt hat, warum er sich in einer bestimmten Weise zu bewegen bewegt gefühlt hat....

Phase des Austauschs:
Phase der heilenden Rituale:
Spontan sollen nun, aus dem derzeitigen Stand der Erkenntnisse, heilende Rituale entwickelt werden. Also steht es an, eine einfache Handlung zu finden, die einen entscheidenden Sinn im Zusammenhang mit der Bedeutung der Maske hat. Das kann eine Umarmung, eine Trennung, ein Rückzug sein, etc. Das Zusammentanzen von Masken und Maskeninhaber ist nun nicht spontan, sondern geplant, eben rituell, zeremoniell.

Die Maske fügt sich den Anweisungen des Maskeninhabers. Der Tanz ist vorbestimmt. Der Maskeninhaber spielt eine bestimmte Möglichkeit, eine Lösung durch, z.B. wie wäre es, wenn der Dämon woanders weiden ginge, der Abgott in einen Selbst zurückschhlüpfen würde, die Leiche im Schrank, zum vollen Leben erweckt, ein fröhliches Mitglied der Familiengemeinschaft würde und dieser seine außerordentlichen Erfahrungen zur Verfügung stellen würde...

Phase des Abschlusses:
Z.B. ein gemeinsames Mal. Austausch. Verabredung für eine Nachbereitung im Sinne eines Austausches über die Konsequenzen, die der Maskentanz im Alltag gehabt hat - oder nicht.

der Gegenwart abgegangen werden. Die Gegenwart ist gekennzeichnet durch einen bestimmten objektiven Status, also Alter, Familienstand, Gehaltsstufe, etc.

- Im Gegenwartspunkt dreht sich die Person um und betrachtet die Vergangenheit unter dem Gesichtspunkt der Vergegenwärtigung z.B besonders erfolgreicher Lebensstrategien oder besonders ärgerlicher Fehler.
- Die Person vergegenwärtigt sich die Fähigkeiten, die sie gelernt und benutzt hat. Diese Fähigkeiten können auch in der Zukunft eingesetzt werden. Hier geschieht eine erste Zukunftsgestaltung aus dem Perspektive des Rückblicks.
- Geht die Person nun auf der Lebenslinie in Richtung Zukunft weiter, so kommt sie unweigerlich an Punkt B, der hypothetisch als Endpunkt "eines erfüllten Lebens" gesetzt wird. Wie müßte sich nun der Rückblick auf eine hypothetische Zukunftsentwicklung gestalten, so daß man rückblickend von Punkt B auf das ganze Leben und seinen Weg sich voll überzeugt sagen kann: "Dies war ein erfülltes Leben".
- Es kann da das Bedürfnis entstehen, noch einmal über den Gegenwartspunkt hinaus zurück in die Vergangenheit zu gehen, bestimmte Weichen anders zu stellen, andere Schlüsse aus dem Erlebten zu ziehen, durch neue Interpretation zu einem neuen Sinnverständnis und Überblick zu kommen. Darin besteht die aufrüttelnde und verwandelnde Kraft von Todesdurchgängen, die oft das Tor zu einem zweiten Leben sind - nicht nur konkret physisch verstanden!

Und nun kann sich die strenge Eindimensionalität der linearkausalen Anordnung der Lebensschritte auflösen und wirklich zu einem Tanz führen, denn es gibt mehr als eine einzige Zeitlinie, sobald wir in die Tiefen unseres Bewußtseins und unseres Unbewußten abtauchen. Wie Gleise, die parallel laufen, Bahnen, die nie benutzt wurden, Weichen, die im nachhinein noch gestellt werden können und andere, futuristisch anmutende Sachverhalte. Wir träumen unser Leben. Wir tanzen unser Leben, indem wir:

- Wieder A und B als Anfang und Ende einer Bahn setzen,
- aber uns frei bewegen auf dieser Bahn, ungeachtet der chronologischen Reihe
- und ungeachtet der Beschränkung, die entsteht, wenn wir auf nur einer Bahn einen Schritt nach dem anderen setzen müssen.

Im Tanz haben wir die Freiheit:

- Uns geradlinig fortzubewegen
- oder auch nicht, nämlich wandelnd und wendend
- in Kehren und Schlaufen, Mäandern
- hin und her, vor und rück - im Sitzen, Liegen oder Stehen verharrend
- oder sich fortbewegend
- mit Gesten der Hände, Bewegungen der Arme
- ausschweifend oder schmal, eng oder weit
- schnell oder langsam, beschleunigend oder stockend
- und wir können uns dabei etwas denken
- oder auch nicht: Der Körper findet seinen Weg
- findet einen Rhyhthmus, ein Tempo
- gibt Rückmeldung über seinen Zustand: Lust oder Unlust
- stimmig oder unstimmig, passend und unpassend
- voll oder leer, erfüllt oder entleert
- fühlt sich schwer an oder leicht
- dunkel oder hell
- alt oder jung
- schlapp oder straff
- kräftig oder schwach
- heil und gut beieinand oder unheil, zerissen
- warm oder kalt
- verbunden oder isoliert

Der Fall Eva:

Eva meinte, nicht zeichnen zu können. Sie meinte auch, nicht tanzen zu können, aber sie ließ sich mittreißen. Beim Zeichnen spürte sie einen extremen Widerstand, von dem sie später sagte, sie hätte ihn immer schon, all die Jahre gespürt, aber nie der Neugier nachgegeben, nachzuforschen, woher er käme.

Bei der Einladung im Hier und Jetzt hätte der Widerstand erheblich gepowert und sich mehr denn je gesträubt, sein Gesicht zu zeigen. Dennoch kam ihr das Thema bekannt vor, und sie meinte, das sei wohl ihr Vater, der nicht erkannt werden wollte. Aber dann kam alles anders. Die Maske zeigte ihr, daß der Vater sich nun zeigen wollte und noch mehr erkannt werden, ihr nahe sein, sie umarmen wollte.

Alles was Eva von ihrem Vater wußte, war, daß er schwarz war, ein amerikanischer Schwarzer, der auf der Seite der U.S Army gegen die Nazis kämpfte, zu den Besatzungsmächten der Nachkriegszeit gehörte.... -ja, und dann sei es passiert. Die Großmutter sagte immer, der Schwarze, schwarz wie er sei, hätte die Mutter verlassen. Und nun sagte die Maske etwas ganz anderes. Sie sagte, sie rief, sie schrie:"Laß mich nicht allein! Komm! Komm zu mir! Du gehörst zu mir, Du bist ein Teil von mir, ebenso wie ich ein Teil von Dir sein möchte!"

Eva sah wie eine Schwarze aus, nur hatte sie eine goldene Haut und sprach ein deftiges Bayerisch. Ihre Maske war afrikanisch, das fanden alle. Sie machte sich auf die Suche nach ihrem Vater, der, wie sie herausfand, mittlerweile von den Staaten nach Nigeria übergesiedelt war. Sie begegnete ihm, sie stellte richtig: Die Mutter hatte, um der ängstlichen Großmutter willen, den Fremden davongejagt. Zurück blieb der willkommene Mythos von den unverantwortlichen Wilden aus der Savanne. Heute unterrichtet Eva afrikanischen Tanz. Sie unterrichtet, nach wie vor, in deftigem Bayerisch, das in Berlin auch schon exotisch genug anmutet.

Der Fall Gunda:
Gunda fiel mir gleich zu Beginn durch eine asymmetrische Körperhaltung auf. das Becken war verschoben, die Füße ungleichmäßig belastet, die linke Körperhälfte schien schlaff, während die rechte Körperhälfte dafür kompensiert und kontrahiert wirkte. Gunda wirkte merkwürdig zerrissen und uneins, unruhig. Sie schwankte zwischen zuviel Kontrolle und zuwenig Tonus.

Der Körper schien ständig auseinanderzufallen und keine Ganzheit und Einheit bilden zu können. Bei dem Spiralentanz hatte Gunda Mühe, sich dem gleichgeschalteten Rechts-Links-Schritt anzupassen und sagte nachher auch von sich, daß sie eben immer daneben träte, überhaupt daneben sei, aus dem Schritt käme. Sie stellte es dabei mehr als eine Reaktion auf eine bedrückende Umwelt dar, als eine eigene Entscheidung, die z.B. als Trotzhaltung ihre Berechtigung hatte, indem sie Gunda vor Auflösung bewahrte.

Die Maske war ein Gewusel unzusammenhängender Fäden, die in der Luft hingen. Die Striche waren blass und brüchig. Gunda gab der Maskenträgerin Zeichen, sich ihr bedrohlich zu nähern, und tatsächlich entstand aus dem Maskentanz ein Kampf gegen eine alles überwältigende Spinnenfrau, die mit ihren durchsichtigen Fäden nach Gunda griff und sie im Griff hielt. Auch wenn die Spinnenfrau sich entfernte, so waren die erstickenden Würgerfäden noch im Raum - Abstand oder Ver-

- in Gemeinschaft, in Übereinstimmung mit der Gruppe, dem Kollektiv, der Gesellschaft, oder vereinzelt, einsam
- verlassen oder willkommen geheißen
- verkannt oder anerkannt
- gebunden oder frei
- abhängig oder unabhängig
- 'auf dem Laufenden" oder abgeschnitten von Informationen

etc.

Die Wege gestalten sich in verschiedenen Formen, und die Form des geradlinigen, zielstrebigen Daraufzugehens ist nicht unbedingt die, die am schnellsten und leichtesten ans Ziel führt. Hier kann eine Phase der Improvisation über das Thema Lebenstanz ansetzen. Um tiefer in diese Form einzusteigen, empfiehlt es sich, immer wieder die Augen zu schließen und das Geschehen mit geschlossenen Augen zu erleben.

Erfahrungsgemäß haben die äußeren Markierungen nur wenig zu tun mit den inneren Orten und Dimensionen, die sich durch den Lebenstanz eröffnen. Zum Beispiel ist der Jetzt-Punkt oft ein breites Feld, das mehr und mehr ausstrahlt in die Zukunft, aber auch in die Vergangenheit. Die Zeitlinie ist nur Anhaltspunkt und führt in Bewußtseinsräume, die zeitlich nur schwer einzuordnen oder zu bemessen sind. Auch präsentieren sich Räume, Zugänge und Auswege, die auf der "Zeitlinie der nächsten Schritte" keinen Platz gefunden haben und dennoch von Lebenswichtigkeit sind. Viele Menschen machen die seltsame Erfahrung, daß nicht nur ihr Leben auch "ganz anders" hätte sein können, und daß es letztlich vielleicht nicht soviel verändert hätte an ihrem gegenwärtigen Zustand, sondern daß sie tatsächlich irgendwo in ihrem Bewußtsein, in irgenwelchen inneren Räumen und seelisch-geistigen Dimensionen tatsächlich ganz anders sind, wie sie sich im Alltag erleben. Das Arbeiten mit der inneren Familie bzw. dem inneren Parlament mag aufzeigen, wieviele Karrieren potentiell noch existieren als die eine, die tatsächlich im Alltag realisiert worden ist und manifest ist. Wieviele weitere Manifeste erwarten uns, wenn wir einmal uns in die Dynamik des Labyrinths eingelassen haben! Wir können die Manifeste lesen, ernst nehmen, wir können es aber auch dabei belassen, einfach wahrzunehmen, daß da noch vieles und anderes mehr ist, als wir gewöhnlich glauben.

Es hat sich immer wieder erwiesen, daß das therapeutische Arbeiten mit dem Lebenstanz in erstaunlicher Präzision aufzeigt, wo "es stockt" oder "es läuft", was länger umgangen oder umkreist werden muß, um endlich das Zentrum zu finden, was in vielen kleinen Schritten angegangen oder im großen Schwung erobert werden muß; wo man einen Punkt machen, eine Kurve kratzen, den richtigen Dreh rausfinden muß; was "ansteht" und was "gelaufen" oder "gegessen" ist, was immer noch ausstrahlt und beeinflußt, indem es eine Einflußsphäre um sich aufgebaut hat, was Kreise zieht und sich weiterhin auswirkt; was Wellen schlägt und sich überschneidet, sich gut trifft oder daneben geht... Abgesehen von der Anschaulichkeit alltäglicher Metaphern ist es wirklich aufregend am eigenen Leibe zu erfahren, wieviel unser Organismus zu diesen Fragen zu sagen oder zu zeigen hat, und er scheint aufzublühen, wenn er in dieser Aufgabe der Organisation angehört und beachtet wird!

Sehr oft wird auch eine geradezu spirituelle und sehr tröstliche Erfahrung gemacht: Der Tod ist nicht das, was er zu sein scheint. Viele Lebenstänzer erzählten mir, sie hätten gerade vom Tod her eine enorme Stärkung, Zuversicht und Rückendeckung erhalten! Metaphern wie "das Zeitliche segnen", "heimgehen" und "von Gott zu sich genommen werden" entfalten hier eine Bedeutung, die weit über eine konfessionell gebundene Religiosität geht. Ebenso wie in schwinden half also nichts. Sogar wenn die Maskenträgerin vor die Tür ging, war die Energie noch spürbar und unerträglich. Dann kam Gunda auf die Idee, die Maske selbst durch einen festen, schwarz und eindeutig aufgezeichneten Rahmen zu begrenzen, so daß die Spinnenfäden zwar über die Grenzen hinaus waberten, aber der Rahmen plötzlich einen Anhaltspunkt gab; irgendwas wurde klarer, konkreter, greifbarer. Dann malte Gunda in einer Art künstlerischer Raserei eine Serie von Dämonenfratzen mit verzerrten Mäulern und geschlitzten Augen, und die Gruppe wurde aufgefordert, sich diese Dämonenmasken vor das Gesicht zu halten und Gunda in einem Kreis zu umringen.

Seltsam: Gunda machte die körperliche Erfahrung, daß je näher die Dämonen mit Knurren und Greiferarmen ihr kamen,desto wohler und energischer fühlte sie sich, gerade als ob die Masken ihr Lebensenergie übertragen würden. Als Konsequenz dieser Erfahrung richtete sich Gunda zu Hause ein Zimmer ein und "lebte mit den Dämonen". Nun konnnte sie in dem neu eröffneten Spielraum eine Vision wahrwerden lassen, deren Verwirklichung sie immer nur bei anderen Menschen für möglich gehalten hatte, nämlich "richtig" zu malen beginnen, d.h. eine Identität als Künstlerin zu entwickeln.

Der Fall Maria:

Maria sagte zu Anfang, sie hätte das Gefühl, schon Jahre im Labyrinth verbracht zu haben. Es waren Jahre der Unklarheit, der Unsicherheit, der Erschöpfung, des Gefühls, gefangen zu sein und nicht zu wissen , wo die Grenzen sind, die es zu überschreiten gilt, um auszubrechen. Sie fand eine Methapher für sich, die ihre Wunschvorstellung betreffend der Zukunft ausdrückte, nämlich "wie neugeboren" aus dem Labyrinth herauszukommen. Das Labyrinth war also ein Mutterschoß, der ihre Geburt verhinderte, sie nicht frei gab und mit lebensbehindernden, tödlichen Kräften besetzt war. Diese Kräfte entpuppten sich als Ideale. Da war zunächst das Idealbild einer eleganten, gebildeten, äußerst erfolgreichen und dabei souveränen jungen Frau, das ihr Vater von ihr hatte und dessen Verwirklichung sie in all den Jahren eines erfolglosen, unabgeschlossenen Studiums und einer unbefriedigenden Ehe verfolgt hatte.

Während sie an der sich über Jahre verzögernden Doktorarbeit saß, entwickelte sie einen lebensgefährlichen Tumor. Dieser Tumor sollte zunächst als Maske dargestellt werden, aber irgendwie gelang die Maske nicht - nie war sie lebensbedrohlich genug. Dann malte Maria versuchsweise eine Engelsgestalt mit einem überheblichen Lächeln, und heraus kam die Gestalt der Lady, die sie zu sein sich immer bemüht hatte.

Die Maskenträgerin wurde angewiesen, sich ladylike leicht tänzelnd, über alles erhaben zu geben. Und sofort explodierte Bitterkeit, Verletzung über die jahrelange Verachtung und Selbstverachtung. In ihrem Tanz mit der Maske wurde Maria wie ein Dämon, der sich wehrte, aufstampfte, selbst behauptete, sich selbst bewahrte, seine Würde schützte. Maria fühlte: Das ist der Tumor! Das macht der Tumor für mich!

Sie fühlte seine rabiate Energie, indem sie sie austanzte. Sie nahm diese Energie als eigene Energie in sich auf - und gesundete.

der Nähe des Punkt A häufig nicht nur die tatsächliche Abstammung und Herkunft und die Ursprungsfamilie des Lebenstänzers ein "Zuhause" ein "Nest", ein Herkunftsort als "Heimat" anzutreffen ist, sondern unsichtbare Kräfte und Einflüsse am Werk sind, ebenso finden wir auch im Punkt B das Epizentrum einer geradezu magnetisch wirkenden Einflußsphäre, die mit den Symbolen, Metaphern und Mythen von der Gottesfamilie, dem Kreis der Seeligen, der Gemeinschaft der Ahnen in unserem Alltagsbewußtsein meist nur zu blaß vertreten sind, um ihre positive Wirkung aufbauen zu können.

Das Alltagsritual als Souvenir der Labyrinth-Reise

Wenn die Labyrinth-Erfahrungen Auswirkungen haben sollen auf unseren Alltag, dann müssen sie integriert werden. Und die beste Art, etwas zu integrieren, ist es zu utilisieren. Utilisation - Nutzbarmachung, Verwendung, Anwendung, Gebrauch - ist ein wichtiger Begriff in Therapien, die mit Trance-Zuständen arbeiten. Das Alltagsritual ist sozusagen die Ausbeute aus den therapeutischen Labyrinth-Erfahrungen und bedeutet nicht mehr (und nicht weniger) als daß aus dem großen Erfahrungsschatz des Lebenstanzes etwa ein bestimmtes Segment herausgenommen wird. Darauf richtet sich jetzt der Fokus unserer Aufmerksamkeit, denn es geht darum, im Alltags eine entscheidende Wendung einzuleiten und einen Entschluß zu fassen.

Wir nehmen uns also vor: Das nächste Mal, wenn sich die Gelegenheit für die Realisation unserer guten Vorsätze ergibt, beginne ich gleich mit der Umsetzung. Und um vorher sich schon einzuüben, entwickle ich ein Ritual. Es besteht daraus, eine bestimmte Situation anders zu gestalten als gewohnt. So habe ich vielleicht im Lebenstanz erfahren, "wo ich einen Punkt machen" oder "einen Strich ziehen" muß, wie ich eine "Kurve kratzen" oder "den Dreh rausfinden" kann und wann ich lieber schwungvoll "reingehen" sollte, statt über jeden "Stein zu stolpern" und den "Wald vor lauter Bäume" nicht mehr zu sehen. Dann übe ich das ein: Den Strich ziehen, den Punkt machen, die Kurve kratzen, den Schwung nehmen, etc. Ich überlege mir: Was hilft mir dabei? Gibt es eine bestimmte Musik, die mich dazu anregt, mich schon in Stimmung dazu versetzt? Dann lege ich Musik auf und versetze mich ab und zu in diese Stimmung, einfach nur um vertraut zu werden mit diesen ungewohnten Lebensbewegungen.

Wenn ich "mit den Füßen fest auf dem Boden" sein möchte oder "meinen Standpunkt" innerhalb einer bestimmten Situation suche - ich kann es üben. Wenn ich "mein Gleichgewicht bewahren" und "nicht aus dem Tritt" kommen will - ich kann es üben. Wenn ich mich geradlinig bewegen und direkt zur Sache kommen will - ich kann es üben. Wenn ich mehr Bewegungsfreiheit und Spielraum möchte - ich kann es üben. Das sind die kleinen Alltagsrituale, die bestimmte Erkenntnisse, Kräfte und Fähigkeiten in unserem Selbstbewußtsein verankern und sie abrufbar, nutzbar machen, wenn sich im Alltag Gelegenheit zur Manifestation bietet.

Spurensicherung im Labyrinth

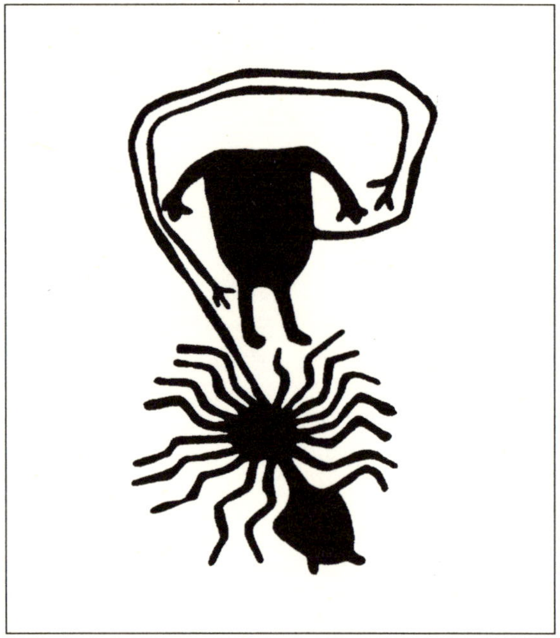

Abb. 28: Felszeichnung aus dem Mennomini-Gebiet, Michigan. Schamanistische Kraftübertragung aus dem Kosmos. (Hoffman 1992, S. 104)

Spurensicherung I: Spuren, die in die Zukunft zurückführen

Am Anfang meiner ganz persönlichen Betrachtung über die Entwicklung und Ausgestaltung des Labyrinths als abendländischer Beitrag zur symbolisch-metaphorischen Bildergeschichte des menschlichen Bewußtseins steht diese Felszeichnung aus Michigan, Menomini territory, USA.

Es ist eine kopflose Gestalt, die durch eine Art Nabelschnur mit einem sonnenähnlichen Wesen verbunden wird. Wenn ich mir diese Gestalt anschaue, erinnere ich mich an eigene Erfahrungen, zum Teil unter Drogen, die mich an der lichten und leuchtenden Natur der Dinge in dieser Welt teilnehmen ließen.

Auch erinnert es mich an eine Vorstellung, die man als esoterisch bezeichnen könnte, da sie ja im Alltagsbewußtsein nicht als allgemein einsichtige und verbindliche Tatsache angesehen werden kann: Im normalen und durch unsere Wahrnehmungsgewohnheiten genormten Alltagsbewußtsein unterscheiden wir zwischen belebter und unbelebter Materie. Und auch der belebten Materie, unter anderem unserem eigenen Körper, ordnen wir eine feste, klar umrissene und nur wenig veränderliche Gestalt zu.

Gehen wir aber in den Ausnahmezustand eines nichtalltäglichen Bewußtseins, so kann es uns passieren, daß wir die Dinge, und eben auch unseren eignen Körper als eine Miriade von leuchtenden, wirbelnden Energiestrudeln erleben, als ein Feuerwerk immer neu explodierender Lichtformationen, als ein Schwingungsgewebe und waberndes Wellenmuster. In verschiedenen Meditationspraktiken, Ekstasetechniken und Trance-Reisen wird der Trick angewandt, das, was viele Menschen vor uns, Schamanen, Ekstatiker und Mystiker als das eigentliche Muster dieser Welt erkannt haben, uns vorzustellen und durch diese

Vorstellung allein schon unser Bewußtseins zu verändern. Dieser Trick besteht darin, ein Gedankenexperiment einzugehen: Ähnlich wie in der Wissenschaft steht am Anfang des Experiments eine Hypothese. Die Hypothese in diesem Fall ist: Wir sind sonnengeboren, lichtgeboren. Wir kommen aus dem Licht und gehen ins Licht Wir sind Licht Die Welt ist Licht Wir und die Welt bilden Wellen-und Schwingungsmuster, die sich ständig verändern und Formen bilden.

Der Geist bildet die Form, die sich materiell zeigt, sich in Materie manifestiert. Der Geist kann sein eigenes Wesen erkennen, wenn er seine Herkunft erkennt. Der Geist erkennt sich in den von ihm geschaffenen Formen. Wir in der Welt bilden zusammen diese Muster veränderlicher Schwingungsgestalten. Es kommt auf uns an. Wir sind mit der Welt, mit allem verbunden durch diesen gemeinsamen Nenner unserer Herkunft und unserer Bestimmung. Ich bin Licht. Du bist Licht. Wenn wir dies gemeinsam denken, entsteht eine Auflösung der Gewohnheiten, die uns an die Annahme fester, unveränderlicher Weltgestalten bindet. Wir glauben zu zaubern, wir glauben verzaubert zu werden, aber im Grunde ist es Erkenntnis. Wir meinen, an Wunder glauben zu müssen, um uns wieder wundern zu können, dem Wunderbaren begegnen zu können, aber im Grunde, bewirken wir es, indem wir es denken.

Es ist alles da, immer. Dennoch diese Idee körperlich zu erfahren ist eine außergewöhnliche Erfahrung. Vielleicht machten früher Menschen diese Erfahrung nur unter der Einwirkung von psychoaktiven Substanzen, unter dem Einfluß von Drogenpflanzen. Oder sie mußten daran glauben, um glauben zu können - sie überließen die außergewöhnliche Erfahrung am eigenen Leibe den außergewöhnlichen Einzelnen ihres Kollektivs. In nicht-westlichen Traditionen jedoch ist die Volkskunst von solchen erschütternden und erleuchtenden Bewußtseinserfahrungen geprägt: Zitternde

Abb. 29: Der Vogel (Adler) als geistiger Lehrer? Aus dem Catal-Hüyuk-Schrein, Türkei, ca. 6000 v. Chr. (Hoffman 1992, S. 123)

Linien und pointilisitische Auflockerung der Formen bis hin zur Auflösung geben Zeugnis von einer Weltsicht, die nicht der unserer "Normalen" entspricht.

Aber warum ist die erste Gestalt kopflos? Viele schamanische Trance-Reisen haben das Verschlungenwerden zum Thema. Auch wird von dem Erlebnis berichtet, ein Tiergeist hätte dem Reisenden den Kopf abgerissen, ihn gespalten oder gefressen. Trotzdem bleibt ein Restbewußtsein, das als Zeuge dieses wahrnimmt, so daß der Reisende später davon berichten kann. Sind die prähistorischen Abbildungen solche Zeugnisse?

Die kopflose Gestalt ist mit der Lichtquelle verbunden. Die Verbindung geht über eine Schnur zum Bauch, was die Assoziation einer Nabelschnur nahelegt. Gleichzeitig wird von Meditierenden berichtet, daß im Bauch eine Art Urerinnerung an eine solche kosmische Verbundenheit gespeichert ist, so daß dort eine andere Art von Wissen und Weisheit vorherrscht als die im Kopf. Die Japaner sprechen von Hara, was wörtlich Bauch bedeutet und gleichgesetzt wird mit einer Kraft, die sich aus dem Wissen um die kosmische Verbundenheit speist. Im Hara ist der, der ganz bei sich ist und in seiner Mitte ruht - eine Fähigkeit und Eigenschaft, die vor allem in den Kriegskünsten der Samurai und auch in bezug auf die modernen Leistungsansprüche ihre Bedeutung erhält.

Bei uns würde man von Geistesgegenwart sprechen, obwohl oder vielleicht gerade weil der rationalisierende Verstand in den Hintergrund tritt. Er ist zu langsam, zu umständlich, zu sehr auf bewußtes Auswählen und Planen hin angelegt, wenn es darum geht, instinktiv und traumwandlerisch sicher zu entscheiden. Solche Instinktsicherheit ist im Stammhirn, unserem ältesten Teil des Gehirns angelegt. Diese uralte Weisheit in uns wird als im Bauch angesiedelt erfahren und oft als etwas erlebt, was "aus dem

Bauch kommt", also aus einem unteren Teil unseres Körpers, wenngleich das Gehirn natürlich ein Teil des Kopfes ist.

Dies mag sich z.B. in dem Rad der Tänzerinnen zeigen, die keine individuellen Gesichter tragen und deren Kopfform wenig ausgeprägt ist. Die Tracht der wehenden Haarschöpfe hingegen ist maßgebend und bildet die Form der zu einem Kreis verbundenenen Gestalten. Ich meine, dies geht weit über die Beliebigkeit einer dekorativen Lösung hinaus. Ich sehe darin den Hinweis auf ein Selbsterleben des Menschen, der im Kollektiv, im Tanzkreis erst seine belebte Gestalt findet und aus ihr Kraft schöpft.

Das unmittelbare Wissen um die kosmische Verbundenheit zeigt sich durch Instinktsicherheit. Heute würden wir sagen, es ist esoterisch, es gehört dem Wissen aus Mysterienschulen und okkulten Geheimpraktiken an. Der Unterschied besteht nur darin, daß es einmal selbst, am eigenen Leibe erlebt wird - und dann zum Bestandteil des Gewußten, zur Lebenserfahrung und Weltsicht selbst gehört - oder daß es zum anderen über Berichte und Einweihungen überliefert wird. Zu der traditionellen Art der oralen Überlieferung kommt auch die schriftliche Fixierung und die Überlieferung der Offenbarungen durch die Heiligen Schriften. Hier von Instinktsicherheit zu sprechen, mag wie eine Blasphemie anmuten. Und dennoch: Als unmittelbare Ergriffenheit spricht sie aus den Worten der Propheten und der Heiligen. Obwohl sie aus absolutem Verlust der Selbstbeherrschung geboren ist, bürgt sie für eine Qualität der Selbstbeherrschung, die das Leben ordnet, klärt, und zielbewußt ausrichtet.

Klarheit und Ordnung resultieren daraus, obwohl die Erfahrung selbst verwirren muß. Dieses scheinbare Rätsel löst sich auf, wenn wir unterscheiden, was sich verwirrt, und was sich klärt: Verwirrend ist die unmittelbare Erfahrung der

Abb. 30: Nach einer sumerischen Tonzeichnung. Aus Mesopotamien, 5000- 4000 v. Chr. (Hoffman 1992, S. 102)

Abb. 31: Tanzender Krokodilsgott, Zentralamerika

Abb. 32: Jaguartänzer - ein Vexierbild: halb Mensch, halb Tier, Zentralamerika. (Hoffman 1992, S. 117)

Weltverbundenheit, wenn wir von den auf Absicherung und Beständigkeit hin ausgerichteten Alltagsgewohnheiten ausgehen. Klärend ist sie hingegen, wenn wir uns auf einer tieferen Ebene als kosmische Wesen verstehen und durch die Erfahrung darin bestätigt werden.

Das läßt uns wieder klar sehen. Das Wunder der Instinktsicherheit wird in den frühen Kulturen und bis heute in nicht-westlichen Gesellschaften mit dem Geist der Tiere in Verbindung gebracht. Die altägyptischen Götter sind Götter, die Tiergestalten annehmen. Genauer genommen verfügen sie über einen menschlichen Körper und einem tiergestaltigen Kopf und Antlitz.

Dementsprechend kann ich das Bewußtsein und Selbstbild jener Menschen auf die als göttlich anerkannte Lebensweisheit der Tiere zurückführen. Auch die Pflanzen in ihrer vegetativen Angeschlossenheit an die kosmischen Gesetze haben Weisheit gespeichert: So sind die Pflanzengötter und -göttinen Repräsentanten eines solchen Wissens.

Es begegnen uns tanzende Tiergestalten in der Mitte eines Kreises. Die Beschriftung spricht von Dämonen und verleiht ihnen damit einen negativen Aspekt. Ich könnte mir aber vorstellen, daß diese Tiergeister aus den präcolumbianischen Traditionen ebenso als Quelle der geistigen Nahrung und Weisheit angesehen werden könnten, wenngleich sie Ehrfurcht gebieten, wie dies alle außergewöhnlichen Wahrnehmungen und Erfahrungen tun, eben weil sie außergewöhnlich sind. Der Tanz nicht nur um das goldenen Kalb, sondern auch um die bocksfüßigen und gehörnten Teufelsgestalten der im Mittelalter dämonisierten und verteufelten Hexenkulte, könnte auf eine solche zentrale Position der Tiergestalt im kosmischen Reigen und rituell nachvollzogenen Tanz hinweisen.

Spurensicherung II: Spuren der Magie

Magische Weltbeherrschung nährt sich aus dem Wissen um die kosmische Allverbundenheit. Die Gesetze der Magie funktionieren auf der Basis von Anziehung und Abstoßung, von Ähnlichkeit , das Gleiches mit Gleichem verbindet und eine Fähigkeit der Einfühlung und Einschwingung voraussetzt. Mein allererster intuitiver Eindruck vom Labyrinth war der eines elektronischen Netzwerks, der an die Schaltstellen und Relais' elektrischer Instrumente erinnert. Die seltsamen Schlieren der gewundenen Schleifen, Schlaufen und Spiralen waren zunächst unentwirrbar, schafften einen Eindruck von Durcheinander und ungeordnetem Verschlungensein wie ein verheddertes Wollknäuel. Gleichzeitig faszinierten sie mich durch einen ebenfalls unmittelbar sich einstellenden Verdacht einer innewohnenden aber verborgenen Ordnung.

Es schien mir sehr raffiniert - wahrlich magisch, durchtrieben ausgedacht und ausgekocht, aufgeladen mit Kraft und sehr effektiv. Es machte mir Angst - ich fühlte mich ausgeliefert ob eines solchen praktischen Wissens, das mir fremd war und keinem der Bewußtseinsinhalte meiner eigenen abendländischen Kultur glich. Seitdem habe ich mich viel mit chinesischer Medizin, mit taoistischer Philosophie und Körperkultur beschäftigt, und immer noch spüre ich das Defizit meiner eigenen Ungebildetheit.

Mein eigener Körper macht die nährende, kräftigende und beseeligende Erfahrung der kosmischen Verbundenheit, aber mein Bewußtsein kann den gewundenen Wegen einer fremden Kultur mit ihren abbildenden Modellen (wie etwa denen der Meridiane und Punkte des Shiatsu) nicht folgen. Meine Wahrnehmung des Fremdartigen und Andersartigen wird begleitet von einem synchron einsetzenden Körpergefühl, das dem der Wahrnehmung des Andersartigen wi-

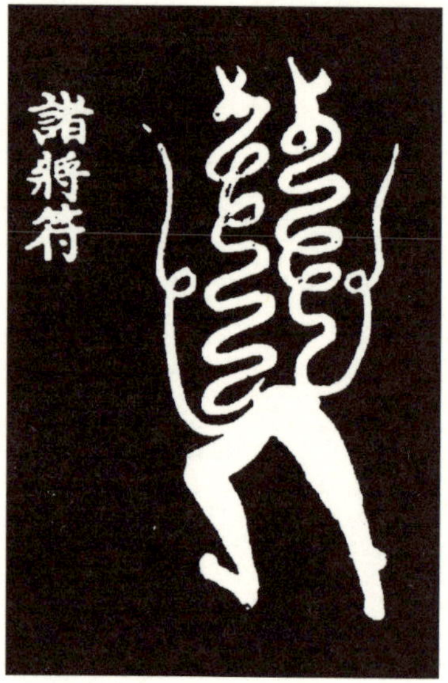

Abb. 33: Chinesisches Zeichen der Magie, "den Himmel umarmen, auf der Erde gehen". (Hoffman 1992, S. 104)

Abb. 34: Felszeichnungen im sogenannten Pueblo Stil, Idaho, USA."Wenn man schamanisiert, sagt ein sibirischer Schamane, dann findet man seinen Weg selbst".

derspricht: Geradezu instinktmäßig ist mein Körper vertraut mit der Aussage des fremdartigen Weltmodells, das in einem Symbol eingefangen und abgebildet ist.

Der Körper reagiert mit Vertrautheit, das Bewußtsein mit der Wahrnehmung von Fremdartigkeit. Dadurch ergibt sich ein Reiz: Ich möchte mehr wissen, was mein Körper schon lange weiß. Ich lasse mich auf die Körpererfahrung ein. Ich folge den Linien der Kraft, den gewundenen Weg und mein Bewußtsein schaut sich selbst zu, wie es aus den gewohnten Gleisen in eine scheinbare Irre geführt wird, die sich jedoch als Heimkommen anfühlt. Je mehr die endgültige Bestätigung des Verirrtseins eintreten müßte, desto mehr tritt stattdessen Ruhe ein: Ruhe und eine körperlich vermittelte Gewißheit. Bin ich in die Mitte des Labyrinths vorgedrungen?

Diesem Amulett der chinesischen Magie ist ein kurzer Text beigefügt. Er weist die Figur als einen selbstsicheren und gewandten Wanderer aus, der "auf der Erde geht und den Himmel umarmt". Seine Umarmung fängt ein immenses Gebiet der kosmischen Dimensionen ein, während der Schritt nicht nur sicher, sondern sehr erdenverwurzelt erscheint.

Dies entnehme ich der Betonung seiner Fersen, die sich in die Erde einzusaugen scheinen. Der Kopf fehlt, ist angesichts der magisch-praktischen Fangarme wie überflüssig geworden: Diese Gestalt kennt keine Irrwege, kennt nicht die Qual der Wahl, die später, bei Entwicklung und Benutzung des jüngsten Gehirnteils, der Großhirnrinde, den Menschen plagen wird; sie kann sich nicht verirren, auch nicht im Labyrinth. Sie verkörpert für mich das Labyrinth, ein wandelndes Labyrinth, das seine eigene Lösung mit sich trägt. Ein taoistischen Sprichwort sagt: Der Weg zu sich selbst ist so lange, weil er durch einen selbst führt. Ist das Selbst der Körper, der die Lösung schon weiß?

Spurensicherung III: Des Drudels Kern

Die Felszeichnungen zeigen solche gewandten Wanderer zwischen Himmel und Erde. Es sind Gestalten mit Kopf, den antennengleiche Fühler verzieren und auf eine schamanische Erfahrung hinweist: Sie sind die Instrumente des kosmischen Bezugs und dem instinkt- sicheren Angeschlossensein an die Wurzeln der Kraft durch den Ausnahmezustand der außergewöhnlichen Bewußtseinserfahrung. Ein erigierter Penis deutet nicht unbedingt auf Fruchtbarkeitsriten hin, sondern zeigt an, daß Kraft den Körper durchfließt. Die gewundenen Wege, die sich entweder spiralig in die Weite des Raumes hineinschlängeln oder in einem stilisierten Quadrat auf eine Mitte hinführen, sind mit dem Körper durch den Arm als Verlängerung der Hände und des Handelns verbunden. Ein sibirischer Schamane als Informant sagt dem Ethnologen: 'Wenn Du schamanisierst, findest Du Deinen Weg - von selbst."

Die Zeichnung auf der rechten Seite, die ein Eingeborener aus Ceram meinem Großvater Jensen aufmalte, veranschaulicht den Maro-Tanz, der die Tänzer durch eine neunfache Spirale in das Todesreich der Göttin vordringen ließ. Wurde der Weg nicht gefunden, so blieben die Tänzer draußen und wurden in Tiere verwandelt. Der Tanz ist also der schrittweise Eintritt in einen Unterwelts-und Todesbereich, der durch die Anordnung der Tanzwege eine Klarheit der Ausrichtung anbietet. Für mich ist es die Klarheit des kosmischen Bezogenseins auf die Quelle der Kraft hin. Wird die Ordnung und der Anschluß verpaßt, hat dies seine Konsequenzen.

Wer also das Labyrinth nicht betritt, muß mit endgültiger Verwirrung rechnen: Er bleibt auf einer tierhaft instnktiven, sich selbst nicht bewußten Bewußtseinsebene stehen. Im Körper des Menschen aber bewirkt dieses Stehenbleiben

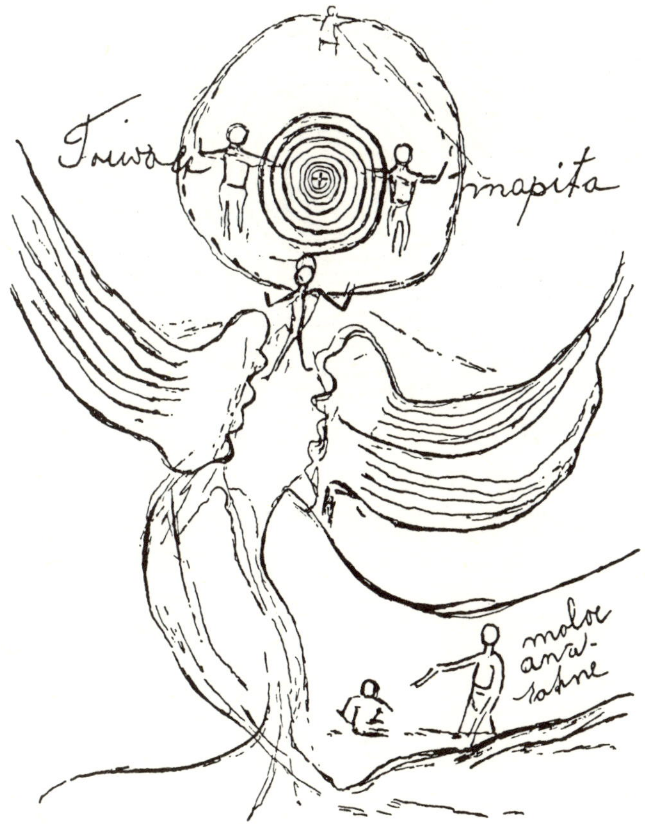

Abb. 35: Darstellung des Maro-Tanzes, Zeichnung eines Eingeborenen.

Abb. 36: L.H. Samuelson: Some Zulu Customs and Folklore, London 1928

keineswegs die Instinktsicherheit der Tiere, sondern den dumpfen Zustand einer Verwirrung, die diese nicht von dem kosmisch bezogenen Zustand der Klarheit unterscheiden kann, weil letztere nicht mal als Möglichkeit und Alternative im Bewußtsein vorhanden ist. Das Labyrinth ist hier also als Weg der Läuterung zu sehen.

Scheinbar chaotische Spiralenwege und spiralige Anordnung werden in nicht-westlichen Gesellschaften oft mit Trance-Reisen in die Unterwelt in Verbindung gebracht. Daß es sich um schamanische Erfahrungen in der nichtalltäglichen Realität und in einem außergewöhnlichen Bewußtseinszustand handelt, war meiner Meinung nach den aufzeichnenden Ethnologen deshalb nicht klar, weil sie solche Reisen nicht kannten und sie sich nicht vorstellen konnten, daß so etwas möglich ist und dazu noch eine wichtige Funktion im sozialen, religiösen Kontext hat. Ich wiederum komme auf diese Vermutung, weil neuerdings Ethnologen selbst schamanische Erfahrungen ausprobiert haben und in ihren Aufzeichnungen solche Modelle berücksichtigen konnten.

Die verwirrenden Wege in der Unterwelt der Chuckchee, aufgezeichnet durch den Anthopologen Waldemar Bogoras, veranschaulichen die Gefahren, denen die Seelen der Toten ausgesetzt sind. Deshalb bedarf es der Totenführer, die auch in den antiken Kulturen des Abendlandes bekannt waren. So Anubis, der altägyptische Schakalgott, und Hermes, der seiner Funktion als Seelenführer (Psychopompos) nachkommt. Oft sind es die Ahnen oder auch schon verstorbene Verwandte, die die Seele geleiten. Oder es sind gewandte und wegekundige Schamanen, die in Trance-Reisen sich in die nicht-alltägliche Realität der Unterwelt begeben, um dort bestimmte Aufgaben zu erledigen.

Oft geht es darum, die Seelen von Kindern zurückzuholen, die von den dortigen Bewohnern gekidnapped worden sind. Die Totenbücher sowohl Ägyptens wie auch Tibets sollen Einweisungen in die Schwierigkeiten sein, die die Seele auf ihrer Reise durch das Totenreich erwartet.

Bei einer so wichtigen Angelegenheit wie dem Bereisen der Unterwelt erstaunte es mich um so mehr zu erfahren, daß die ältesten Zeugnisse von abendländischen Labyrinthen (also nicht als beliebige Spiralenwege, sondern in ihrer typischen Ausgestaltung mit Kreuzform und darum sich anordnenden Spiralen) sich als Kritzelein erwiesen! Solche Kritzelein werden Drudel genannt und sollen, laut tiefenpsychologischer Interpretation bestimmter Graphologen, über Modell und Qualität der Selbstorganisation im Sinne eines self-management des Menschen Aufschluß geben. Sie sind sozusagen Abbild der unbewußten Wege, die der Mensch geht, um sich selbst zu finden. Das Labyrinth als Vorlage für ein kollektiv als konstruktiv empfundenes Drudel?

Die Kritzeleien tauchen weltweit auf - soweit man damals, in den Jahrhunderten vor und nach der Zeitenwende von Weltweite sprechen kann. Seefahrer sollen die labyrinthischen Drudel- Formen von Kultur zu Kultur übermittelt haben. Daß dieser Drudel sich nicht so ohne weiteres zeichnen ließ wie andere, unwillkürlich gezeichnete, dies kann jeder nachvollziehen, wenn er einmal ein Labyrinth locker aus dem Ärmel schütteln will, bzw. ohne innere Vorbereitung und ohne vorbewußten Plan sich ans Kritzeln macht. Es bedarf schon einer gewissen disziplinierten, koordinierten und organisierten Haltung, einer inneren Orientierung, die sich im äußeren Zeichnen dann niederschlägt.

Das Labyrinth hat als Drudel durchaus keinen gefährlichen oder bedrohlichen Charakter, sondern mutet als ein Spiel für fortgeschrittene Spieler an. Es lädt zu einer Geistesübung ein: Der Geist soll sich innerlich auf geplanten Wegen an eine verworrene Aufgabe heranmachen, die ihm gemäß ist und der er gerecht werden kann. Das Labyrinth

Ist das Labyrinth als Reisebeschreibung oder auch als magische Falle zu sehen?

Abb. 37: Die Abbildungen sind Labyrinthe, die als zufällige Zeichnungen auf altägiptischen Abrechnungen, als Grafitti in einem pompeianischen Haus etc. entdeckt wurden: Dies ist für mich Hinweis dafür, daß das Labyrinthzeichnen mit einer Drudel-Formel zu tun hat.

wird zur Herausforderung für den Geist, der den Plan aus der Vogelperspektive der Distanz, aus der Meta-Ebene der Betrachtung überschaut. Der Geist fühlt sich angeprochen und aufgefordert, das Leben selbst, insbesondere mit seinen unklaren und verworrenen Spiel- Angeboten, als ein Rätsel zu betrachten und seine Gedanken weniger auf ein Nach-Denken auszurichten, als vielmehr das Vor-Denken zu üben.

Für das Labyrinth hieße dieses Gedanken-Spiel: Wie muß ein Labyrinth konstruiert sein, so daß es einerseits verworren und auswegslos erscheint, andererseits durch ein Umdenken den Weg aus der Unklarheit und Gefangenschaft zeigt? So gesehen könnte das Labyrinth auch das abendländisches Zeugnis für eine Gedankenanstrengung sein, die notwendig ist, um das Schicksal zu meistern, statt ihm ausgeliefert zu sein.

Das Labyrinth würde sich dann als Spiel-Angebot an die antike Tragödie anschließen, die auf andere Weise kathartisch wirkte. Während jedoch die Tragödie das Schicksal als unausweichbar annimmt und den Zuschauer mit teilnehmen läßt an den tragisch-pathetischen Emotionen, die den Körper läutern. Altes, auch Schuld und Ressentiments werden ausgeschwemmt, wieder in Fluß gebracht und so wird der Mensch freigemacht für Neues. Denken ist angesagt, aber eben nicht nachdenkendes Grübeln und gefühlsbetontes Suchen nach Ursachen und Gründen, sondern ein eher stoisch ausgerichtetes, diszipliniertes Visualisieren der möglichen Lösungen, wobei der Geist sich gewiß ist, daß das Labyrinth letztlich eine Konstruktion seiner selbst ist.

Spurensicherung IV:
Verunsicherung auf dem Weg - Genesis des Monstrums

Humbaba ist das mesopotanische Monster, das in den Tiefen des Meeres wohnt. Ähnlich wie die Nagas, die Schlangengötter und mächtigen Unterweltgötter der indischen Tradition, so ist auch Humbaba voller Kraft und Macht, jedoch in das Unbewußte des Menschen verbannt. Wie alle Monster, Schlangen und Drachen erleidet er das Schicksal der Zerstörung und Zerstückelung: Ein direkter Kontakt mit Humbaba ist nicht mehr möglich. Es gibt nur noch die Idee von ihm: Und die Idee heißt Gefahr. Sein Antlitz ist furchterregend, verworrene Faltenlinien erzeugen den Eindruck ungeklärter Vergangenheit. Viel Lebensenergie ist in der Angst vor der vergangenen Prägung, vor den Monstern und Dämonen im eigenen Unbewußten gebunden. Wer diese Kraft an sich, an sein Bewußtsein bindet, der findet die Lösung, wird erlöst. Nicht umsonst ist das Labrinth, in dessen Mitte ein Monster haust, für viele Therapeuten deshalb die Metapher der erlösenden Wirkung und der bewirkenden Kraft der Bewußtwerdung .

Wer bewußt wird, weiß darum: - Wirklichkeit ist gebundene Kraft, die bewirkt - Wirklichkeit entsteht in der vorgedachten Vision einer schon eingetretenen Zukunft - Die Wirklichkeit bildet sich aus den Bildern, die wirken - Bilder sind Gedanken, die der Mensch frei setzen kann: Die Gedanken sind frei - einem solchen Freidenken folgt Energie - eine solche Energie bewirkt etwas: Sie verändert unfreie Verhältnisse, sie setzt frei, was gebunden war, sie bindet sich an Visionen - Vision ist die Konstruktion der besten Lösung - Vision ist eine intelligente Lösung - alle Lösungen waren die besten Lösungen zu dem Zeitpunkt, als sie getroffen wurden - wer wirken will, braucht freie, neutrale Energie -

Abb. 38: Humbabas Antlitz

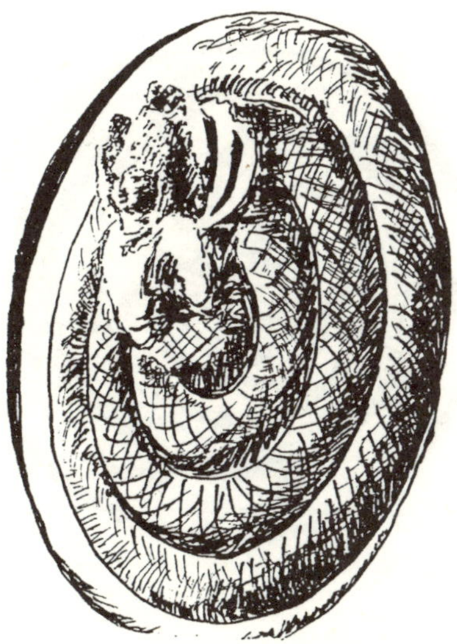

Abb. 39: Mächtiger Schlangengott, Naga, Halbrelief auf einem Tempel, Indien-Badami, 6. Jahrh.

Abb. 40: Dämon schwebt

Abb. 41: Schlangendämon

wer wirken will, muß sich lösen von alten Lösungen - d.h. muß die alten Lösungen als gewundene Wege durchschreiten, um in das Zentrum der jeweils adäquaten, jetzt besten Lösung zu gelangen. In den alten Wegen steckt also gebundene Energie. Es ist die Energie, die ich anfänglich investierte, um mich im Leben zurechtzufinden. Dann ging ich diese Wege automatisch. Ich sparte Energie. Die Wege wurden ausgetreten, luden ein zum Trott. Ich bin im Labyrinth der Alltagstrance gefangen. Indem ich die Wege betrachte, ihr Muster wertschätze als Spuren meiner eigenen intelligenten Entwicklung, geschieht Ent-Wicklung, geschieht der Ur-Sprung. Plötzlich bin ich in meiner Kraft.

Ich habe mich dafür entschieden da zu sein, wo ich bin. Ich spiele bewußt das Labyrinth, ich füge mich ein in den großen Kreislauf, ich tanze darin. Alles wird zum Tanz, das ganze Leben.

Ich tanze mit den Dämonen. Ich umkreise sie, nähere mich, entferne mich, beobachte die Auswirkungen von Nähe und Distanz, beobachte meinen eigenen Zustand als Rückmeldung über die Art, woraus ich Kraft schöpfe, als Rückmeldung darüber, was mich wachsen läßt. Manchmal ist es die Angst, die mich besonders erregt und meinen Tanz anregt, sogar erst auslöst. Manchmal komme ich durch die Angst ins Tanzen. Manchmal ist es der Widerstand, der mich in Rage bringt, so richtig heiß macht, mich springen, die Wände hochlaufen läßt. Ich brauche die Dämonen in der Mitte meines Alltagslabyrinths, um immer wieder von neuem daran erinnert zu werden: Es ist ein Tanz. Die Dämonen motivieren mich, mobilisieren meine Energie. Ist es da noch fair, die Dämonen aus dem Leben schaffen zu wollen? Und ist es vorallem wünschenswert und klug, mit Vernichtung auf das zu reagieren, was mich lebendig macht?

Spurensicherung V: Wem gehört das Labyrinth?

Ist das Labyrinth heidnisch oder christlich, teuflisch oder göttlich, gehört es der Göttin oder einem Gott?

Die Frage des Besitzes hat immer wieder Gelegenheit zu Streitereien gegeben. Ohne mich in historischen Argumentationen begeben zu wollen, möchte ich meine spontane Assoziation zum Besitzdenken geben: Wo das Besitzdenken vorherrscht, da herrscht Angst vor Besessenheit. Die Anthropologin Felicitas Goodman hat diesen Gedanken ausgearbeitet und wartet mit interessanten Thesen auf, was die abendländisch-christliche Ängstlichkeit in bezug auf Besessenheit betrifft. Sicher hängt diese Ängstlichkeit, die ich immer wieder in Diskussionen um nicht-alltägliche Bewußtseinszustände wie Trance und Ekstase beobachten konnte, mit dem Dualismus und der Statik einer dualistischen Trennung der Welt in Gut-Böse, Diesseits-Jenseits, Vergänglichkeit-Ewigkeit zusammen und hat die meisten modernen Gläubigen dazu eingeladen, sicherheitshalber nicht den vorgetretenen Trampelpfad des rechten Glaubens bzw. Dranglaubenmüssens zu verlassen.

Dementsprechend sind mystische Erfahrung am eigenen Leibe in der Geschichte der Kirchen und deren Machtpolitik zunehmend ausgegrenzt und als abartig, ketzerisch und asozial diskriminiert worden. Gerade was den Vorwurf des asozialen Verhaltens betrifft, so ist in den letzten Jahren eine Gegenbewegung von seiten inspirierter Ethnologen und Anthropologen gestartet worden, die von den Hippies und Blumenkindern der Sechziger und Siebziger Jahre in kollektiver Dimension unterstützt wurde. Es entstand eine Gegenkultur der Inspiration und Ekstase, die zumeist auf psychodelischen Erfahrungen basierte und deshalb zunehmend kriminalisiert wurde. Heute läuft eine solche

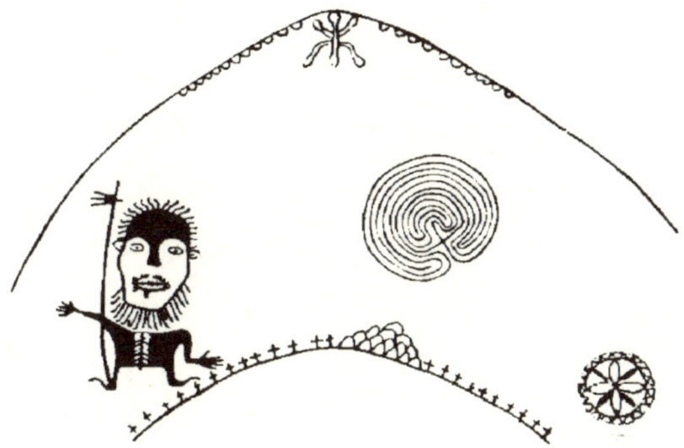

Abb. 42: Heidnische Relikte einer schamanischen Ur-Religion. Mittelalterliches Fresko in der Kirche: Zeichnung: Nach H. Wirth, Bd. II, Tafel 64, Nr. 1

Gegenkultur Gefahr, zur Subkultur zu verkommen. Ich sehe in den Ekstase-Techniken ohne Drogen und psychoaktivierenden Substanzen eine Möglichkeit, diesen Schritt zu verhindern, bzw. rückgängig zu machen: Immer mehr "ernst zu nehmende" Therapeuten, Seelsorger, Ärzte, Künstler und sogar Manager und hoffentlich bald Politiker arbeiten mit Methoden, die nicht nur das Alltagsbewußtsein mit seinem eingefahrenen Gewohnheitsdenken beinhaltet, sondern experimentieren mit Trance. Mit Trance diszipliniert und konstruktiv zu arbeiten, heißt für mich, unterwegs zu sein. Das Labyrinth gibt uns einen Anhaltspunkt, ein anregendes Bild für unsere Visionssuche, die die gewundenen Wege der neuen Möglichkeiten und Lösungen nicht scheut.

In der Mitte des Labyrinths wohnt die Kraft. Im Kontakt mit ihr übernehme ich Verantwortung für mein Schicksal und werde erwachsen. Historische Betrachtungen sind erwünscht, wenn sie mich anregen, mein Leben ziel- und lösungsorientiert zu gestalten, statt Gründe für meine Probleme zu suchen und zu finden; es finden sich todsicher immer welche, und wenn es nur das eine todsichere Problem ist, meiner eigenen Sterblichkeit und meines bevorstehenden Todes sicher zu sein. Geschichtliche Betrachtungen sollen also nicht die Besitzverhältnisse klären, die haben sich ständig verändert, und das eben macht Geschichte aus.

Abb. 43: Heidnische Rituale, in den christlichen Kontext integriert? In der alten Kirche von Sibbo, nähe Helsinki, wurden 1935 alte Fresken aus dem 15. Jh. entdeckt, darunter ein Jungferntanz: Kretisches Labyrinth mit elf Umgängen, mit einer kleinen weiblichen Figur im Zentrum, die Jungfrau, um die es bei dem Tanz geht. (Zeichnung nach Rancken)

Spurensicherung VI: Das Labyrinth als Uterus und Universum

Vorzeitliche Idole weisen spiralenförmige Muster und Labyrinthe im (weiblichen) Leib auf. Es lassen sich Gedankenverbindungen einerseits zu den Oculus-Spiralen der matriachalen Megalithbauten in Malta, andererseits zu den indischen Nadi-Darstellungen und Geburtssymbolen in Form von labyrinthischen Yantren ziehen. Das Labyrinth wird zum Symbol für organische Prozesse: Sei es die Verdauung in den Darmschlingen, seien es die Kreisläufe des Organismus ebenso wie des Kosmos als Abläufe von Aufbau und Abbau, Aufnahme, Austausch und Ausscheidung, seien es die Prozesse der Geburt, die von Innen etwas nach Außen treten lassen und so den geheimnisvollen und schöpferischen Eintritt ins Leben veranschaulichen.

Die Matriachatsforschung hat gezeigt, daß ein solches organisches und prozess-orientiertes Denken in matriachalen Kulturen vorherrschte, und so ist auch die Labys, die kretische Doppelaxt, zum Wahrzeichen für Frauenmacht geworden. In Korsika finden wir noch einige von sogenannten Troja-Burgen, die nichts mit Troja zu tun haben, sondern mit der Bewegung des Drehens, die in dem alten Wort *troja* stecken soll. Der Ethnologe Hans Peter Dürr mutmaßt, daß solche Spiralbauten religiöse und rituelle Funktionen hatten, insofern in ihrer Mitte die Heilige Hochzeit vollzogen wurde. Der Übergang von Uterus zu Universum erfolgt durch die Projektion mikrokosmischer Leibeserfahrungen auf den Makrokosmos. So ist das Hopi-Symbol für Mutter Erde ein Labyrinth und deutet die Eingeweide oder auch den Uterus der Erde als ursprüngliche Heimat der Menschen an. Daran knüpft sich die Hoffnung, nach dem Tod wieder in die Mutter zurückzukehren.

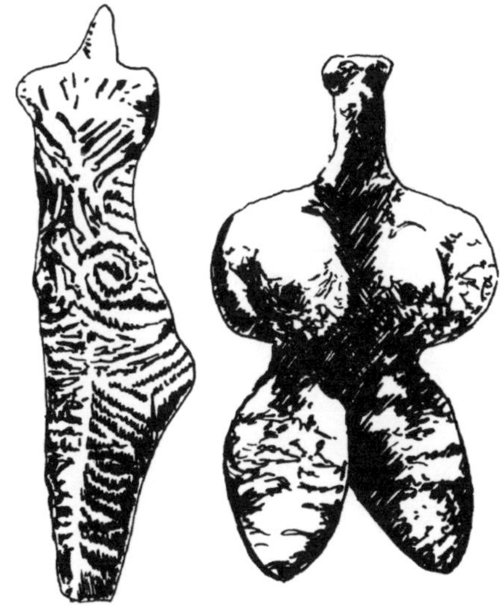

Abb. 44: Vorzeitliches Idol

Abb. 45: Uterus und Phallus. Bronzezeitliche Felsritzung (ca. 900-500 v.Chr.) in Laxe da Rotea de Mendo, Spanien. Gezeigt wird eine 'labyrinthoide Figur, in deren Inneres eine phallische, ungefähr anthropomorphe Figur eindringt“ (so die Beschreibung Anatis). Möglicherweise darf diese Darstellung als Schlüssel für das Verständnis sowohl der Näpfchensteine mit ihren Radien wie auch des Labyrinths (als Uterus) gewertet werden. (Kern, 1982)

Spurensicherung VII: Kreuzung und Kreuz im Labyrinth

Ist das Labyrinth heidnisch und somit des Teufels?

Auf den Labyrinthen von Chartre finden wir verschiedene Interpretationen, wobei die meisten den Teufel als den Hausherrn des Labyrinths zeigen und an den vier Ecken die vier Apostel als Helfer im christlichen Ringen um Erlösung aufstellen. Manchmal wartet auch Christus selbst außerhalb des Labyrinths auf die geretteten Seelen und ringt mit dem Monstrum im Inneren des Labyrinths, um die stellvertretend für die Menschheit die monströse Kreatir zu überwinden. Damit soll auch das Kreatürliche, das natürliche zugunsten der menschlichen Freiheit und Selbstbestimmung aufgegeben werden. Das Christentum bietet hier einen äußerst wichtigen Gedankenschritt in der kulturellen Entwicklung an: Von dem Ausgeliefertsein an dämonische Kräfte führt es über zu einem neuen Selbstbewußtsein.

In vielen Märchenwird der neue christliche Glaube wie eine schamanische Waffe eingesetzt und äußerst erfolgreich mit Kirchenglocken, Kerzen und dem Kreuzzeichen gegen Geister und Dämonen vorgegangen. Sie werden gebannt, verbrannt. Der Preis ist allerdings hoch: Der Kontakt geht verloren, und dadurch tritt Schwächung ein. Angst, eben noch besiegt, schleicht sich durch die Hintertür der Verdrängung ein.

Das christliche Weltbild ist dualistisch und statisch in seiner einseitigen Orientierung auf das Geistige, Jenseitige, Ideale hin. Alles was dialektisch und prozess-orientiert gedacht wird, läuft Gefahr, als Häresie und Ketzertum, als Heidentum und Schwarze Magie bestraft zu werden. Der italienische Humanismus bringt zwar Hochblüten eines geradezu ökologisch-modernen Denkens hervor, indem er etwa Pico della Mirandola die Vorstellung von der Wechselwirkung und des Verbundensein aller Dinge schreibt: 'Erstens gibt es eine Einheit in den Dingen selbst, wobei jedes Ding eins mit sich selbst, aus sich selbst besteht und mit sich selbst zusammenhängt. Zweitens besteht eine Einheit darin, daß jede Kreatur mit der anderen verbunden ist und mit ihr und allen Teilen der Welt eine Einheit bildet."

Aber der Philosoph Giordano Bruno, der ein Vordenker des dynamisch belebten und sich selbstorganisierenden Kosmos war, endet auf dem Scheiterhaufen. Um 1700 setzte sich mit der wissenschaftlichen Revolution der technischen Machbarkeit und der frühen Industrialisierung endgültig das mechanische Denken durch. Wichtige Denkanstöße erhielt die westliche Esoterik, so etwa der Theosophie, aus den östlichen Lehren, vorallem Indiens.

Das Bild der gekreuzigten Schlange stammt von dem Esoteriker und Magier Aleister Crowley. Es ist ein gutes Objekt der Kontemplation, um sich zu vergegenwärtigen, in welchem Verhältnis Form und Kraft zueinander stehen und wie ein wissender, verantwortungsbewußter Einsatz noch energetischen Gesetzen zu gestalten ist. Das Kreuz wird dabei in Verbindung gebracht mit der aufsteigenden Kundalini-Schlange, die die indische Vorstellung einer dynamischen Lebensenergie symbolisiert.

Dynamik, Prozess und Vielfalt der Formen ebenso wie Energie, die ihrer Materialisation entgegenstrebt, wird Shakti zugeordnet. Shakti ist der göttliche Partner des Shiva. Shiva ist Ekstatiker und Asket zugleich: er bewahrt seinen Samen und strebt der Vergeistigung durch Meditation zu. Bei Crowley wird Shiva als Geistnatur mit dem Vatergott des Christentums in Verbindung gesetzt, ebenso wie das Kreuz als westliche Form des göttlichen Phallus, des Lingam dargestellt wird. Um diesen Lingam, der auch als Lebensbaum oder schamanischer Weltenbaum gesehen werden kann, schlängelt sich also die Schlange - wie bekannt aus der

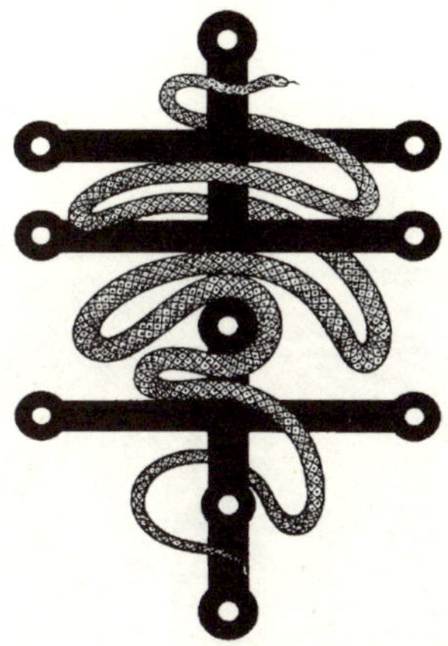

Abb. 46: Crowley, Kreuz und Schlange. (Hoffman 1992, S. 288)

Abb. 47: Christus im Labyrinth, Labyrinth- Mandala aus einem Psalter, Mariental bei Zittau, 13. Jh. (Hoffman 1992, S. 290)

Geschichte des Sündenfalls. Doch hier endet der Sündenfall nicht mit der Vertreibung aus dem Paradies, sondern mit einem weiteren Bewußtseinsschritt: der Mensch, der vom Baume der Erkenntnis ist, wird gleich Gott, d.h. er wird sich seiner Göttlichkeit bewußt. Gleichzeitig ist der Weg dieser Bewußtwerdung vorgezeichnet: er führt durch die energetischen Gefäße der sogenannten Chakren entlang der Energielinien der Nadis. Das ist der Weg der Schlange. Crowley bezeichnete sie als "gekreuzigte Schlange". Der Weg des Kreuzes und der Kreuzigung bestimmen aber genauso den Prozess der Gottwerdung. Und hier sind wir wieder bei der Frohen Botschaft des Christentums angelangt. Dem indischen Spruch "Tat wam asi" - "Auch das bist du" entspricht das christliche Gebot der Nächstenliebe: auch der Feind ist dein Nächster, und dein Nächster, das bist du selbst. Damit wird die Energie, die durch Projektion in der Außenwelt gebunden war wieder nach innen genommen. So entsteht Freiheit und Selbstbestimmung.

Das Verhältnis von Schlange und Kreuz, von Shakti und Shiva, von Lebensenergie und Geiststruktur betrifft auch das Verhältnis von:

- Chaos und Ordnung
- Potentialität und Realisation
- Materie/Material und Geist/Form
- Erfahrung und Idee

und hat damit zu tun, wie die beiden Pole unserer Existenz zusammenwirken müssen, um im ständigen Aufbruch unser "Selbst" als höchstmögliche Idee von unserem Potential realisieren zu können. Die Schlange steht symbolisch für Energie, auch für Erde und Materie, für Erfahrung.

Das Kreuz hat in der mißverstandenen (!) christlichen Tradition eine negative Fixierung erhalten: Die Leidensgestalt des Gottessohnes ist ans Kreuz genagelt - ein Abbild des Schmerzes und der Gottverlassenheit. Ursprünglich erhielt wohl das Kruzifix seine heilende Bedeutung aus der noch ungebrochenen Gewißheit, daß dieser Schmerz nur ein Passus in der Passion, eine Phase nur in der Prozession hin zur Auferstehung und dem Triumph über den Tod ist.

Auch konnte der gläubige Betrachter auf Grund seines Glaubens sicher sein, daß der Gottessohn für ihn gestorben ist und stellvertretend für alle Menschen den Tod besiegt hat durch die Neugeburt im Geiste. Der Schmerz, der zum Leben gehört, findet in der Kreuzigung seinen unmittelbaren Ausdruck. Die Identifikation mit der Schmerzensgestalt kann Heilung bewirken, indem sie den Menschen da abholt, wo er am verletzlichsten und bedürftigsten, aber auch am offensten ist: Im Schmerz.

Esoterisch gesehen wird die Kreuzigung auch als eine Orientierung inmitten der auseinanderstrebenden Kräfte, etwa repräsentiert durch die vier Himmelsrichtungen oder vier Winde gedeutet. Kreuzigung geschieht zwischen Vertikale und Horizontale, Kreuzigung bringt es auf den Punkt: Die Gegenwart wird bewußt als ein Zusammenkommen bzw. Zusammenbringen der verschiedensten Elemente und Strömungen betrachtet.

Kreuzigung konzentriert. Sie erst bildet eine Mitte, von der aus Gestaltung und Bewohnung des Territoriums, auch geistig und seelisch gesehen, geschehen kann. Therapeutisch gesehen wissen wir um die schmelzende Wirkung von zugelassenem Schmerz. Nicht Leid erlöst, sondern der Durchgang durch das Leid! Vergegenwärtigter, durchlebter und mit ganzen Sinnen und vollem Bewußtsein wahr- genommener Schmerz erlöst, weil er den Prozess der Verflüssigung auslöst. Dieser Prozeß führt dazu, daß wir wieder in den Fluß des Lebens absteigen können. Absteigen wird dann ein Einsteigen: Am tiefsten Punkt angekommen beginnt die Rückkehr in die Lebendigkeit.

Der Hermes Stab zeigt zwei Schlangen, die sich umein-

Abb. 48: Der Herr des Sabbats, dargestellt von Eliphas Lévi in "Transzendentale Magie" 1806. Statt des erigierten Penis des reisenden Schamanen finden wir einen Phallus bestehend aus dem Hermesstab des Merkur, bzw. Hermes. Er ist das Symbol der hermetischen Philosophie und verbindet sich mit dem Merkspruch der Magie: "Coagula et solve", "Binde und Löse". (The Sabbatic Goat, engraving from Eliphas Levi`s *Transcendental Magic*, 1896 edition.)

ander winden. Der Mythos erzählt, daß Hermes zwei Schlangen im Kampf miteinander fand und seinen Stab zwischen sie warf. Unwillkürlich schlängelten sie sich in perfekter rhyhthmischer Organisation um den Stab und waren von da an gezähmt. Sie dienten Hermes und damit dem Menschen, denen Hermes seine magischen Tricks weiterempfahl: Alles hat zwei Seiten, und besser ist es, dieses Wissen zu nutzen als sich von der Spannung zerstören zu lassen.

Die hermetische Tradition ist eine esoterische Tradition und steht oft im krassen Gegensatz zum exoterischen, naiven Christentum. Der Dualismus wird nicht benutzt, um dialektische Spannungen aufzubauen und auszuhalten, sondern um nach dem Prinzip des Entweder- oder sich gegen die Welt und für das Jenseits zu entscheiden. Die Labyrinthe aus der Zeit der Restauration und des frühen Barock zeigen uns, wie die Welt damals empfunden wurde:

Die Welt ist ein Labyrinth und nur der rote Faden des rechten Glaubens kann da herausführen. Die Welt ist gezeichnet von Vergänglichkeit und damit lockt das Jenseits zu Investitionen der Lebensenergie in Form von verlagerter Hoffnung: Die Hoffnung kommt zu spät, denn sie führt ins Jenseits. Hier liegt eines der schwerwiegendsten Mißverständnisse vor: Die Welt wird dualistisch gedacht, und das entspricht der Alltagserfahrung, denn tatsächlich: Es gibt immer zwei Seiten der Medaille. Was jedoch den Prozess der Realisation der edlen Ideale und der selbst bewirkten Transformation innerhalb eines Lebens vereitelt, ist die Annahme, die Erde sei ein unwürdiger Ort für den Adel des Geistes. So empfindet sich der Gläubige als Sucher und Wanderer und natürlich findet er Erlösung nicht in der Natur, die selbst geprägt ist von Vergänglichkeit, sondern nur in deren Überwindung: Im Jenseits. Statt daß die Ekstase durch die bedingungslose Bejahung (und was bleibt uns anderes übrig?) eben jener diesseitigen Lebensbedingungen wie des Sterbens denkerisch eingeleitet wird und zu einer reicheren, volleren und befriedigenderen Lebensqualität führt, stattdessen werden äußere Kriege gegen einen äußeren Feind geführt, wobei der Feind natürlich die Eigenschaften der verderbten, von Moder und Verwesung gekennzeichneten Welt übernehmen muß. So bekämpfen sich die Jenseitssüchtigen im Diesseits.

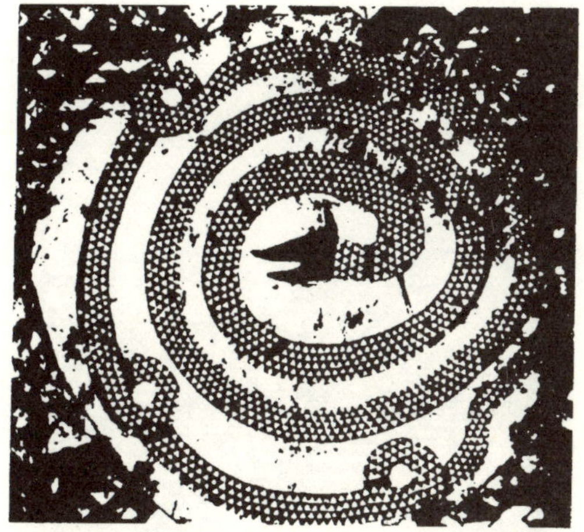

Abb. 49: Bodenmosaik der Curia (früher S.Adriano) Rom, 6.-12- Jahrh. (Hoffman, S. 251)
Die Schlange als Führerin und Verführerin ist in dieses Bodenmosaik einer Kirche eingegangen.

Abb. 50: H. Hugo S.J. (1558-1629), Die christliche Seele im Labyrinth der Welt.

Labyrinthe zum Weiterträumen

Ein Weiterträumen setzt da an, wo die Welt dualistisch gespalten wurde. Ein realistischer Tagtraum setzt da an, wo er sich selbst bewußt wird, nur ein Traum zu sein. Der Einsatz erfolgt also mit Anerkenntnis des Unterschiedes zwischen der harten Wirklichkeit der durch den common sense verbürgten Wahrnehmung dessen, was wirklich real ist und dem, was sich nur so den Anschein gibt. Die Anerkenntnis des Dualismus als Grundprinzip unserer Wahrnehmung, die Unterschiede braucht, um erkennen zu können, führt erstens zu einem tiefen Verständnis für den Stoff, aus dem Träume, Wünsche und Visionen gemacht sind. Zweitens führt es zu einer Verflüssigung des krassen Gegensatzes und verfeinert so den krassen Gegensatz der Endstadien von Gut und Schlecht und läßt eine Differenzierung von Besser und Schlechter zu. Besser und Schlechter sind jeweils bezogen auf die entsprechende Situation.

Es sind keine absoluten Werte. Schon deshalb bewähren sich diese Feinheiten nur im Diesseits. Im Jenseits herrschen die absoluten Ideen, die einerseits losgelöst sind von Vergänglichkeit, andererseits von Wahrnehmung; sie können nicht mehr auf ihren Wahrheitsgehalt geprüft werden. Das ist der Nachteil des Absoluten. Im Jenseits, wie gesagt, kommt jede Wahrnehmung zu spät. So auch die Visionen und die visionäre Entscheidung für das Bessere, das sich nicht zu gut ist für einen langsamen Anstieg in die richtige Richtung.

Ein moderner Alptraum: Die Apokalypse als Labyrinth mit todsicherem Ausgang

Aus der Weltverachtung ergibt sich der Wunsch nach Weltzerstörung. Nirgends kann sich dieser Wunsch besser realisieren als im Bereich des Hoch-und Heiligen, das jeglicher Zerstörung trotzt, da es es über jegliche Realität erhaben ist. Das Hoch-und Heilige existiert in den Hirnen der Idealisten und vielleicht darüber hinaus noch in einer unbelebten Wüste jenseits aller Lebensbedingungen. Apokalyptische Visionen vom nahenden Weltenende haben ekstatischen Charakter und ekstatische Auswirkung. Goodman beschreibt in ihren Feldforschungen bei einer evangelischen Adventistengemeinde in Yucatan/Mexiko, wie sehr das konkrete Bild der Zerstörung belebend, um nicht zu sagen berauschend, auf die Anhänger der Auserwählten-Gemeinde wirkt.

Goodman stellt die These auf, daß der ekstatische Prozeß als solcher, der als gehirnphysiologische Veränderung im Körper gemessen werden kann, interkulturell und zu allen Zeiten solche Bilder des Weltenbrandes und des Weltenendes produziert hat. Umgekehrt können wir annehmen, daß die Vorstellung solcher Bilder sehr erregend auf uns wirkt, wenn wir sie z.B. im Kino als Unterhaltung konsumieren. Ich denke an die Bilder einer Feuerhölle z.B. aus dem Film "Terminator".

Ich muß zugeben, daß sich ambivalente Gefühle in mir regen: Es durchläuft mich ein Schauder, wenn ich daran denke, daß dies, was wir da als Unterhaltung sehen, durchaus schon morgen Realität werden könnte. Wir haben die Macht dazu. Und was uns daran hindert, dieses zerstörische Wissen einzusetzen, ist eine dünne Schicht von Rationalität und Ethik, bzw. einer Ethik, die auf rationalen Überlegungen beruht.

Viel stärker als alle Rationalisierung ist die Faszination, die von den Bildern ausgeht, denn sie veranschaulichen den Sieg des Feuers, des Lichtes, der mit Lichtgeschwindigkeit rasenden Energie. Feuer ist ein Symbol für Geist, und die Energie, die für den Menschen unerträglich ist, wenn sie in ungebrochener Form auf ihn einwirkt, ist ein Symbol für Gott in seinem rasenden, zürnendnen Asspekt. Es ist nicht nur Symbol und Mythos, sondern mystische Erfahrung.

In allen Kulturen, die durch ekstatische Erfahrungen leben, gehört zu den Kulten die Überwindung der Materie durch den Geist. Der Feuerlauf ist die häufigste Form solcher Kulte. Angenommen ein Ekstatiker bzw. jemand, der gerade in einem ekstatischen Prozess ist, befindet sich im Labyrinth - wird er geduldig die gewundenen Wege abgehen, um zur strahlenden Zukunft zu gelangen? Oder wird er, wie Alexander der Große den Gordischen Knoten, mit einem Paukenschlag die Trennwände herunterreißen, das Labyrinth zerstören? Hat jemand, der wahnsinnig geworden ist vor Sehnsucht nach Gott, nach Erleuchtung, Befreiung, nach Ruhe und ewigem Frieden - hat so jemand noch den Nerv, die langsamen Schwingungen der Materie so ernst zu nehmen, daß er sie aushält, Grenzen respektiert, Bahnen einhält, im Rahmen der alltäglichen Wahrnehmungsraster bleibt? Wenn wir die barocke Metaphorik der Welt als Labyrinth übernehmen, so geht es mehr denn je darum, dieses Labyrinth in seiner differenzierten Struktur wertzuschätzen. Es geht darum, den Sinn und die Schönheit der gewundenen Wege zu begreifen, zu erleben: Es gibt auch eine andere strahlende Zukunft als die des atomaren Holocaust.

Nachwort: Plädoyer für einen intelligenten Optimismus

Ich plädiere für einen intelligenten Optimismus. Zugegeben: Keiner möchte der Blöde sein und sich dabei erwischen lassen, Hoffnung zu hegen, wo es keinen Grund dafür gibt. Optimist - das ist schon fast wie ein Schimpfwort. Und die Schande, deren man sich verdächtig macht, heißt Naivität.

Unwissen schützt vor Strafe nicht. Wissen ist Pflicht. Nein, nicht nur Pflicht, sondern Überlebensstrategie. Wenn ich nicht informiert bin, renne ich mit offenen Augen in mein Verderben, vorallem wenn die modernen Lebensgefahren oft unsichtbar sind und die herkömlichen Wahrnehmungsorgane nicht mehr aufklären über ihre Wirkungen. Die Wirklichkeit, wie sie auf uns wirken wird, enthüllt sich in nachträglich angelegten Statistiken. Die Instinktsicherheit des Stammhirns muß hier versagen - Grund genug, um in eine berechtigte Opfer-Haltung zu gehen. Jedoch: Es lohnt sich nicht, das Opfer zu sein. Denn wenn ich, aus noch so guten Gründen, Opfer bin, dann bin ich das Opfer. Wer ist der Täter? Die normale Logik würde noch den Ursachen schauen, nach dem Verursacher. Die normale Logik denkt in kausal-linearen Zusammenhängen, und kommt dabei rückschreitend auf so gewichtige Fragen wie: Wer war zuerst da, die Henne oder das Ei? Ein Gedankenexperiment, das uns in die Regelkreise von gleichzeitigen Wechselbeziehungen hineinwirft, ist das des intelligenten Optimismus.

Ja, ich weiß, es ist gefährlich im Labyrinth. Aber nun bin ich einmal drin und heute habe ich erkannt, daß es so ist: Ich bin im Labyrinth. Habe ich es gewollt? Habe ich mich dafür entschieden, Opfer zu sein - vielleicht eines der vielen Opfer, die dem Moloch verfüttert werden? Bin ich vielleicht der Held, ohne es zu wissen? Ich weiß nichts, nur daß ich im Labyrinth stecke, die gewundenen Wege abgehe und immer wieder denke: Das hatten wir doch schon! Ich bin verfolgt von meinem déjá-vu Erlebnis. Sie kommen von vorne und von hinten, aus der Vergangenheit und von der Zukunft, denn das déjá-vu dreht die Laufrichtung der Zeit um und läßt mich als Jemanden erleben, der schon einmal hier war, dasselbe erlebte, als jemand, der schon hier gewesen war, damals, als die Zukunft Gegenwart war, das ist jetzt. Ich bin jetzt in einem Bewußtseinszustand, der mir das Reisen in Zeiträumen erlaubt.

Ich entwerfe mich in die Zukunft, und dann betrachte ich mich gegenwärtig als der, der meinem Entwurf ausgeliefert ist, denn ich erkenne in diesem Bewußtseinszustand, daß alles, was gedacht wird, sich realisiert. Der Gedanke ist potentielle Form und dem Gedanken folgt Energie, die Form annimmt. Ergo: Ich bin das Opfer meines Gedankens! Warum dann nicht zum Täter meines Gedankens werden?

Das Gedankenexperiment geht nun so: Ich denke, wohl wissend, wie gefährlich es im Labyrinth ist, daß ich mein Dasein im Labyrinth ausgesucht habe, sozusagen als gehobene, anspruchsvolle Unterhaltung. Ich spüre, wie die Gefahr mich erregt. Und auch wenn im Hinterkopf alle Alarmlampen aufleuchten, weiß ich, daß mir keine andere Wahl bleibt, wenn ich leben möchte. Denn, das erkenne ich jetzt: Leben ist gefährlich. Leben ist so gefährlich, daß Menschen sich die Form des Labyrinths ausgedacht haben, um einen angemessenen Ausdruck für ihre Lage als Lebende zu finden. Leben kann heißen: Steckenbleiben im Labyrinth, Opfer werden. Leben kann aber auch heißen: Das Labyrinth durchwandern, wissend, daß es auf Lösung hin angelegt ist und meine eigene verrückte Wahl mich dazu gebracht hat, das Labyrinth, das Leben zu lieben.

Bibliographie

Hoffman, Kaye; *Tanz, Trance, Transformation*. 2. Auflage Inning/Anarche 1992

dies.: *Vision Dance, Ein Hand- und Fußbuch für Selfmanagement und Kreativitätstraining*. Inning, 1993

dies.: *Dimensionen der Ekstase und das Drama der Verwirklichung*. Inning, 1994

dies.: *Heilsame Erschütterung. Tanz, Trance, Therapie in Theorie und Praxis*. Inning

dies.: *Die Erlösung des Echos und andere Essays*. Mit zahlr. Abb., Inning

dies.: *Annas Liebling*. Ein Kinderbuch mit Bildern. Inning

dies.: *Trance und Tanz. Neue Wege in Selbsterfahrung und Therapie*. (Buch mit CD) München 1993

dies.: *Play Ecstasy. Durch Bewegung zur Ekstase*. Südergellersen 1991

dies.: Von Göttern besessen. München 1991

Hoffman, Kaye, Redl, Franz: *Tao Tanz. Die fünf Wandlungsstufen menschlichen Bewußtseins*. Wien 1990

Hoffman, Kaye, Redl, Franz: *Tao des Feierns. Die Feste der Fünf Wandlungsstufen*. Norderstedt, 1993

Holler, Johannes: *Das neue Gehirn*. Südergellersen, 1992

Kern, Hermann: *Labyrinthe. Erscheinungsformen und Deutungen*. München, 1982

Lilly, John C: *Das Zentrum des Zyklons*. Frankfurt 1988

Purce, Jill: *Die Spirale. Symbol der Seelenreise*. München, 1988

Schärli, Otto: *Werkstatt des Lebens. Durch die Sinne zum Sinn*. Aarau, 1991

Weitere Titel im *TRANS*FORM-Verlag

JACK LEE ROSENBERG

Körper, Selbst & Seele. Ein Weg zur Integration

"Dr.Jack Rosenberg ist bekannt als einer der kenntnisreichsten körperorientierten Therapeuten. Sein kreativer Ansatz, Körperspannungen zu lösen, lange zurückgehaltene Gefühle zu befreien und hiermit geistig-seelische und physische Gesundheit zu erzielen, repräsentiert eine ganz besondere Integration zahlreicher therapeutischer Disziplinen." *(Ken Dychtwald)*

416 Seiten, 37 Abbildungen

FRITZ FREDERICK SMITH

Innere Brücken- Handbuch der Lebensenergie und Körperstruktur

"Smith leistet mit seinem Handbuch der Lebensenergie und Körperstruktur einen wichtigen Beitrag zur ganzheitlichen Betrachtung des Kontinuums zwischen Krankheit und Gesundheit." *(tanzdrama)*

200 Seiten, zahlr. Abbildungen

A.H.ALMAAS

Die Leere - Eine psychodynamische Untersuchung der Beziehung zwischen Geist und Raum.

Auf bemerkenswert direkte Art und Weise führt Almaas uns in den Raum des Geistes ein, innerhalb dessen die mentalen Strukturen arbeiten. Er zeigt uns, wie dieser innere Raum auf körperlichen, psychologischen und spirituellen Pfaden erkundet werden kann und demonstriert, wie durch das Erfahren und Erleben dieses Raumes ein Zugang zu unserem Sein gefunden wird und sich integriert. Dadurch erwächst eine befreiende Empfindung der Ganzheit und wirklichen Wohlbefindens sowie Kraft, Mitgefühl und andere natürliche Eigenschaften, die Almaas als unsere essentiellen Qualitäten bezeichnet.

143 Seiten, Abb.

JOHN ROWAN UND WINDY DRYDEN

Neue Entwicklungen der Psychotherapie

Die Herausgeber haben in diesem Buch die gängigsten neuen Therapieverfahren zusammengestellt. Das Spannende an diesem Buch ist, daß alle Methoden mit dem gleichen Grundraster beschrieben werden, wie z.B.: Historische Entwicklung, das Menschenbild, die Person des Therapeuten, die Entstehung von Störungen, die therapeutische Technik, Fallbeispiel usw.. Dadurch ist es möglich, Ähnlichkeiten, Unterschiede und Verbindungen der einzelnen Verfahren direkt festzustellen. Es bietet auf eine interessante und anschauliche Art eine Fülle von Informationen.

316 Seiten, zahlr. Abbildungen

STEPHEN JOHNSON

Charakter - Transformation: Erkennen - Verändern - Heilen

Was steckt wirklich in uns? Was können wir wirklich sein? Was ist uns wirklich möglich? In Anlehnung an die Charaktertypen von Wilhelm Reich verbindet Stephen M. Johnson die Sichtweisen von Charakteranalyse, Ich-Psychologie und Objektbeziehungstheorie. Er beschreibt ausführlich Entstehungsgeschichte, Affekte, Verhalten, Wahrnehmung, energetischen Ausdruck, therapeutische Ziele und therapeutische Techniken. *275 Seiten, Abbildungen*

YVONNE MAURER

Zu innerer Kraft und Energie - durch Körperzentrierte Psychotherapie

Yvonne Maurer beschreibt in ihrem neuen Buch Wege und Möglichkeiten, einen Zugang zu innerer Kraft und innerem Erfülltsein zu finden.

Sie läßt die Leser ihre Ganzheitlichkeit überraschend neu entdecken und bewußter leben. Faszinierende Anstöße werden hinsichtich Körpererfahrung, Gesprächsführung, Umgang mit Träumen, Sexualleben, Ängsten, narzißtischer Verletzlichkeit, depressiven Verstimmungen und körperlichen Schmerzzuständen gegeben.

192 Seiten, geb. mit zahlr. Abb. und Fotos, einem A3 Poster und einem Würfel

HUGO KÜKELHAUS

Mit den Sinnen Leben

Mit den Sinnen leben ist eine Aufforderung, sein Leben selbst in die Hand zu nehmen und seine Sinne zu gebrauchen. Hugo Kükelhaus, Autor zahlreicher Bücher und bekannt durch seine erfolgreichen Ausstellungen und Vorträge, geht es um die Entfaltung der Sinne, so daß Tasten, Fühlen, Sehen, Hören, Riechen und Schmecken zum Erlebnis wird. Das Tun, die eigene Erfahrung stand für ihn immer im Vordergrund. So gibt er in diesem Buch Anregung zur Eigenaktivität und lädt ein zum Ausprobieren. Ein anregend gestaltetes Buch, in dem sich der handgeschriebene Text mit den Zeichnungen des Verfassers übergangslos verbindet.

HUGO KÜKELHAUS

Bildgeschichten vom Träumling

Ein Buch mit vier Parabeln von Hugo Kükelhaus.

Die Texte der Bildgeschichten vom Träumling sind vom Autor entweder frei erfunden oder nach alten Überlieferungen neu erzählt worden.

Der Träumling ist ein Zwischenwesen von Mensch, Tier, Pflanze und Stern. Der Name klingt an Däumling an. In Wahrheit lebt er in den Märchen aller Völker und im Himmel.

Der Text ist vom Verfasser handgeschrieben und mit seinen Zeichnungen illustriert. *80 Seiten, geb., Format 16,5 x 23,5*

Werner Eberwein

Impulse Von Innen- Biodynamik: Körperpsychotherapie zur Heilung und Selbstfindung

In diesem Buch stellt Werner Eberwein, Dipl.-Psychologe und biodynamischer Körpertherapeut, Grundgedanken der aus der Reichschen Arbeit entwickelten Biodynamischen Psychologie vor. Der Körper ist der Ort der Gefühle; über ihn und die "Impulse von innen" gewinnen wir wieder einen tieferen, wesentlichen Kontakt zu unserem wahren Selbst. *190 Seiten, Mit vielen anschaulichen Illustrationen und Fotos von Übungen!*

Jay Stattman

Kreative Trance

Jay Stattman, der Begründer der Unitiven Psychologie, beschreibt in diesem Buch den theoretischen Hintergrund und die Grundkonzepte seiner Arbeit, einer spannenden Verbindung reichianischer und jungianischer Elemente.

Während Reichianer oft inneren Bildern mißtrauen bzw. die Arbeit mit ihnen meiden, Jungianer dagegen meistens wenig oder keine Verbindung zu den vegetativen Prozessen und der Ausdruckssprache des Körpers haben, bezieht die Kreative Trance bei ihrer Arbeit mit inneren Bildern in ganzheitlicher Weise beide Aspekte ein. *163 Seiten*

Loil Neidhöfer

Intuitive Körperarbeit

In diesem Buch wird die Methode der Skan-Körperarbeit, eine sich direkt auf Wilhelm Reich berufende körpertherapeutische Richtung, beschrieben. Der Autor vermittelt einen nachhaltigen Eindruck von der Lebendigkeit, Direktheit und Tiefe des vorliegenden Ansatzes. Dieser erinnert in oft bewegender Weise an einen bekannten Ausspruch Wilhelm Reichs: "Liebe, Arbeit und Wissen sind die Quellen unseres Lebens. Sie sollen es auch beherrschen". *118 Seiten, Gebunden*

Loil Neidhöfer

Die Disziplin der Lust

Dieses Buch ist eigentlich eine Fortsetzung oder Ergänzung des ersten Buches. Es geht um Fragen, die auftauchen, wenn die Arbeit bereits einigermaßen weit fortgeschritten ist und ihre Integration in das alltägliche Leben mehr in den Vordergrund rückt, z.B. in puncto Ernährung, Sexualität, Liebe, Atmen etc. *134 Seiten, geb.*

Sheldon B. Kopp

Wieder bei eins anfangen

Ein praktisches Handbuch für Therapeuten und Gruppenleiter

Dieses Buch gibt eine detaillierte Beschreibung der therapeutischen Arbeit des Autors wieder. Sheldon Kopp, bekannt durch den Bestseller "Triffst du Buddha unterwegs", schildert brillant und treffend den Umgang und Kontakt mit seinen Klienten. Es geht um Fragen wie: Telefonieren mit Klienten, der erste Kontakt, die erste Verabredung, Beendigung, Zeitlimit, räumliche Umgebung u.s.w.. Sein Grundprinzip dabei ist, immer wieder zum Anfang oder zu eins zurückzukehren, wenn es nicht mehr weitergeht. *200 Seiten, geb.*

Verführung in Kindheit und Psychotherapie

Inhalt: Ursula Wirtz, Der Verrat am Eros. Tilmann Moser, Ein Lehrbuch der schmierigen Zweideutigkeit. Edward Muller, Über therapeutischen Mißbrauch. Ulrich Sollmann, Der skrupellose Therapeut - wenn Therapeuten ihre Tage kriegen. Gisela Worm, Über die Schwierigkeit therapeutischer Beziehung. Virginia Wink Hilton, Die Arbeit mit der sexuellen Übertragung. Roger Dreyfus und Heidi Haug, Zum narzißtischen Mißbrauch in der Therapie. Sigrid Damm, Der mißbrauchte Mann. Dagmar Hoffmann-Axthelm, Der Stein auf der Brust oder : Athena aus dem Haupte des Zeus. Scott Baum, Die Politik des Körpers.
169 Seiten

Der Körper in der Psychotherapie

Das Buch enthält Beiträge von: Alexander Lowen: Einige Gedanken über Krebs. David Boadella: Stress und Charakterstruktur. Tillmann Moser: Formen der Gegenübertragung in der psychoanalytisch orientierten Körperpsychotherapie. Albert Pesso: Körper, Seele, Ego und "Pilot" in der psychomotorischen Therapie. Thomas Ehrensperger: Psychosomatische Medizin und Bioenergetische Analyse. Niklas Roth: Erfüllung und Begrenzung. Rainer Mahr: Migräne und Bioenergetik. Werner Geigges u. Jörg M. Herrmann: Gruppentherapeutische Konzepte in der psychosomatischen Medizin. *211 Seiten*

Magda und Aie Maris

Gestaltpraxis

In diesem Buch werden sehr anschaulich in 33 Kapiteln, die nach Arbeits-Themen unterteilt sind, von den Autoren ihre praktische Herangehensweise an die Gestalttherapie beschrieben.

Durch ihre Verbindung von Gestalttherapie und Bioenergetik mit der Initiatischen Therapie (Dürckheim) wird eine spirituelle Entwicklung in den Therapieprozeß mit eingeschlossen.

Die "nahe" Schreibweise in diesem Buch bewirkt einen Lern- und Selbsterfahrungsprozeß mit nachhaltiger Wirkung. Es verlangt von dem Leser, das gewohnte, gradlinige, kausale Denken aufzugeben.
160 Seiten

Kurztext: *Neben theoretischen Darstellungen der Philosophie des Tao, bietet dieses Buch die Möglichkeit die dargestellten und beschriebenen Feste nachzufeiern, als auch sich anregen zu lassen, eigene Ideen zur Gestaltung eines Festes zu entwickeln. Die der gebundenen Ausgabe beigelegte CD mit extra für dieses Buch komponierter Musik unterstützt den Leser dabei.*

kolibri-verlag

Erfahrungen der praktischen Arbeit mit dem Tao, - der Entwicklung eines therapeutischen Modells anhand des sehr konkreten, bildhaften Systems der Fünf Elemente der chinesischen Philosophie und Medizin sowie kreatives Denken als Voraussetzungen zur Gestaltung eines Festes, sind in diesem Buch versammelt.
Der Leser erhält die Möglichkeit, sich einen Einblick in die theoretische Philosophie des Tao's zu verschaffen, um dann in den folgenden zwei Kapiteln an der Gestaltung der Feste teilzunehmen. Entsprechend der Fünf Elemente sind dies das Holz-, Feuer-, Erde-, Metall- und das Wasserfest - deren Beschreibung durch Kalligraphien und Abbildungen veranschaulicht werden.
Allen, die im Sinne des Tao's am Feiern interessiert sind, wird dieses Buch ein willkommener Begleiter und Ratgeber sein.
Eine Besonderheit stellt ohne Zweifel die Tatsache dar, daß der gebundenen Ausgabe, im Gegensatz zur broschierten Ausgabe, eine CD von Julian Horky beiliegt, auf der sich für jedes Fest eine speziell komponierte Musik befindet. Sie rundet das Buch ab und unterstützt den Leser musikalisch bei seinem Fest.

Kolobri Verlag
Postfach 2149
D- 22811 Norderstedt
Tel.: 040 - 524 50 05
Fax.: 040 - 524 84 73

Kaye Hoffman / Franz Redl
Tao des Feierns
Die Feste der
Fünf Wandlungsstufen

140 Seiten
Format: A4
broschiert
DM 36,80 öS 287.- sFR 38.-
ISBN 3-928288-07-5
gebunden, mit CD
DM 64,80 öS 506.- sFR 66,90
ISBN 3-928288-08-3

***Kaye Hoffman**, Philosophiestudium, Ausbildung in Musik und Tanz, Fortbildung in körper-orientierter Therapie, Studium über Kult- und Trancetänze in Afrika und Brasilien. Seit 1980 in Deutschland ansässig und freiberuflich tätig als Performancekünstlerin, Gruppenleiterin und Trainerin im Bereich Tanz, Trance und Therapie.*

***Franz Redl**, Betriebswirtschaftsstudium. Ausbildung in Taiji und Qigong. 1984 Gründung des Taiji Zentrums Shambala in Wien. Gruppenleitungen im deutschsprachigen Raum, in Italien und Griechenland. Fortbildung in chinesischer Medizin. Leitung des Projekts 'Tao des Feierns".*